KB217468

종교와 생태

종교와 생태

오충현, 장영환, 박종식, 김영주
민태영, 이명권, 강응섭, 박수영 공저

열린서원

종교와 생태

지은이 오충현, 장영환, 박종식, 김영주
민태영, 이명권, 강응섭, 박수영

발행처 열린서원
발행인 이명권
발행일 2023년 1월 10일

주　소 서울특별시 종로구 창덕궁길 117, 102호
전　화 010-2128-1215
팩　스 02) 2268-1058
전자우편 imkkorea@hanmail.net
등록번호 제300-2015-130호(1999년)

값 20,000원
ISBN 979-11-89186-21-0 03200

※ 이 도서에 국립중앙도서관 출판사 도서목록은

e-CRP홈페이지(http://www.nl.go.kr/ecip)에서 이용하실 수 있습니다.

차 례

저자 소개

오 충 현

서울시립대에서 조경학을 전공하고 환경생태학으로 공학박사 과정을 마쳤다. 1992년부터 서울시 도시계획국에서 도시환경 보전 업무를 진행하였고, 2004년부터 동국대 바이오환경과학과에서 근무하고 있다. 주로 도시생태계 복원, 보호지역 관리, 생물다양성과 생태계서비스 증진 등을 위한 연구를 수행하고 있다. 국립공원위원회 위원, 생물권보전지역 한국위원회 위원, 국가 산림복지위원회 위원, 서울시 녹색시민위원회 생태분과위원장, 국가 지속발전위원회 환경분과 위원장, 한국 환경생태학회 학회장 등의 활동을 해오고 있다. 현재 동국대학교 생태계서비스연구소 소장, 한국 사찰림연구소 소장을 맡고 있다. 『환경생태학』, 『자연자원의 이해』, 『산림과학 개론』, 『숲과 삶』 등의 저서와 『새만금 농생명용지 생태계서비스 연구』, 『생태계서비스 지불제 시행을 위한 지역제 연구』 등 다수의 연구논문이 있다.

이메일: ecology@dongguk.edu

장 영 환(법명:曉苑)

부산 동아대학교 조경학과를 졸업하고 IMF 시기인 1998년에 서울의 조경회사에 취직하여 조경시공과 설계를 배웠다, 조경설계와 시공을 하는 ㈜스마일그룹과 산림 관련 숲길, 산사태예방 등을 설계 및 시공하는 산오름(주)를 창립한 후 서울을 중심으로 사업을 운영하고 있다. 지인의 소개로 (사)한국사찰림연구소 종수 이사장 스님과의 인연으로 (사)한국사찰림연구소 경관사업단장을 맡게 되었다. 종수 스님께 '효원'이라는 법명을 받아 유발상좌(有髮上佐)가 되었으며, 이후 생태문화분야에서 많은 연구를 하는 상명대학교 구본학 교수를 만나게 되어 상명대학교 대학원에 입학 후 "사찰림의 생태문화적 평가지표에 관한 연구(조계산 송광사를 중심으로)"로 석사학위를 취득하였으며, 곧바로 대한불교조계종 25개 교구본사를 중심으로 "사찰림 공간환경 특성 및 생태계 문화서비스 평가지표 연구"로 '사찰림 1호' 박사학위를 취득하였다. 공일 스님의 소개로 K-종교인문연구소 이명권 소장과 인연이 되어 "종교와 생태"(공저)에 참여하게 되었다. 사찰림의 보전과 활용을 위해서는 산림청의 '산림탄소상쇄제도'와 '생태계서비스에 대한 가치평가'가 매우 중요한 분야라 판단하여 지속적인 연구를 하고 있으며, 사찰림을 공익적 기능뿐만 아니라 기후변화 대응과 녹색복지국가 실현에 있어 중요한 역할을 할 수 있도록 활동하고 있다.

이메일: sg0908@hanmail.net

박 종 식(법명:空日)

유랑잡승을 자임하는 승려 공일은 서울대학교와 동국대학교에서 책을 본 시절이 있다. 20대의 젊은 시절 산업현장을 떠돌았으며, 30대에 백두산 언저리에서 발해와 고구려 유적지와 항일독립투쟁의 현장을 찾아 돌아다니기도 했다. 공동체에 관심을 갖고 지내며 덕유산 자락에서 자연농법과 영성에 대한 다양한 실험을 하였다. 40대에 출가하여 설악산과 지리산 자락의 절집과 남해 바닷가의 아란야에서 지냈다. 최근에는 서울 봉은사에서 교육과 관련된 업무를 담당하고 있으며, 한국불교학회 등에도 관여하고 있다. 주요 관심사로는 문명비평에 초점을 둔 불교미학 검토, 생명현상을 검토하는 불교의학 연구, 선어록에 대한 신선한 해석작업 등이다. 홀로 차(茶) 마시기를 즐기며 달빛 좋은 날이면 주위 사람들에게도 향이 깊은 차를 내주곤 한다. 〈나라다 박띠수뜨라의 박띠사상연구〉 〈치선병비요경의 불교의학 연구〉 등의 학위논문이 있으며, 저서로는 〈설악무산의 문학, 그 깊이와 넓이〉 〈상호문화적 글로벌 시대의 종교와 문화〉 등이 있다.

이메일: jyotisa33@daum.net

김 영 주

한남대학교에서 수학(數學)을 전공하고, 강원대학교에서 경영학(經營學) 석사과정을 마친 후에, 동국대학교에서 동양철학(東洋哲學) 전공으로 철학박사 학위를 받았다. 주요 논문으로는 「국내외 기업의 사례분석을 통한 환경마케팅에 관한 연구」, 「『궁달이시』의 '천인유분'과 '시명관'에 관한 연구」, 「왕충의 비판유학에 관한 연구」 등이 있다. 육군학사장교로 임관하여 대위로 전역(예비역 소령) 후에, 외국계 금융회사에서 17년간 지점장으로 근무하고, 명예퇴직을 하였다. 2015년 오대산 월정사에 '단기출가'를 계기로 불교에 귀의하여 봉은사의 기초학당과 불교대학을 수료 후에, 재가불자(在家佛者)로서 대한불교조계종 포교사(布敎師)로 활동하고 있다. 현재 동국대학교 동서사상연구소 연구원으로 있다.

이메일: yjkim7431@naver.com

민 태 영

중앙대학교에서 경제학을 공부하여 관련 업종에서 근무하다 식물과 인연을 맺었다. 이후 불교 경전에 수록된 식물들을 인도와 네팔의 식물을 중심으로 정리해 건국대학교 분자생명공학과에서 석사학위를 취득하였다. 보고서와 자료집으로만 존재하였던 경전 속의 식물과 관련한 불교 최초의 학위논문이었다. 동국대학교에서 대승 경전에 나타난 식물의 식물학적 실체와

교학적 의미를 불교가 자연을 바라보는 관점에서 연구해 박사학위를 취득하였으며 동 학위 논문으로 제8회 대원불교문화상(학위논문 부문)을 수상하였다. 또 「대승 경전에 나타난 식물들의 상징성을 중심으로 한 교법(教法)이해 모형 연구」로 제6회 불광 전법학술상을 수상하였다. 현재 동국대학교 인문학술연구 교수이자 한국불교식물연구원(www.kbpi.org)원장으로 불교 경전과 불교 사서에 수록된 식물의 자원식물학적, 종교적 활용과 식물문화콘텐츠 개발 등 식물을 통한 다양한 방식의 불교학 연구에 매진하고 있다. 「비주얼 인문학의 실현-『삼국유사』 속 식물문화원형을 바탕으로 조성하는 역사테마식물원」,「『법화경』에서 '공덕의 과보'로 나타나는'천화'의 의미 연구」를 비롯한 다수의 논문이 있다. 저서로『 경전 속 불교 식물-자비의 향기를 전하다.』(네이버 지식백과 정보제공 도서)와 『마음을 밝히는 붓다의 식물 108가지』가 있다.

이메일: tymin62@naver.com

이 명 권

연세대학교신학과를 졸업하였고, 감리교 신학대학원 및 동국대학교 대학원 인도철학과에서 석사학위를 마쳤다. 서강대학교 대학원 종교학과에서 박사학위를 취득했고, 미국 〈크리스천헤럴드〉 편집장, 관동대학교에서 '종교간의 대화' 강의, 그 후 중국 길림사범대학교에서 중국문학 석사학위 후, 길림대학 중국철학과에서 노자 연구로 박사학위. 중국 길림사범대학교에서 교환교수로 재직, 동 대학 동아시아연구소 소장을 역임. 그 후 서울신학대학교에서 초빙교수로 동양철학을 강의함. 현재 코리안아쉬람대표 및 K-종교인문연구소 소장으로서 코리안아쉬람TV/유튜브를 통해 "이명권의 동양철학"을 강의하고 있으며, 인문계간지 『산넘고 물건너』 발행인이다.

저서로는 『우파니샤드』, 『베다』, 『노자왈 예수 가라사대』, 『예수 석가를 만나다』, 『공자와 예수에게 길을 묻다』, 『무함마드, 예수, 그리고 이슬람』, 『암베드카르와 현대인도 불교』가 있다. 공저로는 『오늘날 우리에게 해탈은 무엇인가?』, 『사람의 종교, 종교의 사람』,『종말론』, 『통일시대로 가는 평화의 길』, 『평화와 통일』, 『포스트 코로나 시대의 새 종교지평』, 『포스트 코로나 시대의 평화사상과 종교』, 『상호문화적 글로벌 시대의 종교와 문화』, 『종교와 정치』 등이 있다. 역서로는 『종교간의 대화와 협력을 위한 영성』, 『간디 명상록』, 『마틴 루터 킹』, 디완찬드 아히르의 『암베드카르』, 세샤기리 라오의 『간디와 비교종교』, 한스 큉의 『위대한 그리스도 사상가들』(공역), 『우리 인간의 종교들』(공역)이 있다.

이메일: imkkorea@hanmail.net

강 응 섭

총신대학교 신학과를 졸업하고, 프랑스 몽펠리에3대학교 정신분석학과거쳐, 몽펠리에개신교대학교에서 프로이트와 라캉의 정체화(Identification) 개념으로 루터와 에라스무스의 의지 논쟁을 분석하여 박사학위를 받았다. 1999년부터 예명대학원대학교의 조직신학 교수로 재직하고 있고, 정신분석학 전공을 개설하여 프로이트와 라캉을 잇는 흐름의 석사 및 박사 과정을 운영하고 있다. 프로이트-라캉주의 분석가로부터 분석을 받으면서 정신분석 이론과 임상을 연결하고 있다. 또한 한국현대정신분석학회 부회장, 편집위원장, 재무이사, 한국조직신학회 편집위원을 맡고 있다. 저서로는 『동일시와 노예의지』, 『프로이트 읽기』, 『첫사랑은 다시 돌아온다』, 『자크 라캉의 「세미나」 읽기』, 『자크 라캉과 성서해석』, 『라깡과 기독교의 대화』, 『한국에 온 라캉과 4차 산업혁명』 등이 있다. 역서로는 『정신분석대사전』, 『라깡 세미나·에크리 독해 1』, 『프로이트, 페렌치, 그로데크, 클라인, 위니코트, 돌토, 라깡 정신분석 작품과 사상』(공역) 등이 있고, 그 외에 신학 정신분석학 리더십학을 잇는 다수의 논문과 다수의 공저를 발표하였다.

이메일: harmonie@hanmail.net를

박 수 영

연세대학교에서 지질학과 철학을 공부하고, 10여 년간 공기업에서 직장생활을 하였다. 이후 회사를 휴직하고 KAIST 비즈니스 스쿨에서 경영학석사과정(MBA)을 공부하였고, 동국대에서 불교학으로 석사, 인도철학으로 박사학위를 취득하였다. 현재는 동국대에서 강의중이며, 한국불교학회에서 학술이사로 일하고 있다. 주요 논저로는 산스끄리뜨어의 기원에 대한 "Proto-Indo-European 오그먼트의 기원과 역할: 오그먼트는 어떻게 과거를 지시하는가?"(인도철학 42집), 빠니니 문법의 구조를 분석한 "『아슈따디아이』 따디따(taddhita) 부분의 구조"(인도연구 21권1호), 바르뜨리하리의 인도사상사적 위치를 다룬 "바르뜨리하리(Bhartṛhari)의 재조명"(남아시아연구 25권1호), 힌두이즘의 기원 문제를 다룬 "힌두이즘의 기원에 대한 재조명: 힌두교는 동인도회사(EIC)의 발명품인가"(인도철학 57집), 『포스트코로나 시대의 새 종교지평』, 『상호문화적 글로벌시대의 종교와 문화』(공저) 등이 있다.

이메일: souyoung@naver.com

격려사

세계는 지금 심각한 기후변화와 생태계의 위기를 맞고 있습니다. 이러한 위기는 지구촌의 문제로서, 인류의 건강과 생존을 위협하는 동시에 생태계 전체에 심각한 영향을 미치는 것입니다. 산업사회의 막대한 생산과 소비의 메카니즘은 무분별한 지하자원의 개발로 이어져 지구는 몸살을 앓고 있습니다. 사소한 예로 꿀벌의 집단 실종사건은 식량위기를 가져오고, 온실가스 효과로 인한 지구 온난화는 해양 생태계에 심각한 위기를 초래하였습니다. 이러한 재난들은 인간의 끝없는 욕망에서 시작되는 것임을 우리는 잘 알고 있습니다.

전 지구적 위기에 처한 모든 생명을 존중하며, 해탈이나 구원을 통하여 진정한 자유를 목표로 하는 종교는 침묵할 수만은 없습니다. 여러 종교인들이 머리를 맞대고 생태적 위기에 답변할 수 있는 작은 기회를 마련하였습니다. 그리하여 한국 사찰림연구소(소장 오충현)와 K-종교인문연구소(소장 이명권)가 공동으로 주최하여 〈종교와 생태〉라는 주제로 〈2022년 제1회 연합학술대회〉를 개최하였습니다. 향후 종교계는 생태문제에 대하여 침묵하지 않고, 더욱 커다란 의무를 가지고 접근해야 할 것입니다. 여러 종교를 바탕으로 각각의 지혜를 모아 지구환경과 건강한 인류의 상생, 온갖 생명체의 공존에 기여할 수 있는 계기가 되도록 힘을 모아야 합니다.

"기후변화와 생물다양성 위기"이라는 주제로 기조 강연을 한 오충현(동국대 바이오환경과학과 교수, 한국사찰림연구소 소장)교수와 "사찰림의 생태계 서비스"(장영환, 한국 사찰림연구소 경관사업본부장), "생태학을 위한 선불교의 변론과 제안"(공일 스님, 봉은사 교육국장), "불교의 우주론과 생태 이해"(김영주, 동국대학교 동서사상연구소 전임연구원), "식물에 대한 의식 변화와 불교의 생태 담론이 만나면 지구를 구할 수 있을 것인가?"(민태영, 동국대학교 강사), "노자의 생명철학"(이명권, 코리안아쉬람 대표), "자연에 떠도는 정신의 생태 매개로서의 몸에 관한 고찰"(강응섭, 예명대학원대학교 교수), "라다크의 과거는 우리의 미래가 될 수 있는가?"(박수영, 동국대학교 강사)라는 일련의 주제와 강연은 우리 시대에 꼭 필요한 학문적 제안이라고 생각합니다.

종합토론과 질의에 응해 주신 참여자 여러분과 학술대회를 빛내 주신 모든 참가자들에게 진심으로 감사를 드리며 한국사찰림 연구소와 K-종교인문연구소 관계자 여러분에게 심심한 격려와 응원의 박수를 드리는 바입니다. 이러한 학술 세미나의 결과와 성과물이 〈종교와 생태〉라는 책으로 출간됨에 대해 더욱 반갑고 기쁘며 이 책이 널리 읽힐 수 있기를 희망합니다.

사)한국사찰림연구소 대표이사
대한불교 조계종 봉은사 주지 **원명** 합장

기후변화와 생물다양성 위기

오 충 현

기후변화와 생물다양성 위기

오 충 현 동국대 바이오환경과학과 교수, 한국사찰림연구소 소장

Ⅰ. 서론

지구는 현재 기후변화라고 하는 커다란 위기 상황을 겪고 있다. 지구는 지진, 화산폭발, 해일, 빙하기 도래와 같은 위기를 오랫동안 겪어왔다. 이런 위기 상황들은 모두 자연적인 현상들이다. 하지만 지금 지구가 겪고 있는 기후위기는 자연적인 현상이 아니라 산업혁명 이후 인류가 배출한 이산화탄소와 같은 온실가스로 인해 발생하는 인위적인 재난이다. 인류문명의 발달이 오히려 인류를 위기 상황으로 몰아가고 있다.

그런데 이런 위기를 극복할 수 있는 열쇠를 인류가 가지고 있다. 하지만 인류는 주체하지 못하는 욕망으로 인해 그 열쇠 사용을 주저하고 있다. 때로는 그 열쇠를 가지고 있다는 것을 애써 부인하기도 한다. 우리 국민의 경우도 그런 경향이 강하다. 오랫동안 빈곤으로 고생하다가 최근 그 빈곤을 극복했기 때문이다. 그래서 현재 누리고 있는 번영으로 인해 기후위기가 닥쳤다고 하는 사실을 부인하고 싶어한다. 그 원인을 서구 선진국들에게 돌리고 싶어한다. 완전히 틀린

이야기는 아니다. 하지만 눈앞에 닥친 위기를 남의 탓만 하다가는 함께 공멸할 위험이 있다. 우리보다 현재에도 번영을 누리지 못하고 있는 제3세계 국가들은 더욱 억울하다. 이익은 선진국들이 취하고 피해는 함께 나누어야 하는 상황이기 때문이다.

이 글에서는 현재 기후위기의 원인이 되는 우리나라의 사회환경 문제와 이로 인해 발생하고 있는 기후위기 상황을 살펴보고자 한다. 마지막으로 기후위기를 극복할 수 있는 우리의 선택과 노력을 검토해보고자 한다.

II. 우리나라의 사회환경 변화

1. 인구 수도권 및 도시집중 현상

2021년 발행된 통계청의 '한국의 사회지표'에 나타난 우리나라의 인구는 51,781천명이다. 그런데 시도별 인구구성을 살펴보면 수도권 인구 집중이 매우 심각하다. 우리 국민의 50.1%에 해당하는 25,958천명이 수도권 도시에 살고 있다. 실제 주민등록 이전 없이 수도권에서 생활하는 국민들을 포함한다면 우리 국민의 약 60%가 수도권에서 활동하고 있는 것으로 추정해볼 수 있다.

서울을 살펴보면 서울 시민은 우리 국민의 약 18.5%에 해당하는 9,602천명이다. 1986년 서울의 인구가 1천만 명을 넘어선 이후 수도권 신도시들이 증가하면서 서울 인구는 지속적으로 감소하고 있다. 서울 인구가 수도권 도시로 분산하고 있기 때문이다. 과거에는 약 25%의 국민이 서울에 거주하였다. 현재는 18.5%이지만 이 역시 주민등록을 지방에 두고 있지만 서울에서 활동하는 인구를 포함할 경우 그 비율은 20%를 훨씬 상회할 것으로 추정된다.

인구의 도시 집중문제는 수도권만의 문제는 아니다. 우리나라는 현재 90%를 넘는 인구가 도시에 살고 있다. 수도권뿐만 아니라 도시 인구 전체가 과밀하다.

(단위: %, 천 명)

	1990	2000	2010	2019		2020			2030	2040
				인구	구성비	**인구**	**증감률**	**구성비**		
전국	100.0	100.0	100.0	51,709	100.0	**51,781**	**0.1**	**100.0**	100.0	100.0
수도권[1]	42.8	46.3	49.3	25,844	50.0	**25,958**	**0.4**	**50.1**	51.0	51.4
서울	24.4	21.4	20.4	9,662	18.7	**9,602**	**-0.6**	**18.5**	17.6	17.2
부산	8.9	7.9	7.0	3,373	6.5	**3,344**	**-0.9**	**6.5**	6.0	5.7
대구	5.3	5.4	5.0	2,432	4.7	**2,419**	**-0.5**	**4.7**	4.4	4.2
인천	4.4	5.4	5.5	2,944	5.7	**2,951**	**0.2**	**5.7**	5.8	6.0
광주	2.6	2.9	3.0	1,494	2.9	**1,488**	**-0.4**	**2.9**	2.7	2.6
대전	2.4	3.0	3.1	1,509	2.9	**1,500**	**-0.6**	**2.9**	2.8	2.7
울산	1.9	2.2	2.2	1,147	2.2	**1,140**	**-0.6**	**2.2**	2.1	2.0
세종	-	-	-	331	0.6	**349**	**5.4**	**0.7**	0.9	1.1
경기	13.9	19.5	23.4	13,238	25.6	**13,405**	**1.3**	**25.9**	27.5	28.3
강원	3.6	3.2	3.0	1,517	2.9	**1,515**	**-0.1**	**2.9**	2.9	3.0
충북	3.2	3.2	3.1	1,626	3.1	**1,632**	**0.4**	**3.2**	3.2	3.3
충남	4.6	4.0	4.2	2,188	4.2	**2,204**	**0.8**	**4.3**	4.5	4.6
전북	4.8	4.1	3.6	1,803	3.5	**1,792**	**-0.6**	**3.5**	3.3	3.3
전남	5.8	4.3	3.6	1,773	3.4	**1,764**	**-0.5**	**3.4**	3.3	3.3
경북	6.4	5.9	5.3	2,665	5.2	**2,655**	**-0.3**	**5.1**	5.0	4.9
경남	6.5	6.5	6.5	3,350	6.5	**3,350**	**0.0**	**6.5**	6.4	6.3
제주	1.2	1.1	1.1	660	1.3	**670**	**1.6**	**1.3**	1.4	1.5

자료:통계청, 「장래인구추계」
주:1) 서울, 인천, 경기

〈시도별 인구 및 구성비〉

인구의 도시집중은 일자리와 교육 기회, 문화생활과 같은 다양한 원인에서 이루어진다. 하지만 인구의 도시 집중현상은 다양한 사회적 문제를 유발하기도 한다. 지가와 물가상승, 일자리 경쟁, 전염병, 환경오염 심화, 범죄 발생의 증가 등 매우 여러 가지 문제들이 도시화로 인해 촉발된다.

하지만 도시사회 문제가 심각함에도 불구하고 도시로의 인구집중은 우리나라뿐만 아니라 전 세계적으로 진행되고 있다.

2. 가구 구성의 변화

2000년대 이후 우리 사회의 큰 변화 가운데 하나가 1인 가구의 증가와 노인 인구의 증가이다. 1인 가구의 증가는 여러 가지 원인이 있다. 핵가족화의 진행과 핵가족 구성원의 나이 증가에 따른 세대 분리, 결혼 이전 가족으로부터 독립하여 살아가는 세대의 증가, 직업 다변화로 인한 원거리 이동 증가 등이 대표적인 원인이다. 또한 고령 인구의 증가도 1인 가구 증가 원인 가운데 하나다.

2000년 우리나라의 평균가구원수는 3.12명이다. 하지만 약 20년이 지난 2019년에는 2.39명으로 줄었다. 이는 부모님과 자녀 1인 이하가 같이 거주하는 것이 일반적인 세대라고 하는 것을 의미한다. 이를 조금 더 자세히 살펴보면 2000년에는 1인 가구의 비율이 15.5%였다. 반면 2인 가구는 19.1%, 3인 가구는 20.9%, 4인 가구는 31.1%로서 4인 가구가 가장 높은 비율을 보였다. 하지만 2019년에는 1인 가구가 30.2%로 가장 높은 비율을 보였다. 다음으로 2인 가구 27.8%, 3인 가구 20.7%, 4인 가구 16.2%로서 1인 가구 비율이 가장 높다. 이와 같은 추세는 앞으로 당분간 지속될 것으로 보인다.

한국 사회는 가족애가 매우 돈독한 것으로 알려져 있다. 농업기반 사회가 가지는 특징이다. 하지만 지금은 이와 같은 상황이 크게 변화하였다. 한국에서도 성년이 되면 대부분 개별 가구를 구성하여 독립하는 서구와 같은 생활 패턴이 일반화되었다.

(단위: 명, %)

	평균 가구원 수	가구원 수별 구성					
		1인	2인	3인	4인	5인	6인 이상
2000	3.12	15.5	19.1	20.9	31.1	10.1	3.3
2005	2.88	20.0	22.2	20.9	27.0	7.7	2.3
2010	2.69	23.9	24.3	21.3	22.5	6.2	1.8
2015	2.53	27.2	26.1	21.5	18.8	4.9	1.5
2016	2.51	27.9	26.2	21.4	18.3	4.8	1.4
2017	2.47	28.6	26.7	21.2	17.7	4.5	1.3
2018	2.44	29.3	27.3	21.0	17.0	4.3	1.2
2019	**2.39**	**30.2**	**27.8**	**20.7**	**16.2**	**3.9**	**1.0**

자료:통계청, 「인구총조사」

〈가구원 수별 가구 구성 비율〉

그런데 자발적으로 독립하는 젊은 세대와는 달리 아직 가족을 중심으로 살아가는 것이 익숙한 노년 인구의 단독가구수 증가는 또 다른 측면에서 사회문제가 되고 있다. 아직 가족에 의한 돌봄, 특히 노인에 대한 돌봄이 국가나 사회보다 가족 중심으로 진행되고 있기 때문이다. 한국사회에서 노인 돌봄이 국가나 사회책임으로 진행되기까지 이런 현상은 과도기적인 현상이지만 독거노인 문제는 국민들의 행복지수에 큰 영향을 미치고 있다.

(단위: 천 가구, %)

	노인가구 수	노인가구 비중[2]	가구 유형별 구성비					
			1세대	2세대	3세대	4세대 이상	1인	비친족
2000	1,734	12.1	33.9	24.2	9.9	0.3	31.3	0.5
2005	2,448	15.3	34.6	23.8	9.0	0.2	32.0	0.4
2010	3,111	17.7	34.5	23.3	7.4	0.1	34.3	0.4
2015	3,720	19.0	34.0	26.2	6.3	0.1	32.9	0.6
2016	3,867	19.5	33.9	26.1	5.8	0.1	33.5	0.7
2017	4,065	20.2	34.4	25.7	5.4	0.1	33.7	0.8
2018	4,238	20.7	34.8	25.3	4.9	0.1	34.1	0.8
2019	4,458	21.3	35.2	24.9	4.5	0.0	34.4	1.0

자료:통계청, 「인구총조사」
주:1) 가구주 연령이 65세 이상인 가구
2) 노인가구 비중 = (노인가구 수 ÷ 전체 가구 수) × 100

〈우리나라 노인가구 수 및 유형별 구성비〉

2000년 우리나라의 65세 이상 노인 인구중 1인 가구는 31.3%이다. 부부만 살아가는 노인의 비율은 33.9%이다. 이 비율 역시 적지 않은 비율이다. 2019년 통계를 살펴보면 1인 노인 가구수는 전체 노인의 34.4%, 부부만 살아가는 노인의 비율은 35.2%이다. 결국 현재 우리 사회에서 혼자 살거나 부부만 살아가는 노인 세대가 전체 노인 인구의 69.6%임을 알 수 있다. 부부끼리만 사시는 경우는 잠재적으로 곧 혼자 사시는 노인층으로 편입될 수 있음을 의미한다.

3. 우울감과 스트레스의 증가

인구의 도시집중과 1인 가구 증가 같은 사회현상은 사회 전체적으로 우울감과 스트레스 증가와 같은 사회적인 문제를 유발한다. 2020년 한국의 사회지표 통계자료를 살펴보면 우리 사회의 스트레스 인지율은 30대가 38.8%로 가장 높다. 다음으로 20대가 35.1%, 40대가 31.1%이다. 30대가 가장 높은 이유는 대학 졸업 후 사회진출과 결혼 같은 인생의 큰 전환기를 살아가는 세대이기 때문이다. 전체적으로 직업 선택, 결혼, 가정을 꾸리는 일이 진행되는 20대에서 40대까지 우리 국민은 적게는 30%, 많게는 40%가 스트레스를 받으면서 살아간다. 여성이 남성보다 스트레스 지수가 다소 높다. 반면 60대 이상의 경우는 스트레스 지수가 많이 낮아지는 것을 확인할 수 있다.

우울감의 경우는 20대와 70대 이상이 13% 이상으로 높고 다른 세대는 비율이 낮아지는 것으로 나타났다. 노인 인구에서의 우울감 증가는 혼자 사는 세대, 또는 고립된 노인 세대가 증가하고 있다는 것을 의미한다. 하지만 가장 활발하게 활동할 20대의 우울감 증가는 사회적으로 여러 가지 의미를 갖는다. 현재의 20대들이 과거의 20대와 같이 활발한 교우관계를 원하지 않는다는 것과 1인 가구의 증가가 우울감에 영향을 주고 있다.

우울감과 스트레스의 증가는 앞서 살펴본 인구의 도시집중, 1인 가구 증가와 매우 밀접한 관련이 있다. 인구의 도시집중 현상과 1인 가구 증가는 앞으로도 우울감과 스트레스를 더욱 증가시킬 것으로 예상된다. 이로 인한 자살율 증가는 이미 우리보다 선진사회에 먼저 도달한 국가들의 중요한 사회문제였다. 현재 우리나라는 OECD 국가 가운데 가장 높은 자살율을 유지하고 있다. 이에 대한 국가 차원의 대책 마련이 절실한 실정이다.

4. 출산율 및 인구감소

우리나라는 1970년대 이래 세계에서 가장 빠른 경제성장률을 이룩하였다. 그 결과 단군 이래 가장 잘 사는 국가가 되었다. GDP 기준 세계 10~13위 정도의 국가경쟁력을 갖추게 되었다. 부족한 지하자원, 높은 인구밀도, 좁은 국토면적, 남북 분단상황이라는 여러 가지 난관을 극복하고 이루어낸 값진 성과이다.

하지만 이와 같은 경제성장 이면에는 소득불균형, 인구의 도시 집중과 수도권 집중, 청년층의 심한 스트레스, 노년층과 청년층의 우울감 증가, 이로 인한 높은 자살율이라고 하는 사회적인 문제가 있다. 국가는 부강해졌지만 국민들의 행복감이 낮아지면서 출산율의 저하라고 하는 또 다른 사회적 문제가 생겨나고 있다.

부모 세대가 행복하지 않으니 아예 자식을 낳지 않겠다는 젊은 세대가 늘고 있다. 그 결과 2010년 1.48명이던 합계 출산율이 2020년에는 0.84명으로 급격하게 감소하였다. 또한 인구성장률은 2010년 0.5%에서 2020년 0.14%로 감소하였고, 2040년에는 -0.38%로 감소하여 우리나라의 총인구는 2028년을 기점으로 감소해갈 것으로 예측된다.

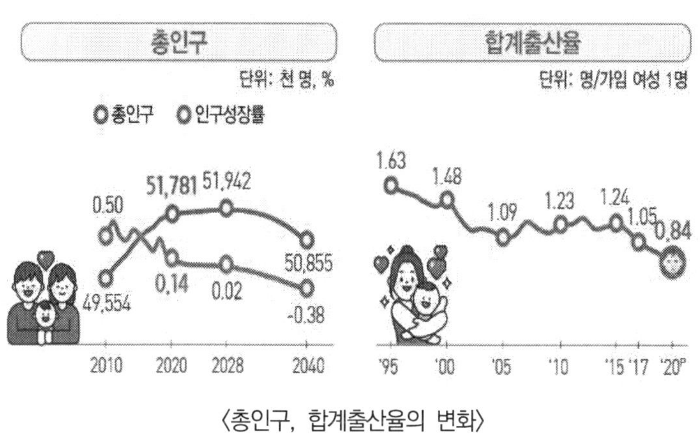

〈총인구, 합계출산율의 변화〉

Ⅲ. 우리나라의 기후변화

1. 도시화와 기후변화

지금 지구는 60년전 대비 북반구에 봄이 오는 시기가 약 1주일 빨라졌다. 한반도의 경우 100년전 대비 평균기온이 2℃ 이상 상승하였다. 이와 같은 기후변화는 온실가스에 의한 영향이라고 알려져 있다. 온실가스는 자연상태 물질로는 이산화탄소, 메탄, 아산화질소 등이 있다. 인공적인 물질로는 염화불화탄소 등이 있다. 이중 지구에 강한 영향을 미치고 있는 물질은 이산화탄소와 메탄이다. 메탄은 같은 양의 이산화탄소 보다 약 27배 큰 영향을 주는 것으로 알려져 있다,

근대적인 기상 측정이 시행된 1910년 이후 우리나라의 평균기온은 매 10년당 0.2℃ 상승하였다. 그런데 우리나라의 산업화 및 도시화가 본격적으로 시작된 최근 30년간 평균기온이 1.6℃ 상승하였다. 최근 진행된 우리나라의 도시화와 이에 따른 산업구조의 변화, 에너지 사용량 증가 등이 기온 상승에 큰 영향을 미쳤음을 알 수 있다.

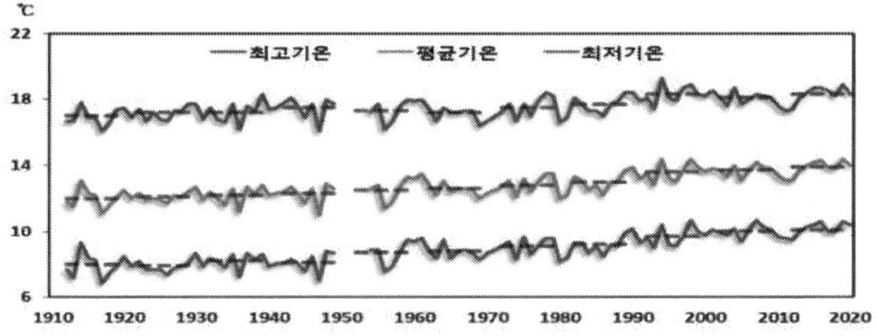

〈연평균 최고, 평균, 최저기온의 변화(1912-2020년) (국립기상과학원, 2021)〉
100년간 매 10년당 0.2℃ 상승, 최근 30년간 1.6℃ 상승

연간 강수량의 변화 추이도 유사하다. 우리나라는 지난 100년간 매 10년당 강수량이 17.71mm 증가하였다. 그런데 강수일수의 변화는 매 10년당 2.73일 감소하였다. 지난 100년간 약 27.3일이 감소한 것이다. 그런데 최근 30년간 21.2일 감소하였다. 우리나라의 도시화와 산업화가 진행된 이후 강수일수가 21일 이상 줄어든 것이다. 지난 100년간 강수량은 약 177.1mm. 증가하였는데, 비가 오는 날은 27.3일간 줄어든 것이다. 한번 비가 오면 과거와는 달리 폭우가 내리는 비율이 증가하였다는 것을 의미한다.

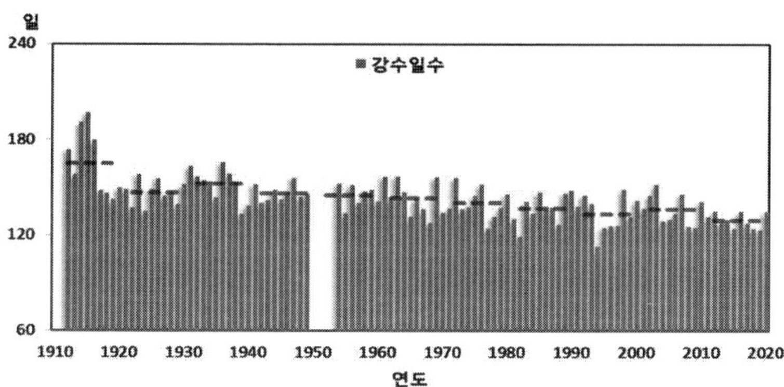

〈연간 강수일수의변화(1912-2020년)(국립기상과학원, 2021)〉
강수일수감소, 매 10년당 2.73일 감소, 최근 30년간 21.2일 감소

2. 계절의 변화

평균온도와 강수량, 강수일수의 변화는 우리나라의 계절변화도 함께 가져왔다. 과거 우리나라의 가장 긴 계절은 겨울이었다. 그런데 기후변화로 인해 지금 가장 긴 계절은 여름이 되었다. 1910년대에는 겨울의 길이가 109일, 여름의 길이가 98일로 겨울이 여름보다 길었다. 그러나 지금은 겨울은 87일, 여름은 118일로 여름의 길이가 훨씬 길어졌다. 지금은 봄이 91일로 겨울보다 더 길다. 전체적으로 온난한 기후로 변화되었다는 것을 계절의 변화를 통해서도 확인할 수 있다.

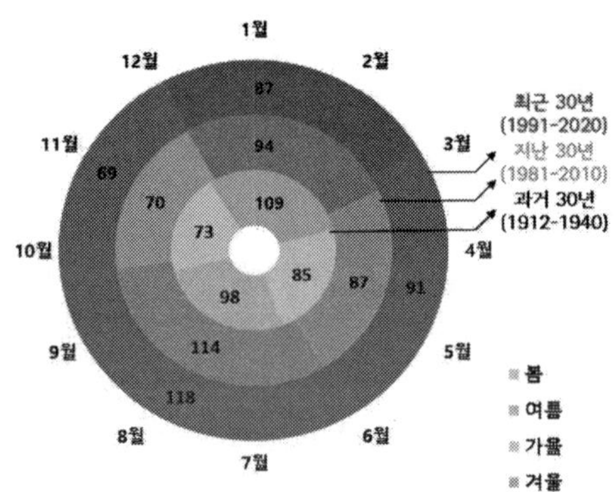

※ 과거 30년(1912 ~ 1940년: 안쪽), 지난 30년(1981 ~ 2010년: 중간), 최근 30년(1991 ~ 2020년: 바깥쪽)

〈우리나라 계절 길이의 변화(1912-2020년) (국립기상과학원, 2021)〉

이와 같은 계절의 변화는 24절기의 변화를 가져왔다. 봄은 과거에 비해 더 일찍 오고 겨울은 짧아졌기 때문이다. 겨울의 절기는 잘 맞지 않고 봄 절기는 앞당겨졌고, 가을 절기는 더 늦추어졌다.

지역별 평균기온의 변화를 살펴보면 2000년대 서울의 평균기온은 17.79℃로서 1990년대 대전의 평균기온인 12.78℃와 유사하다.

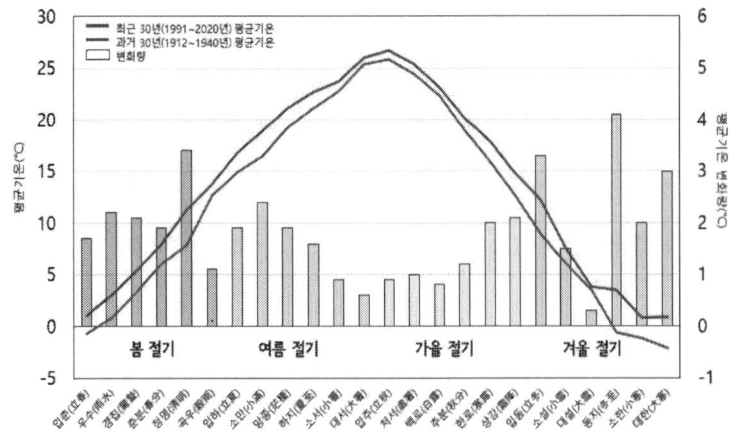

〈절기별 평균기온의 변화 (국립기상과학원, 2021)〉

또 1980년대 전라북도 전주의 평균기온인 12.84℃보다 다소 낮지만 유사하다. 이와 같은 결과를 보면 현재 서울의 평균기온은 1970~80년대 전주 기온과 유사하다. 우리나라의 기후대가 수평적으로 약 250km 이상 북상한 것이다.

평균 기온의 북상은 해당 기후대에서 생육하는 동물과 식물에도 영향을 준다. 현재 청계천 변의 대표적인 가로수인 이팝나무는 원래 전라북도 전주 이남 지역에서 생육하던 나무이다. 그런데 기후변화로 인해 지금은 서울뿐만 아니라 경기도 연천지역에서도 가로수로 심고 있다. 동물의 경우에도 따듯한 남부지방에서 주로 생육하던 넓적배사마귀가 전국적으로 확산되고 있다. 조경수의 이동과 함께 전국적인 확산이 이루어졌을 것으로 추정된다. 최근에는 일본과 중국 남부지방에서 유입된 붉은긴가슴넓적배사마귀가 전국적으로 확산되고 있어 관찰이 필요하다.

기간	서울		대전	
	평균기온	표준편차	평균온도	표준편차
'61-70	11.59167	9.97469	N/A	N/A
'71-80	11.82833	9.41933	11.88500	9.30013
'81-90	12.01417	9.63039	12.35583	9.42840
'91-00	12.73250	9.27018	12.78417	9.08211
'01-10	12.79833	9.31877	13.05750	8.96815
기간	전주		목포	
	평균기온	표준편차	평균기온	표준편차
'61-70	12.91917	9.45651	14.43182	8.50100
'71-80	12.84000	9.06424	14.43091	8.14010
'81-90	12.84750	9.20700	14.52364	8.23255
'91-00	13.34750	8.91998	14.91455	7.95264
'01-10	13.74583	8.88577	14.80636	8.18280

〈우리나라 각 도시의 평균기온 변화(1960~2010)〉

Ⅳ. 기후변화와 생물다양성 감소

1. 생태발자국

생태발자국이란 사람이 생존을 위해 자연에 남긴 영향을 토지 면적으로 환산한 수치다. 삶을 영위하기 위해 필요한 의식주, 에너지의 생산 및 폐기물 처리에 들어가는 비용을 개인 단위와 국가 단위 또는 지구 단위로 면적을 환산하여 이를 바탕으로 인간의 소비정도를 측정하는 방식이다.

지난 2017년 Global Footprint Network에서는 현재 인류의 생태발자국 크기가 지구 면적의 1.7배라고 발표하였다. 인류가 살아가기 위해서는 지구면적의 1.7배가 필요하다는 의미이다. 그렇다면 이미 지구의 인구는 1.7배 이상 과잉하다는 것을 알 수 있다.

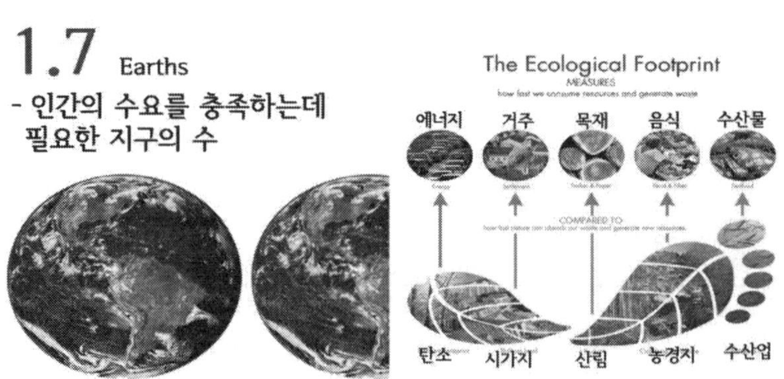

Global Footprint Network, 2017

〈지구의 생태발자국〉

이 수치를 국가별로 계산해보면 우리나라의 경우는 훨씬 더 심각하다. 우리나라는 우리나라 국토면적 대비 약 8배 이상의 면적이 필요하다. 지구 평균의 약 5배 높은 수치이다. 미국은 약 2.5배, 일본은 7배, 영국은 4배 정도인 것으로 나타났다. 우리나라는 다른 나라에 비해 생태발자국이 취약하다. 국토면적 대비 많은 인구가 살아가고 있고, 국민 대부분이 도시지역에서 살면서 2, 3차 산업에 종사하기 때문이다. 인구의 도시집중, 또는 수도권 집중 현상이 가져온 상황을 잘 나타내주고 있다. 현재 지구에서 일어나고 있는 기후 위기의 상당 부분 책임이 우리나라에 있다는 것을 알려주는 결과이다.

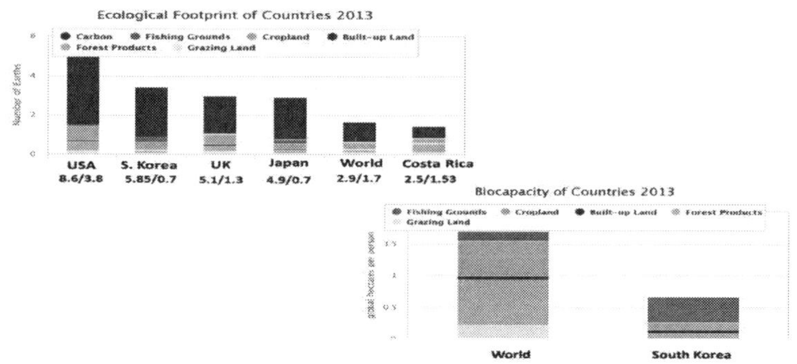

〈생태발자국과 생태용량〉

2. 생물다양성과 지구 생명지수의 변화

생물다양성은 1988년 E. Wilson에 의해 정립된 개념이다. 그는 산업혁명 이후 인류에 의한 생물다양성의 파괴가 결국 인류의 미래를 위협할 것이라고 경고하였다. 그는 인류의 멸종을 막고 지구 생태계가 지속가능하기 위해 생명에 대한 사랑(Biophilia)이 필요하다고 하였다. 그리고 그 실천방안으로 생물다양성 보전을 제시하였다. 생물다양성은 생명체가 지속가능하게 유지되기 위해 필요한 유전자 다양성, 종 다양성, 서식처 다양성 즉, 생태계 다양성을 종합한 개념이다.

Wilson의 생물다양성 보전에 대한 주장은 국제적으로 큰 반향을 가져왔다. 그 결과 1992년 브라질 리우에서 개최된 세계환경정상회의에서는 생물다양성 보전을 중요 의제로 선택하였다. 그리고 이 회의를 계기로 생물다양성 협약이라고 하는 생물다양성을 보전하기 위한 국제 협약이 체결되었다.

현재 세계적으로 생물다양성을 보전하기 위한 활동이 매우 활발하게 진행되고 있다. 하지만 아직도 생물다양성 보전을 위한 미래는 결코 밝지만은 않다. 2016년 WWF에서 발행한 자료를 보면 1972년에서 2012년 사이 지구상 생명체의 58%가 감소하였다.

육상생물은 38%가 감소하였고, 담수생물은 81%, 해양생물은 36%가 감소하였다. 불과 40년 사이에 지구생명체의 58%가 감소했다고 하는 사실은 충격적이다. 지난 40년간 인류가 지구에 미친 영향을 극적으로 보여주는 결과이다.

지구 생명체의 감소는 남획, 서식지 파괴 및 감소, 기후변화, 외래종의 이입, 오염, 질병 등이 주요 원인이다. 전체적으로 현재 지구상 생명체 감소는 사람에 의한 영향이 절대적이다. 남획이 37.0%, 서식지 파괴가 31.4%, 서식지 감소 13.4%, 기후변화 7.1%, 외래종 침입 5.1% 등으로 나타나고 있다. 여기서 눈 여겨 볼 상황이 기후변화이다. 기후변화에 의한 영향은 현재는 7.1%이지만 점점 그 상황이 심각해지고 있기 때문이다.

3. 생태계서비스

지난 2000년, 지구사회는 새 천년을 맞이하는 기쁨보다 지구 전체적으로 발생하고 있는 전쟁, 전염병, 빈곤, 기후위기와 같은 지구적인 문제점들에 대한 걱정이 더 컸다. 생물다양성 보전 역시 인류의 미래와 지구의 지속가능성을 담보하기 어려워 새로운 방법론 모색이 필요하였다. 그 방법이 생태계서비스 평가이다.

생태계서비스는 인류가 자연, 즉 생태계를 지키기 위해 노력과 재화를 투입한 것에 대해 자연이 반대급부로 주는 혜택, 즉 서비스를 의미한다. 과거 인류는 자연의 혜택을 재화와 노력 투입이 아닌 무상으로 받을 수 있었다. 하지만 산업혁명 이후 훼손된 생태계로 인해 이제 생태계를 유지하기 위한 노력 없이는 과거와 같은 혜택을 받을 수 없는 시대가 되었다.

국립공원을 지키기 위해서도, 맑은 강물을 유지하기 위해서도 사람의 노력과 비용이 필요한 시대가 되었다. UN은 2000년부터 2004년까지 전 지구의 생태계서비스를 평가하는 작업을 하고 그 결과를 발표하였다. 지금은 독일에 본부를 둔 생물다양성과 생태계서비스 국제기구(IPBES)가 주기적으로 지구의 생태계서비스를 평가하고 있다. 우리나라는 국립생태원에서 생태계서비스를 평가하고 있다.

생태계서비스는 식량과 물 같은 자원을 제공해주는 공급 서비스, 공기와 물을 정화하고 토양의 유실을 막아주는 조절 서비스가 있다. 전자를 경제 서비스라고 하면 후자는 환경 서비스라고 할 수 있다. 또 생태계는 사람들에게 쉴 수 있는 장소와 경관, 영감 등을 제공해주는 문화 서비스를 제공한다. 마지막으로 이런 세가지 서비스가 가능하도록 광합성 작용, 토양생성, 동식물들의 서식처 제공과 같은 지지 서비스를 제공한다. 이와 같은 네 가지 서비스가 원활하게 공급될 때 그 지역에서 살아가는 사람들이 빈곤하지 않고 행복하게 살아갈 수 있다.

하지만 생물다양성 감소와 기후위기 같은 지구적인 문제들은 생태계 서비스의 원활한 제공을 방해한다. 이를 지켜내기 위해서는 시간이 흐를수록 더 많은 노력과 비용이 필요하다. 생태계 서비스 공급이 원활할 경우 우리는 자연으로부터 안전하고, 양질의 생활을 위한 기본적인 물질을 공급받을 수 있고 건강을 유지하고 양질의 사회적 관계를 유지할 수 있다. 이를 바탕으로 선택과 행동의 자유를 가질 수 있다.

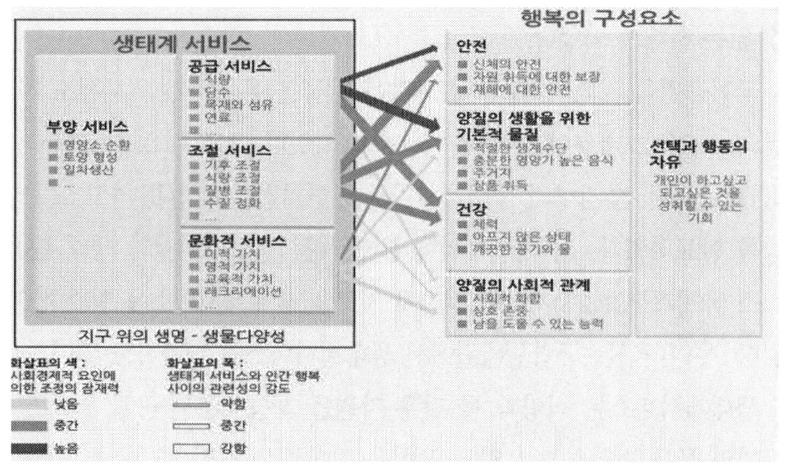

〈생태계서비스와 인간의 삶의 질 향상〉

V. 결론

지구는 현재 기후변화와 생물다양성의 위기를 심하게 겪고 있다. 인류가 지구상에서 지속가능하게 살아가기 위해서는 이 문제를 반드시 극복해야 한다. 그 방법은 단순하다. 인류가 가진 욕망의 크기를 줄이고 서로 협력하는 것이다. 하지만 그 성과와 미래가 밝지 않다.

2020년 기후변화 대응 국제기구인 IPCC와 생물다양성을 보전하기 위한 국제기구인 IPBES는 공동 보고서를 제출하였다. 보고서 제목은 기후변화와 생물다양성이다. 기후변화와 생물다양성이 서로 떨어진 문제가 아니라 동시에 해결해야 하는 문제라는 것을 이 보고서는 제시하고 있다.

2015년 기후변화 대응을 위한 파리협약이 체결되었다. 파리협약 이전 기후변화 대응은 선진국 책임이었다. 하지만 피리협약에서는 기후위기가 엄중하여 이제는 탄소중립 활동을 선진국뿐만 아니라 지구에 있는 모든 국가들이 참여해야 한다고 결론내렸다. 우리 정부 역시 이 협정에 서명하고 국내외적으로 탄소중립을 실천하기 위한 여러 가지 대책을 추진하고 있다. 하지만 여전히 국가 경쟁력과 소득성장을 위해 적극적으로 참여하고 있지 못하다. 우리 정부뿐만 아니라 선진국 대부분이 마지못해 참여하고 있다.

이런 상황 속에서 금년 여름 파키스탄에는 심한 폭우가 내려 전 국토의 1/3이 피해를 입었다. 탄소배출 순위로 보면 세계 하위국가인 파키스탄의 피해는 탄소배출 상위국가인 우리나라 입장에서는 매우 곤혹스러운 일이다. 금년 여름 우리나라도 폭우 피해를 입었지만 파키스탄 만큼 심각하지 않았다. 기후변화로 인한 위험은 언제 어떤 형태의 재난으로 올지 몰라 전 세계가 걱정하고 있다.

2020년 발간된 기후변화와 생물다양성 보고서에는 이를 극복하는 방안으로 자연기반해법을 제시하고 있다. 이산화탄소를 흡수할 수 있는 나무를 많이 심어서 기후변화를 완화하고자 하는 방안이다. 나무 외에도 해조류나 습지생물을 잘 보호하여 탄소중립을 달성하고자 하는 블루카본 정책도 제시하고 있다.

2022년 12월 몬트리올에서 개최된 생물다양성 협약 15차 총회(COP15)에서는 이를 위해 2030년까지 육지의 30%, 해양의 30%를 보호지역으로 지정할 것을 결의하였다. 현재 육상의 17%, 해양의 5%가 보호지역으로 지정된 우리나라로서는 엄청난 숙제가 생겼다. 쉽지 않은 일이지만 국제사회의 일원으로서 이를 실천하기 위한 노력을 해야 한다.

지난 30년간 우리나라는 세계 어느 나라도 이루지 못한 엄청난 경제성장을 이루었다. 또한 도시화와 수도권 집중 현상을 가져왔다. 그 과정에서 엄청난 이산화탄소를 배출하였다. 소득성장으로 인한 생활수준을 변화로 편의 우선주의 생활과 육식 증가와 같은 식생활 변화를 가져왔다. 하지만 이 기간 동안 우리가 사용하고 배출한, 또는 먹기 위해 배출한 이산화탄소와 메탄가스는 이제 기후변화와 생물다양성 감소라고 하는 무기가 되어 우리를 공격하고 있다.

이를 극복하기 위해서는 우리 생활을 변화시켜야 한다. 자동차 사용량을 줄이고 육식을 줄여야 한다. 우리가 사용하는 물질의 양을 줄여야 한다. 하지만 이것은 쉽지 않다. 이성적으로는 알고 있을지라도 당장의 편안함과 욕망에 대한 절제가 어렵기 때문이다. 이성에 호소하는 교육은 학교에서 이루어진다. 학교에서 환경교육을 시행하는 이유이다. 하지만 이성을 넘어서는 감성과 영성의 변화는 종교를 통하는 것이 효율적이다.

한때 우리나라에서 음식물 쓰레기를 남기지 않고자 하는 '빈 그릇 운동'이 종교계 차원에서 진행된 적이 있다. 빈 그릇 운동은 환경교육의 핵심이다. 또한 욕망을 줄이기 위해 이성을 넘어서는 감성과 영성 교육이다. 기후위기 대응과 생물다양성 보전을 위해서는 새로운 빈 그릇 운동이 필요하다. 눈에 보이는 그릇뿐만 아니라 마음의 그릇을 비울 수 있는 빈 그릇 운동이 필요하다.

참고문헌

국립기상과학원, 2021, 우리나라의 109년 기후변화분석 보고서
국립기상과학원 2021, 2020~2021년 장마분석 보고서
국립생태원, 2021, 생태계에 대한 기후변화 리스크 평가 보고서
오충현, 2022, 식물유산 기후변화 대응, 문화재연구원
장인영 등, 기후위기 대응을 위한 자연기반해법의 국제논의 동향과 시사점, 국립생태원
통계청, 2021, 인구총조사 보고서
통계청, 2021, 장래인구추계 보고서
통계청, 2021, 한국의 사회지표 보고서
환경부, 2021, 자연환경해설사 표준교재
GFN(Global Ecological Footprint Ntework), 2017, Global Ecological Footprint report

사찰림의 생태계 서비스

장 영 환

사찰림의 생태계 서비스

Ecosystem service of temple forests

장 영 환 한국사찰림연구소 경관사업본부장

Ⅰ. 서론

1. 사찰림이 우리에게 주는 혜택은 무엇인가?

최근 지구생태계에서는 폭염, 산불, 폭우, 폭설, 한파 등이 지구 곳곳에 발생되고 있다. 전문가들은 2020년 5개월간 발생한 호주산불은 지속적인 가뭄과 35도에 이르는 고온에 따른 기후변화가 재앙의 원인이라고 보고 있으며, 산불로 인하여 전체 코알라(7만 5천여마리) 중 45%가 죽음을 당하여서 국제환경기구인 세계자연보전연맹(IUCN)은 코알라를 멸종위기종으로 간주하게 되었다. BBC NEWS는 미국과 캐나다 서부의 폭염에 의한 수백 명 사망에 대하여 "온난화 없이는 사실상 불가능하다"라고 보도하였다.1) 유럽에서는 100년만

1) BBC NEWS, 2021

의 폭우로 독일에서만 60명 사망, 70명 실종의 홍수 대참사가 발생되었으며, 중국에서는 1년치 비가 3일간에 쏟아져서 높이 13m 터널도 침수되고, 홍수 이재민 4,500만 명이 넘게 발생되면서 경제 손실만 20조원 발생되었다고 보도되었다.

이러한 기후변화의 원인은 1850년대 1차 산업혁명 이후 온실가스 배출증가 등을 원인으로 보고되고 있으며, IPCC 6차 보고서는 우리가 탄소중립을 실현하지 않으면 지구 온도는 계속 상승할 것이며 탄소 배출을 저감한다고 하더라도 이상기후나 해수면 상승, 빙하 유실을 온전히 막을 수는 없다는 암울한 미래를 보여주지만, 포기하지 않고 2015년 파리협약에 따라 지구 온도를 1.5도 이하로 제한한다면 극단적인 기상이변이나 환경파괴를 다소나마 완화할 수 있다고 하였다.[2)]

이러한 배경으로 인하여 세계는 탄소중립을 위한 석탄, 석유 등의 화석연료 사용을 감소시키는 것과, 탄소흡수원을 통한 탄소저감의 노력이 매우 중요하다고 인식하고 있다. 특히 해양, 습지, 산림 등의 생태계서비스 기능과 가치는 인류에게 매우 중요한 자연자원으로 여겨지고 있으며 그에 대한 많은 노력들이 진행되고 있다. 대표적으로 유엔개발정상회의(2015)에서는 2001~2015년까지의 새천년개발목표(MDGs)를 승계할 2016~2030년 지속가능발전목표(SDGS)에서의 "Goal 15. Life on Land"목표는 "육상생태계의 지속가능한 보호·복원·증진, 숲의 지속가능한 관리, 사막화 방지, 토지황폐화의 중지와 회복, 생물다양성 손실 중단"으로 정의 하였으며, 산림에 대해서 지구 표면의 30.7%를 차지하며 식량 안보와 보호지역을 제공하는

---

2) IPCC,2021, AR6

것 외에도 기후변화에 대처하고 생물다양성과 토착민들의 집을 보호하는데 핵심적인 역할을 수행하고 있고, 숲에는 동물 · 식물 · 곤충 등 모든 육상생물 종의 80% 이상이 서식하고 있다고 정의하였다.3) 또한 기후변화협약(UNFCCC)의"토지이용, 토지이용 변화 및 임업"(LULUCF)에서는 활동 범주 6개(산림, 농경지, 초지, 습지, 주거지, 기타 토지)에서 산림, 농경지, 초지, 습지는 온실가스 흡수원으로 분류되었으나 실제 대부분의 온실가스는 산림에서 흡수 되고 있어, 산림의 중요성을 강조하였다.

육상생태계로서의 산림은 경제발전, 인류복지뿐만 아니라 기후변화 대응 및 생태계서비스 제공 등의 핵심적인 역할을 하며, 특히 탄소중립의 유력한 실천수단으로서 탄소 흡수원이자 저장고인 산림의 역할 증진이 요구되고 있다. 이러한 산림은 본래의 숲 외에도 다양한 기능과 의미가 존재하는데, 대표적으로 사찰림은 자연자산과 종교적인 문화자산을 가진 복합유산으로서 공급, 조절, 문화, 지원 생태계서비스를 제공하고 생물다양성을 유지하는 대표적인 산림 형태라고 할 수 있다.

이러한 국내외적 상황에서 일반인들이 들었을 때 다소 생소한 '사찰림'에 대하여 대한민국정부와 대한불교조계종을 비롯한 불교계에서는 기후변화 대응과 복지국가 실현의 장소로 주목하고 있다. 사유림이면서 대부분 공익용산림으로 지정되고 있는 사찰림은 삼국시대 불교가 전래된 이래 대부분 1,000년 이상 국가의 지원 아래 사찰림을 보호·관리 하여왔다. 한국의 사찰림은 국토 면적의 0.8% 산림면적의 1.4%에 이르고, 종교림 및 사유림으로 분류되고 있다. 사찰림

3) ncsd.go.kr, 2021

은 역사문화재 2,817건 중 1,180건(42%)을 차지하고 있어 문화유산적 가치가 매우 높으며, 자연공원으로 국립공원의 8.3%, 도립공원의 15.5%, 군립공원의 13.6%에 이르는 등 역사문화적·생태적 가치가 매우 높다.[4] 한편 1920년대에 금명보정, 용은완섭, 기산석진스님이 송광사의 사료를 수집·정리하여 1931년에 묶은 책인《조계산송광사사고》[5]에는 "불사를 세우는 곳에서 반드시 나무를 심어 그 아름다운 경치를 보존하는 것이 불교에서 권하는 가르침이다. 그러므로 어떤 나라, 어떤 곳에도 절의 임야에는 나무가 울창한 모습이 있고, 그중에서도 우리 절에서 730여 년의 역사를 가지고 뼈를 깍는 노력으로 계속해서 수호해 온 곳이다", "절을 창건할 때 땅을 나누어받는 것은 신라 때부터 존숭되어 온 것입니다."라고 쓰여 있고 사찰림을 지키기 위한 금산(禁山), 봉산(封山) 등의 내용이 기록되어 있다. 이는 현재의 사찰림이 존재하는 하나의 예로 볼 수 있다.

봄에는 아름다운 새싹을 보기 위해, 여름에는 시원한 그늘과 계곡에서 쉬기 위해, 가을에는 아름다운 단풍을 보기 위해, 겨울에는 고즈넉한 사찰과 산림경관을 보기 위해, 우리는 사찰림을 찾고 있다. 그 이유는 사찰림이 주는 생태문화적 가치 때문이고, 인간은 사찰림에서 생태계서비스를 제공받기 위함이다.

따라서 기후변화에 따른 기후위기 대응과 인간의 행복추구를 위해서 사찰림의 생태계서비스, 즉 사찰림이 우리에게 주는 혜택이 무엇인지 알아보고자 한다.

---

4) 전영우, 2016.한국의 사찰숲
5) 《조계산송광사사고》:1920년대에 금명보정, 용은완섭, 기산석진스님이 송광사의 사료를 수집·정리하여 1931년에 묶은 책

Ⅱ. 사찰림의 이해

1. 사찰림의 개념

사찰림이란 사찰이 보유하고 있는 산림을 말하며, 우리나라 대부분의 사찰은 사찰 주변 토지와 임야를 소유하고 있다. 사찰림의 본질은 종교림으로서 울창한 숲은 미적으로 조성하고 풍치를 지속적으로 유지하여 사원의 존엄성을 더하고 이속정심(離俗淨心)하는 불교신앙심을 고취 시키는데 의의가 있다.6) (사)한국사찰림연구소에서는 사찰림에 대해 "불교적 전법수행과 사회공익적 가치를 더하여 사찰의 경내풍치를 보존할 목적이나 또는 사찰운영상 필요한 운영비 및 자재의 조달을 목적으로 사찰이 소유, 또는 관리하고 있는 산림을 사찰림이라 한다"라고 정의하고 있다.7)

〈그림 1〉 월정사 사찰림

출처:http://woljeongsa.org/ 좌측: 월정사, 우측: 월정사 중대(사자암)

---

6) 이도이, 2012

7) (사)한국사찰림연구소, 2016

산림청 산림임업용어사전에는 "사유림의 일종으로 절에서 소유한 산림. 별칭으로 종교림"으로 정의하고 있다.

〈그림 2〉 사찰림 개념도(장영환. 2022)

전통사찰의 보존 및 지원에 관한 법률에는 전통사찰보존지에 대해 "전통사찰보존지"란 불교의 의식, 승려의 수행 및 생활과 신도의 교화를 위하여 사찰에 속하는 토지로 정의하고 있으며 사찰림과 관련된 사항은"사찰 소유의 정원·산림·경작지 및 초지"로 정의하고 있다.

또한, 전통사찰 공간은 종교공간(수행, 기도, 포교), 역사문화공간(박물관, 전시관, 교육관, 템플스테이관), 생태공간(사찰소유지의 자연지역과 사찰림), 휴식 및 기타공간(주차장, 쉼터, 등)으로 구분되며 사찰림은 전통사찰의 위 기능을 모두 아우르는 생태문화공간으로 정의할 수 있다.

2. 사찰림의 현황

1) 국내 전통사찰의 일반 현황

2021년 1월 말에 전통사찰로 등록된 사찰은 경상북도가 178개소로써 가장 많이 등록되었으며 총 972 곳의 전통사찰이 등록되었다.

그 중 조계종이 786개소, 태고종이 96개소, 천태종 1개소, 법화종 17개소, 기타 선원을 포함 72개소가 등록되어 있다(문화체육관광부, 2021).

국내 전통사찰 일반현황

시도별	사찰수	시도별	사찰수	시도별	사찰수
서울특별시	60	울산광역시	11	전라북도	118
부산광역시	34	세종시	8	전라남도	97
대구광역시	18	경기도	105	경상북도	178
인천광역시	9	강원도	48	경상남도	103
광주광역시	6	충청북도	85	제주도	12
대전광역시	6	충청남도	74	계	972

* 출처 : 문화체육관광부 종무과(2021년 1. 31. 현재). 시·도별 전통사찰 현황

2) 사찰림의 기원

우리나라에서 사찰림의 기원에 대해서는 다음과 같다. 사찰숲의 기원에 얽힌 해답의 실마리는 ≪삼국유사≫에 등장하는 천경림(天鏡林)과 신유림(神遊林)으로 풀 수 있으며. ≪삼국유사≫ 권3 흥법(興法) 제3 아도기라(阿道基羅)에는 천경림과 신유림을 경주에 있던 전불시대(前佛時代) 칠처가람(七處伽藍) 중 첫 번째와 여섯 번째 절터로 언급한다. 바로 '숲이 사찰'이었음을 나타내는 대목이다.

초기 경전에는 수행자를 "숲거주자"로 표현하며 석가모니는 사라나무 숲에서 태어나고 보리수 아래에서 정각을 이루었다. 숲이 정사였고 거기서 수행을 하였다. 또 두 그루의 살나무 아래에서 입적했다고 밝히고 있다. 따라서 불교는 숲의 종교라 할 수 있다. 한편 '화엄경'에는 사찰을 시냇물이 흐르는 울창한 숲이 있는 곳, '법화경'에는 지상에 재현시킨 극락의 입지조건을 수풀이 우거진 동산이라 하였으며, 불교와 숲의 관계는 석가모니의 일생을 통해서도 엿볼 수 있다.[8]

3) 사찰림의 형성

신라 말 고려 초 아홉 곳의 큰 산 아래 문을 연(구산선문) 선종은 참선 수행으로 깨달음을 얻는 것을 중요시 하는 종파로서 수행자의 수도공간을 숲이 있는 곳으로 보기 때문에 사찰림이 중요시 되었다. 또 도선국사의 풍수사상의 영향으로 사찰은 경치가 아름다운 산중에 자리 잡았으며, 고려 태조께서 4월에 박술희를 통하여 왕실의 후손에게 전달한 '훈요10조'의 두 번째 내용에는 "사찰은 도선국사가 산수의 순역을 보아 추첨해서 정한 것이니 함부로 다른 곳에 창건치 마라"라고 되어있다(고려사 권2, 세가2, 태조 26년 계묘년(943년)). [표 8]은 대표적인 사찰과 사찰림에 대한 표이다.

우리나라 대표적 사찰숲 현황

사찰	주요수종	기타 주변 수종
화엄사	소나무 숲(입구), 느티나무숲(경내)	서어나무숲(계곡), 느티나무숲(경내)
월정사	전나무 숲(입구)	소나무숲 (길), 거제수나무 숲, 피나무 숲
해인사	소나무 숲(입구)	졸참나무, 전나무 (사찰주변), 참나무 숲
삼화사	느티나무숲(입구)	굴참나무
내소사	전나무숲(입구)	
보경사	소나무 숲(입구), 팽나무 숲(수구막이), 느티나무 숲	
천은사	참나무숲(임구), 느티나무 숲, 주엽나무 숲	
법주사	소나무숲(사내교), 소나무숲 (잔디광장), 참나무숲(일주문), 전나무숲(법주사 삼거리), 소나무숲(금강문), 잣나무숲(대웅보전), 소나무숲(용주헌)	
불국사	소나무숲(중앙광장, 약수터 후면)	단풍나무 숲, 대웅전 동측
송광사	삼나무 숲(입구)	대나무숲

*출처 : 이기우(2008). 법주사 사찰림의 경관특성과 관리방안에 관한 연구.

8) 전영우, 2016.한국의 사찰숲

4) 사찰림의 국가적 지원 및 활용

불교는 조선시대 이전 까지 약 1000년 동안 신봉되었던 종교이고, 특히 각 왕조별로는 국교수준의 지위를 누리기도 하였다. 왕실에서 사찰 건립된 것은 주로 왕실사람의 명복을 빌기 위해서였으며, 이와 같은 왕실의 불교신앙은 국민들에게 영향을 미칠 수밖에 없었다.

특히 사찰에 따라서는 왕의 특별한 보살핌은 물론 지원을 받기도 하였고, 직접적인 인연이 있는 사찰은 불교를 숭상한다는 비난을 감내하면서 까지 특혜를 주었다.[9] 그 외 사례를 살펴보면 아래와 같다.

첫째, "오대산에 수행하던 효명이 왕으로 즉위한 지 몇 해가 지난 신룡 원년(705년, 성덕왕4년) 진여원(현재의 오대산 상원사)을 개창하고, 왕이 친히 백료를 거느리고 오대산에 와서 전당을 만들어 열고 문수보살상을 흙으로 빚어 건물 안에 안치하였다....중략... 진여원에서 서쪽으로 6천보 떨어진 곳으로부터 모니점과 고이현 바깥에 이르기까지의 시지(땔감용 산판) 15결, 밤나무 숲 6결, 전답 2결에 처음으로 장사를 두었다."(삼국유사 권3 탑상4 대산오만진신조).

둘째, '《조계산송광사사고》 산림부'에는 "절을 창건할 때 땅을 나누어 받는 것은 신라 때부터 존숭되어 온 것"이라고 밝히고 있으며, 봉산으로 지정되면서"모든 잡역과 관련된 것을 면제하며, 봉표 안의 승려와 백성등에 대해서는 각 영문(營門)[10]과 본 고을이 또한 임의로 죄를 헤아려 다스릴 수 없고, 만일 죄과가 있으면 가볍고 중함을 따지지 않고 본시에 알리고 회답하는 판결문을 기다려 거행할 것이다. 그리하여 봉산의 일을 중히 여기고 보호하여 지키는 일에 전념할 것

9) 이종우, 2010
10) 영문(營門) : 감영

이다"라는 절목(節目)[11]이 기록되어 있다.

넷째, 조선 전기에 나라에서 필요한 소나무 재를 원활하게 조달하고자 주로 바닷가 주변을 지정 관리한 금산제도가 있다.

다섯째, 조선후기에 금산제도를 대신해서 봉산[12]제도가 있으며 산지수호의 임무로서 선왕의 능역을 지키는 능사(능침수호사찰), 태실을 지키는 태실사찰, 선왕선후의 명복을 비는 원찰(왕실기원사찰), 사찰림을 보호하는 임무가 있었다.

여섯째, 조선총독부에 의해 1930년에 발간된《묘전궁릉원묘조포사조》에는 능역의 보호관리를 책임진 능침사찰의 승려는 "절 인근(능역 인근)의 나무 한 그루, 풀 한 포기도 함부로 베지 못하게 엄히 감시하라"는 지침이 있었다.[13]

조선 후기 봉산의 종류

구분	내용
선재봉산·진목봉산	전선과 조운선 건조에 사용할 소나무와 참나무를 생산하고자 지정한 산림
황장봉산	관을 짜는 데 필요한 관곽용이나 궁실 건축용 소나무재 생산용 산림(조선전기의 황장금산)
율목봉산	신주용 위패를 만드는 데 필요한 밤나무를 생산하고자 지정한 산림
향탄봉산	능원의 운영에 필요한 경비를 조달하기 위해 숯을 생산하던 산림
송화봉산	송홧가루를 생산하고자 지정한 산림

11) 절목(節目) : 조선시대에 특정 정책이나 사업의 시행지침 또는 규칙을 나열한 것
12) 봉산(封山) : 나라에서 나무 베는 것을 금지하던 산
13) 전영우, 2016. 한국의 사찰숲

5) 천연기념물(식물)을 보유한 사찰 현황

천연기념물 455건 중 식물이 263건으로 그 중 28건이 사찰보유로 되어있다, 이는 사찰림의 자연유산과 문화유산으로의 가치가 있다고 하는 근거이다. 또한 전 국토의 0.8%인 사찰림에 천연기념물이 10.6%가 차지하고 있다는 것은 사찰림을 보호한 사찰의 노력이라 사료된다.

6) 불교경전에 기록된 식물[14)]

첫째, 불교경전에 기록된 식물들의 실체

한글대장경을 기준 경전으로 확인 한 결과 분류학적 종 분류 및 계급분석 결과 107과 244속 313종 1아종 16변종 1품종 등 331종류로 나타났다. 331종류 식물들의 종 조성은 양치식물은 2종류, 겉씨식물 15종류, 쌍떡잎식물 261종류, 외떡잎 식물 53종 등이며, 이 중 목본 183종류, 초본 148종류로 나타났다. 10,000 여 건의 실체가 331종류로 정리된 것은 불교경전이 서역과 중국을 거쳐 한반도로 전래되면서 다양한 표기방법으로 식물명을 기록했기 때문이다.

표기 방법은 다음과 같다.

① 범어나 빨리어 명칭을 음역하여 한자로 쓴 것이 고려대장경에 한자로 기록된 후 한국대장경에 한자음대로 표기.

② 범어나 빨리어 명칭을 의역하여 한자어로 기록한 이름이 고려대장경에 그대로 옮겨진 것을 한자음 그대로 한글로 표기.

③ 중국에서 중국의 석물로 대체하여 기록한 것이 고려대장경에

---

14)박희준, 2012

한자로 옮겨지고 이 한자 이름을 그대로 한글로 표기.

④ 고려대장경을 집경하는 과정에서 대체 혹은 추가된 식물을 한글화 하면서 한글이름으로 표기.

둘째, 불교경전에 기록된 식물의 분포지 및 국내 생육현황.

한글대장경에 기록된 식물들의 분포지 확인결과 불교발상지인 인도 106종류 8.9%, 한국 125종류 10.5%, 중국 130종류 10.8%, 일본 119종류 10.0%와 기타로 나타났다. 한편, 불교경전에 기록 된 식물 중 도입되거나 이입된 식물을 포함하여 한반도(남한)에 생육하는 식물은 86과, 184속, 235종 14변종 1품종 등 총 250종류로 확인되었고, 이는 불교경전에서 확인된 331종류의 75.5%로 해당한다. 원산지 조사결과에서 나타난 한국원산의 식물들은 총 119종류로 조사되어 전체 331종류 중에서 약 36%에 해당하는 것으로 나타났다.

이러한 현상은 불교가 전래된 후 불교의 중흥기라 할 수 있는 삼국시대부터 고려시대까지의 시대적 배경에서 볼 때 삼국시대에는 활발한 육로 교역과 해동승려들의 활동으로 인해 주로 육로에 의한 식물의 도입이 이루어졌을 것이며, 고려시대에는 해상 교역이 발달했던 송나라의 교역로를 통한 많은 식물들이 도입되었을 것이다. 또한, 불교경전이 불교 발상지인 인도로부터 서역, 중국, 한반도로 전래되면서 경전에 기록된 식물의 명칭이 전래된 지역이나 국가의 식물로 대체되거나 추가된 것도 한 가지 원인으로 판단된다.

셋째, 불교경전 속 식물들의 용도와 기능 및 역할

불교경전에 기록된 식물들은 ⅰ 성스러운 나무, ⅱ 천화(天華), ⅲ 약용 및 향료식물, ⅳ 식용식물, ⅴ재료 및 원료식물, ⅵ 종교식물 등으로 구분할 수 있다.

① 성스러운 나무는 붓다의 생애와 관련된 나무, 과거 7불의 정각수, 미래불인 미륵불의 정각수 등 과거와 미래의 부처와 직접적으로 연관된 나무로 모두 신성한 나무로 취급한다.

② 천화는 4종 천화와 12종 천화로 경전에 기록되어 있고, 4종 천화는 12종 천화에 포함된다.

이 12종 천화는 분류학적 실체로 보면 10종의 식물에 해당한다. 이 10종의 천화는 연꽃(Nelumbo nucifera), 백련화(Nymphaea lotus), 청련화(N, stellata), 홍련화(N, pubescens), 첨복화(Michelia champaca), 아제목다화(Hiptage benghaiensis), 인도자스민(Jasminum sambac), 자스민(J, officinale), 만다라화(Erythrina indica), 석산(꽃무릇)(Lycoris radiata) 등이 해당한다.

③ 약용 및 향료식물은 오약, 오근약, 오과약 및 오향 등으로 대표되며, 많은 경전에서 다양한 약용식물과 향료식물을 기록하고 있어 향후 깊은 연구가 필요한 부분이다.

④ 식용식물은 먹을 수 있는 식물과 먹지 말아야 할 식물을 제시하고 있다. 먹을 수 있는 대표적인 식물인 오곡은 벼, 보리, 밀, 팥, 녹두 등으로 정리하였으며, 먹지 말아야 하는 대표적인 식물인 오신채는 마늘, 파, 부추, 달래, 흥거 등으로 정리하였다. 먹지 말아야 할 식물들은 먹을 수 없는 식물이 아니라 불교의 종교적 특성으로 인하여 몸에서 발휘하는 식물의 성분 역할로 인한 것으로 추정된다. 오신채는 명상과 수행을 근본으로 하는 수행자들에게 생리적으로 활성을

높여주는 역할을 하기 때문에 적합하지 않은 것으로 판단한다. 이처럼 수행자들에게 섭취를 금지하고 있는 식물이 오신채만 있는 것이 아니라 많은 경전에서 다양하게 기록되어 있다.

⑤ 재료 및 원료 식물은 불상과 법구를 만드는 재료, 생활도구를 만드는 재료, 불을 밝히는 기름의 원료 등을 들 수 있다. 대부분의 법구나 생활도구는 주변에서 쉽게 구할 수 있는 재료를 이용한다.

불상을 만드는 재료는 주로 은행나무, 느티나무, 피나무, 춘양목, 전단향나무 등이 이용되었는데 은행나무는 불교경전에 기록이 없으며, 옻나무는 불사를 깍는 재료는 아니지만 불상을 칠하는 재료로 옻칠이 이용되었다. 옻칠이 습기를 막아주고, 방충작용을 하기 때문이다.

목탁은 대추나무나 살구나무로 만들며, 염주는 자거목환자, 철숙동, 수정과 진주 등 모든 보배, 제석자, 금강자, 연자, 보리자, 염주 등을 이용하여 만들었다. 목어는 주로 소나무나 느티나무로 만들었는데 남쪽지방에서는 해충이 덤비지 않기 때문에 녹나무로 만들기도 했다.

그 밖에 승려들의 개인 밥그릇인 발우를 만드는데도 주로 나무를 이용했다. 불교경전에 기록된 재료 및 원료로 이용되는 식물은 63과 98속 107종 7변종 등 114종류가 있다.

⑥ 종교와 관련된 식물은 사찰이나 강원에서 설법이나 경론을 펼칠 때 비유의 대상으로 쓰인 식물들과 밀교의식 중 한가지인 주술이 이용되는 식물들이 있다. 불교경전에 기록된 설법, 경론, 선시 및 공안(화두) 등과 관계있는 식물로 63과 102속 123종 1아종 2변종 등 126종류가 확인되었다. 설법이나 경론을 펼칠 때 비유의 대상으로 쓰인 식물들은 여전히 설법과 경론에 이용된다.

7) 사찰림의 활용

국내 사찰림을 통한 경제적 활동은 하지 않고 있다. 그 이유는 국립공원, 도립공원, 군립공원 지정 등으로 산림에 대한 제한이 많아졌기 때문이다. 단지 현재는 예전부터 이용되었던 스님들의 수행공간으로서 활용되고 있다. 다만 현재 일부 사찰에서는 포교, 명상, 치유 등의 목적으로 템플스테이 공간으로 활용하고 있으며 일부 사찰에서는 차나무를 식재하여 차 잎 생산을 위한 공간으로서 활용하고 있다.

3. 사림과 사찰림의 기능과 가치

산림은 신선한 산소를 제공하며 오염원으로부터 원거리에 있고 나뭇잎이 필터 역할을 함으로써 오염물질을 걸러주기 때문에 청정한 공기를 마실 수 있다. 산림의 공기는 도시지역 공기보다 최소 250배 깨끗하다는 연구결과가 있다.[15] 산소가 충분히 공급되면 신진대사가 원활해지고, 뇌의 활동도 활발해지며 뇌파의 α 파를 증가시켜 마음이 안정되는 효과를 가지며, 공기 중에 있는 먼지와 아황산가스등 각종 오염물질을 흡수한다.

산림자원의 조성 및 관리에 관한 법률의 제8조(산림의 기능별 구분·관리)에 따르면 산림에 대한 기능을 '① 수원의 함양 ② 산림재해방지 ③ 자연환경 보전 ④ 목재 생산 ⑤ 산림 휴양 ⑥ 생활환경 보전'으로 기능을 구분하고 있고 기능별로 관리를 하고 있다. 또한 국립산림과학원에서는 2018년 기준 산림의 공익기능 평가에서 산림의 총 평가액을 221조원으로 국내총생산(1,893원)의 11.7%에 해당하는 것으로

---

15)Madler, 1984

나타났으며, 또한 농림어업총생산(34.5원)의 6.4배, 임업총생산(2.4조 원)의 92.6배, 산림청 예산(2조 원)의 108배에 해당되며 국민 1인당 연간 428만 원의 공익적 혜택을 제공하는 것으로 발표하였다. 평가 기능별 공익기능 평가액을 우선순위별로 살펴보면 온실가스 흡수·저장 75.6조 원(34.2%), 산림경관제공 28.4조 원(12.8%), 토사유출방지 23.5조 원(10.6%), 산림휴양 18.4조 원(8.3%), 수원함양 18.3조 원(8.3%), 산림정수 13.6조 원(6.1%), 산소생산 13.1조 원(5.9%), 생물다양성보전 10.2조 원(4.6%), 토사붕괴방지 8.1조 원(3.7%), 대기질개선 5.9조 원(2.7%), 산림치유 5.2조 원(2.3%), 열섬완화 0.8조 원(0.4%)순으로 분석하였다(국립산림과학원, 2020). 이러한 금액은 2020년 512조 예산(e나라지표)으로 국가를 운영하는 우리나라에 있어 매우 높은 평가액으로 반영하였다고 할 수 있다. 이에 대해 사찰림의 생태문화적 가치를 평가한다면 산림의 공익적 가치를 더해 종교적 가치, 관광적 가치, 교육적 가치, 경제적 가치, 생태적 가치가 더해질 것은 당연한 사실이라고 누구나 이해할 것이다.

결론적으로 사찰림의 평가액은 산림 면적의 1.4%이지만 가치 평가액은 3조 9백40억 이상으로 2조 2억 원 이상으로 평가할 수 있다.

Ⅲ. 생태계서비스의 이해

1. 생태계서비스 개념 및 유형

1) 생태계서비스의 개념

생태계 서비스(ecosystem services)는 생태계와 생물종이 지속 가능하고 인간 생활을 영위하게 하는 상태와 과정, 인간이 생태계 기능으로부터 직접 또는 간접적으로 얻는 재화와 서비스 혜택, 인간이 생태계로부터 얻는 편익 그리고 인간이 생태계로부터 얻는 각종 혜택 등으로 다양하게 정의된다(http://nationalatlas.ngii.go.kr).

일반적으로 생태계 서비스는 모든 사람의 웰빙을 위해 자연 자본이 제공하는 필수 불가결한 혜택이며, 자연 자본의 중요성과 현재 세대와 미래 세대를 포함하여 세대를 아우르는 모든 사람의 지속 가능한 이용이라는 관점에서 파악된다. 한편, 생태계 디스서비스(ecosystem disservices)는 생물 다양성 손실, 조류 독감, 아프리카 돼지 열병, 신종 코로나 바이러스 감염증(COVID -19) 등의 질병 관련 공중 보건 이슈에서 해악적인 생태계 기능을 의미하며, 사회 - 생태 체계에서 인간 웰빙에 부정적인 영향을 주는 생태계의 기능이라고 할 수 있다.16)

Costanza and Folke(1997)에 따르면 생태계서비스는 지구생태계 안에서 인간사회와 생태계를 연결하고 자연에 대한 인간의 의존

16) 국토교통부 국토지리정보원: 대한민국 국가지도집Ⅱ 2020 (http://nationalatlas.ngii.go.kr/pages/page_2133.php)

성과 인간의 환경에 대한 영향이 증가하고 있음을 반영한 개념이다. 인간이 생태계로부터 직·간접적으로 다양한 혜택을 받는 한편 인간의 삶이 자연에도 영향을 끼치고 있음을 보여 주고 있다[그림3].

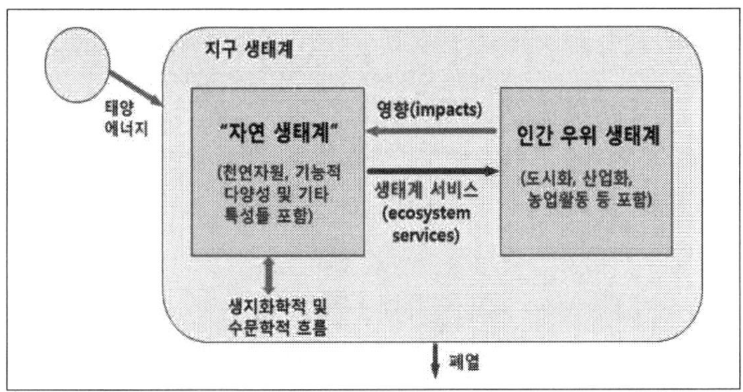

〈그림 3〉 생태계서비스의 개념도 (Costanza and Folke, 1997)

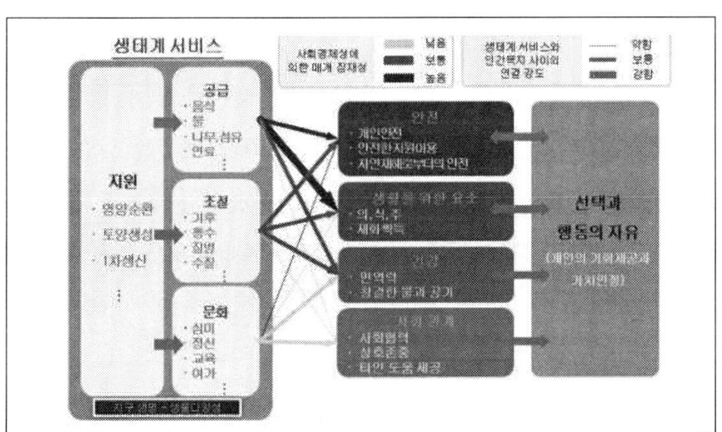

〈그림 4〉 생태계서비스와 인간복지와의 관계 (MA, 2005. 구미현 재구성)

나무와 숲을 통한 생태계서비스 실현과정 비교표

서비스 유형	생태계 영역	〈접점〉	사회체계 영역	
			복지(wellbeing)	
	생태계의 구조와 기능 (structure and function)	서비스 (service)	편익 (benefit)	가치 (value)
공급 서비스 (물적)	나무의 탄소와 에너지 저장	연료(땔감)	난방(열)	건강(체온유지)
	나무의 유기물 축적	식량(열매)	영양물질	건강(영양유지)
	나무의 목질 축적	목재 (건축재료)	집(보금자리)	삶의 거점
	나무와 풀의 성분	펄프	종이	기록, 기억, 저장
문화 서비스 (비물적)	다양한 경관 형성 (경관미)	관광 체험: 단풍 놀이	지각, 감상	정체감, 조화로움, 균형감
	나무와 숲의 생존 메커니즘	교육 체험 (숲 해설)	지식, 정보	지혜로움, 현명함
	나무와 숲에 깃든 신의 섭리	영적 체험 성지 순례	안식, 자각	선함, 정의로움
	나무의 탄소와 에너지 저장	미적 체험: 장작 불빛	지각, 감상	아름다움, 좋음
	잎의 다양한 형태와 색소 생산	미적 체험: 안료, 색재료	창작과 표현	자기표현 · 실현
	나무의 오랜 수명 (유산, heritage)	공동체 체험: 노거수 체험	기억, 공유	소속감, 정체감

출처: 국립생태원, 2017

2) 생태계서비스의 유형

첫째, 인간에게 필요한 식량과 원료물질 등의 상품을 생산하고 공급하는 서비스(Provisioning services)이다. 둘째, 대기질 조절, 기후조절, 질병조절 등의 생명지원시스템과 생태계 과정들을 조절하는 생태계 기능과 관련된 조절서비스(Regulating services)이다. 셋째, 광합성, 토양의 생성, 영양영류 순환, 서식처 제공기능을 포함하는 지원서비스(Supporting services)이다. 넷째, 문화적 다양 성, 종교와 성소로서의 가치, 심미적 가치 등의 서비스를 제공하는 문화서비스(Cultural services)가 해당된다(Boyd and Banzhaf, 2007; Wallace, 2007; Fisher and Turner, 2008). 국외의 생태계서비스의 분류체계는 아래와 같이 조사하여 정리하였다.

표 11 국외 생태계서비스 분류체계

국외 생태계서비스 분류체계				
Costanza et al. (1997)	De Groot et al. (2002)	MA (2005)	TEEB (2010)	SNEA (2012)
세계 생태계 서비스와 자연자본의 가치	생태계 기능, 상품및서비스의 분류,기술및평가를위한유형	새천년 생태계평가	생물다양성과생태계 서비스경제학연구	국가 생태계 평가
	생산기능	공급서비스	공급서비스	공급서비스
식량생산	식량	식량	식량	음식
용수공급	용수	담수	물	물
원료물질	원료	섬유	원료물질	재생가능에너지
유전자원	유전자원	유전자원	유전자원	유전자 풀, 유전적물질
	생화학약품	생화학약품/자연 약재 등	약용자원	생화학적 물질, 자연약품
	장식품	장식품	장식적자원	
	조절기능	조절서비스	조절서비스	조절서비스
가스조절	가스조절	대기질조절	대기질조절	대기조절
기후조절	기후조절	기후조절	기후조절	지역적 기후조절
교란조절	교란조절	폭풍후보호	극한재해완화	재해조절
물조절	물조절	물조절	유출수조절	물조절
		수질정화		
폐기물처리	폐기물처리	폐기물처리	폐기물처리	
토양생성	토양생성	토양생성과(지원 서비스)	토양형성과 조절	토양비옥도 유지
침식방지 및 퇴적유지	토양유지	침식조절	침식방지	토양침식의 유지
식물의 수분	식물의 수분	식물의 수분	식물의 수분	수분
생물학적방제	생물학적 방제	인간질병조절/해충규제	생태학적 조절	생물학적 조절 기작
		지원서비스	서식처서비스	
레퓨지아	레퓨지아		유전자 다양성유지	
영양염순환	영양염순환	영양염류순환	생애주기관리	
		광합성		
	묘목장(사육장)	일차생산		
		물순환		
	정보기능	문화서비스	문화 및 위락서비스	문화서비스
	심미적 정보	심미적가치	미적적ㅇ보	심미적 가치
레크레이션	레크레이션	휴양/생태관광	휴양 및 관광	휴양활동
문화	문화와 예술정보	문화다양성	문화, 예술, 디자인에 대한 영감	장소에 대한 느낌이나 문화적 동질감
		영감		
		사회적관계		
		장소성		
		영감		
	영적 및 역사적 정보	정신적, 종교적 가치	영적경험	영적. 종교적 체험
	과학과 교육	지식체계, 교육적 가치	인지개발 정보	과학적 지식, 환경교육 지역의 생태학적 지식

*출처: 류대호 · 이동근(2013), 저자 재구성

생태계서비스의 유형별 특징

유형	특징	종류
공급서비스	o인간이 직접적으로 이용할 수 있도록 물질적 편익을 제공하는 생태계기능 ·자연생태계로부터 얻는 생산물(재화) · 자연생태계가 생물적 유전자원의 다양성을 통해 인간에게 제공하는 서비스	o 생태계로부터 얻는 생산물(재화) · 식량, 섬유, 생화학물질, 천연 약재 및 의약품, 장식용 자원 용수 등
조절서비스	o 인간의 생활에 피해를 주는 요소를 저감 시키는 생태계 기능 · 생태계과정을 조절함으로써 얻어지는 편익 · 자연과 반자연 생태계의 역할과 관련한 생물·지리화학적 순환(bio-geoch- emical cycles)과 생태계를 조절	o 생태적 과정을 조절하여 얻어 지는 편익 · 기후조절, 대기질 조절, 수질정화 침식보호 등
지원서비스	o 인간 이외 생물의 생존에 적합한 환경을 제공하는 생태계 기능 · 다른 생태계서비스를 생산하기 위해 필요 · 다른 서비스는 직접적이고 단기적으로 사람에게 영향을 주지만, 지원서비스는 간접적이고 장기간에 걸쳐 영향이 나타남	o 공급, 조절, 문화서비스를 함께 향상시켜 생물 생존에 적합한 환경 유지 · 토양생성, 영양염 순환, 광합성 일차생산, 서식지 제공, 물순환 등
문화서비스	o 인간이 생태계를 인식하고 이용하도록 비물질적 편익을 제공하는 생태계 기능 · 생태계로부터 얻는 비물질적 편익	o 생태계로부터 얻는 심미적, 지적·정신적 가치 · 레크리에이션과 생태관광, 정신적·종교적 가치, 교육적 가치, 심미적 가치, 지식체계 등

출처: 구미현(2013)

2. 생태계서비스 가치평가

1) 경제적 가치평가의 필요성

경제학이란, 재화(goods)와 용역(services)의 생산과 분배, 소비에 관한 전반적인 경제 현상을 분석하고 연구하는 학문이다. '경제학'은 영어의 'economics', 그리스어의 'οἰκονομία'를 번역한 말이다. 한자어 경제는 경세제민(經世濟民)의 줄임말인데 이는 '세상일을 잘 다스려 도탄에 빠진 백성을 구함'이라는 의미이다. 반면 그리스어 어원은 '집, 가정'을 뜻하는 'oikos'와 '규칙 혹은 법'을 뜻하는 'nomos'의 합성으로서 'management of a household', 즉 가정을 잘 꾸리는 방법을 뜻했으나 시간의 흐름과 번역을 거쳐 경세제민으로 그 의미가 확장된 것이라 할 수 있다.

인간의 욕구에 비해 자원이 부족한 현상을 희소성이라고 한다. 희소한 자원을 가지고 인간의 모든 욕구를 충족시킬 수 없기 때문에 인간은 누구든지 부족한 자원을 어느 곳에 우선으로 활용할 것인가를 결정하는 선택을 해야 한다. 즉 다양한 욕구의 대상들 가운데서 하나를 고를 수밖에 없다는 뜻이다. 이때 포기해 버린 선택의 욕구들로부터 예상되는 유·무형의 이익 중 최선의 이익을 기회비용(opportunity cost)이라고 한다. 자원의 희소성이 존재하는 한 기회비용은 반드시 발생하게 되어 있고 이는 경제문제를 발생시키는 근본요인이 된다. 기업은 기업가가 투자를 선택할 경우 포기한 나머지 선택의 가치인 투자금액의 은행예금 이자 등이 기회비용이 된다opportunity cost (ttps://100.daum.net/ 경제금융용어 700선).

[그림5]과 같이 인간의 무한한 욕구와 한정된 자원으로 인하여 인간의 경제활동에는 문제가 발생한다. 이와 관련하여 합리적인 선택을 통한 경제문제 해별 방향은 기회비용(opportunity cost)을 통하여 해결된다는 개념이다. 기회비용이란 인간의 욕구에 비해 자원이 부족한 현상을 희소성이라고 한다. 희소한 자원을 가지고 인간의 모든 욕구를 충족시킬 수 없기 때문에 인간은 누구든지 부족한 자원을 어느 곳에 우선으로 활용할 것인가를 결정하는 선택을 해야 한다. 즉 다양한 욕구의 대상들 가운데서 하나를 고를 수밖에 없다는 뜻이다. 이때 포기해 버린 선택의 욕구들로부터 예상되는 유·무형의 이익

중 최선의 이익을 말한다(ttps://100.daum.net/ 경제금융용어).

경제활동에 있어 우리는 늘 선택을 하게 된다. 하나를 선택할 때 하나를 포기해야 하는 현실에 있어 포기하는 한 가지가 기회비용이 된다는 것이다. 산을 보호해서 생물다양성 유지와 탄소중립을 선택해야 할지 아니면 관광시설을 위한 복지시설 단지를 조성해야 할지에 대한 중요한 시점에 있어 결국 경제적 가치를 판단해야 한다고 볼 수 있다.

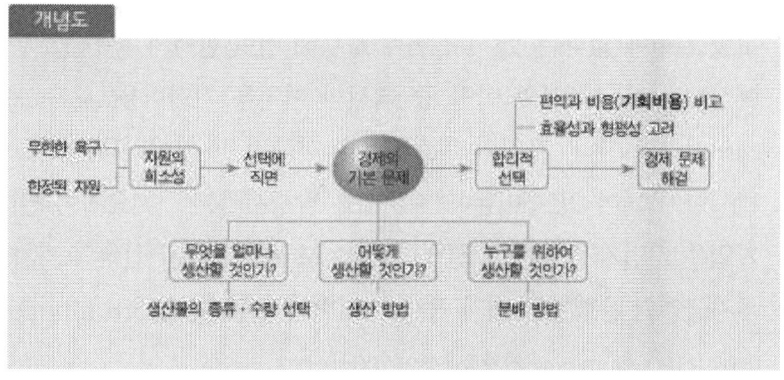

〈그림 5〉 경제의 기본 문제

경제적 가치평가는 1980년 이후 환경과 공공재의 가치평가를 위해 개발되고 발전되었다. 2000년대 들어 응용경제학 분야에 있어서 신상품의 시장개척을 위한 가치평가에 널리 활용되고 있다.

비시장재는 시장이 존재하지 않기 때문에 비시장재의 상대적 가치를 알 수 없다. 그러나 기업의 경영자와 정책담당자들은 비시장재의 잠재적 수요에 대한 정보와 소비자들이 비시장재를 소비함으로써 얻을 수 있는 편익과 이를 제공하는 데 드는 비용을 비교해 의사결정을 한다. 따라서 비시장재의 가격을 설정하기 위하여 경제학자들은 지불의사액을 추정하였다. 경제학자들에 의해 추정된 지불의사액은 다음과 같이 이용된다. 첫째, 가격 결정, 홍보 결정, 신상품 생산 등과 같은 기업의 의사결정에 도움을 준다. 둘째, 기술혁신과 공공정책과 관련된 비용편익분석을 수행한다. 셋째, 개인의 의사결정을 더 잘 이해하고, 경제이론을 검증하며, 발전시키는 데 활용한다.[17)]

결론적으로 도시공공재의 공간적 외부효과를 측정함으로써 시비와 국비 보조금 확보의 규모와 타당성의 근거를 제공할 수 있으며. 공공재의 경제적 편익의 추정 결과는 비용편익분석에 활용되어 사업비 투자 대비해서 얼마나 시민들에게 가치를 제공할 수 있는지 사전에 평가할 수 있고, 세금을 절약할 수 있다.

2) 생태계서비스 가치평가 연구

MA와 TEEB의 중심의 가치평가에 대한 영향으로 인하여 우리나라에서도 활발한 연구가 추진되어 왔다. 즉, 세계적으로 중요시 되고 있는 생태계서비스 가치 평가에 따라, 우리나라도 생물다양성의 감소는 생태계의 기능, 생태계서비스의 감소를 촉진시킨다는 것으로 받아드리게 되어, 생태계의 위기를 회복하고, 지속가능한 생태계서비스의 이용방안 마련을 위해 국내에서도 국립공원관리공단, 국립생태원, 국립산림과학원, 한국환경정책·평가연구원 등 주요 국책연구기관에서 '자연에 가치를 매기기(Valuing thenature)' 즉, 생태계서비스 경제적 가치평가를 수행하였다.

17) 한두봉. 2021

국립공원관리공단 국립공원연구원에서는 생물다양성의 보고로서 북한산과 한려해상 국립공원을 대상으로 생물종, 서식지 등 생물다양성 보전을 위한 목적으로 지정된 보호지역으로서 식량, 원료물질 제공, 약용자원 제공 등 공급서비스의 일부 항목보다는 생물다양성의 유지 및 보전을 우선시 하고, 다른 토지이용지역에 비해 제공되는 생태계서비스 혜택이 높은 지역인 국립공원의 생태계서비스 평가항목 및 평가지표를 선정하고, 이에 대한 산출기준을 적용하여 직접 국립공원 대상지에 시범적으로 적용하여 검증해 봄으로써 객관적인 국립공원의 생태계서비스 평가체계를 마련하기 위한 목적으로 수행되었으며, 이를 통해 향후 국립공원의 생태계서비스 지속성을 확보하고 가치를 증진시키기 위한 국립공원의 관리 및 중장기 계획 수립, 국민의 생태계 보전 필요성에 대한 인식제고, 교육 및 홍보를 위한 기초자료로 활용 될 수 있다고 하였다.[18]

국립생태원은 전국 단위에서 평가할 수 있는 평가 틀(Framework)과 평가 수단인 지표 및 지표 평가방법을 제시하여 생태계서비스의 체계적이고 정량적인 평가를 통해 자연환경 정책시 의사결정을 지원할 수 있는 연구결과를 제공하였으며 생태계서비스의 경향과 변화를 분석하고 요인을 파악함으로써, 정책의 방향과 계획을 수립하는 평가 연구와 정책 연구의 연결 플랫폼으로 제시하였다.[19]

국립산림과학원은 산림공익기능 평가 결과와 시사점(2018년 기준)에 대한 연구에 있어 2018년 기준 산림 산림공익기능의 총평가액은 221조 원으로 국내총생산(1,893조 원)의 11.7%에 해당하며 국민 1인

18) 국립공원연구원, 2018
19) 국립생태원, 2017

당 연간 428만 원의 공익적 혜택을 제공하는 것으로 평가하였는데 기능별 평가액을 살펴보면, 온실가스흡수·저장기능이 75.6조 원으로 총평가액의 34.2%를 차지하였으며, 산림경관제공기능이 28.4조 원(12.8%), 토사유출방지기능 213.5조 원(10.6%)순으로 결과를 발표하며, 산림공익기능의 유지·증진을 위해 산림자원의 선순환체계 구출을 통한 순임목생장량 증가와 적극정인 산림재해방지 정책, 산림공익기능의 중요성에 대한 국민의식 제고를 위한 홍보가 필요하다고 하였다.[20]

한국환경정책·평가연구원은 의사결정 지원을 위한 국가 생태계 평가체계 구축에 대한 연구에 있어 생태계서비스 경제적 가치평가를 직접 연구하였던 국립생태원, 국립공원공단, 산림과학원의 책임 및 선임연구원과 함께 전문가의 연구경험을 토대로 한 그룹 숙의접근법(group deliberative approach)을 방법론으로 하여 국가 생태계 평가체계(K-NEA)의 개념 틀과 평가지표를 제시하였다.

20) 국립산림과학원. 2018

Ⅳ. 사찰림의 생태계서비스

1. 사찰림의 생태계서비스 핵심 평가항목

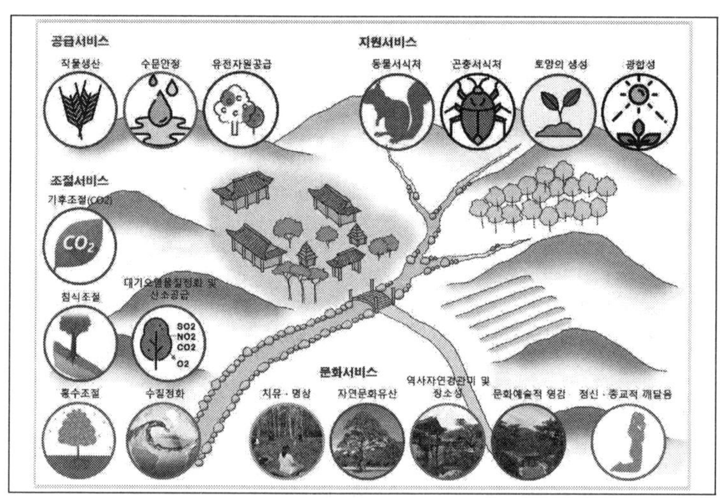

〈그림 6〉 사찰림 생태계서비스 모식도(장영환. 2022)

생태계서비스 관련 문헌검토와 산림(2인), 조경(2인), 생태(2인)분야 전문가(6인)를 대상으로 브레인스토밍[21])을 실시하고, 국책연구기관, 기업, 공무원/공사, 대학에 종사하는 총 25인의 전문가를 대상으로 델파이 조사[22])를 통한 생태계서비스 핵심 평가항목, 평가지표, 세부

21) 브레인스토밍 : 대안을 만들어 낼 때 3인 이상이 모여 자유롭게 아이디어를 내놓는 회의 방식

22) 델파이조사 : 집단 의견의 조정·통합과 개선을 위한 사회과학 방법론으로서 전문가들의 집단 토의시 발생하는 단점을 극복하기 위해서 개발되었다. 전문가 합의법이라고도 하며, 아폴론 신전이 있던 고대 그리스의 도시 델포이(Delphoe)에서 델파이라는 이름을 따온 것이다. 대안을 만들어 낼 때 3인 이상이 모여 자유롭게 아이디어를 내놓는 회의 방식

평가지표를 선정하였다.

1) 공급서비스 평가지표

작물생산에 대한 가치추정 평가지표로는 작물의 생산량(ton), 세부평가지표로는 연간 작물(농작물, 약용작물, 특용작물)의 단위면적당 품목별생산량, 품목별 평균 생산금액, 경작지(밭, 초지, 과수원 등) 면적을 세부평가지표로 선정하였다. 수문안정에 대한 가치추정 평가지표로는 이용가능한 수자원 총량(㎥), 세부평가지표로는 단위 면적당 수자원 이용량, 생산원가, 사찰림 면적을 세부평가지표로 선정하였다. 유전자원에 대한 가치추정 평가지표로는 채종림, 산림유전자원보호림구역 지정 면적(ha)과 구역내 수목의 규격 수량(주), 세부평가지표로는 ①단위 면적당 산림유전자원보호구역(채종림) 보호 관리를 위한 예산, 산림유전자원 보호구역 면적(ha), ②채종림 또는 유전자보호림 내 수목의 규격과 수량, 수목의 가격을 세부평가지표로 선정하였다.

공급서비스 핵심항목, 평가지표, 세부평가지표 선정

핵심항목, 평가지표, 세부평가지표 선정(공급서비스)				
서비스 유형	선정된 평가항목 (3개)	평가내용	평가지표	세부평가지표
공급서비스	작물생산	먹을 수 있는 식량의 존재	작물의 생산량 (ton)	연간 작물(농작물, 약용작물, 특용작물)의 단위면적당 품목별생산량 품목별평균생산금액, 경작지(밭, 초지, 과수원 등) 면적
	수문안정	이용할 수 있는 수자원의 양(식수, 생활용수, 농업용수로 사용)	이용 가능한 수자원총량 (㎥)	단위 면적당 수자원 이용량, 생산원가, 사찰림 면적

	유전자원	유용한 유전 물질을 가진 생물종의 양. 채종림, 유전자원보호림을 통한 유전 자원 생산	채종림, 산림유전자원보호림구역 지정 면적(ha)과 구역 내 수목의 규격 수량㈜	①단위 면적당 산림유전자원보호구역(채종림) 보호 관리를 위한 예산, 산림유전자원 보호구역 면적(ha) + ②채종림또는유전자보호림내수목의규격과수량,수목의가격

2) 조절서비스 평가지표

대기오염물질정화에 대한 가치추정 평가지표로는 대기오염물질 흡수량(ton), 세부평가지표로는 면적당 대기오염물질 흡수량, 대기오염물질 처리비용, 산림면적을 세부평가지표로 선정하였다. 기후조절에 대한 가치추정 평가지표로는 입목의 이산화탄소흡수량(ton), 토양의 이산화탄소 고정량(ton), 세부평가지표로는 연간 임상별 이산화탄소 총 흡수량, 임상별 사찰림면적, 이산화탄소 처리비용, 연간 토양속 이산화탄소 총 저장량, 임상별 사찰림면적, 이산화탄소 처리비용을 세부평가지표로 선정하였다. 홍수조절에 대한 가치추정 평가지표로는 홍수기 직접유출량과 유역저류용량(㎥), 세부평가지표로는 생태계유형별 홍수조절 유역저류용량, 댐 조성비, 유역저류용량=강수량-직접유출량 을 세부평가지표로 선정하였다. 침식조절에 대한 가치추정 평가지표로는 토사유출 방지량(㎥), 세부평가지표로는 무립목지의 토사유출량, 입목지의 토사유출량, 입목지 면적, 산사태복구비를 세부평가지표로 선정하였다. 수질정화에 대한 가치추정 평가지표로는 부유물질 발생량(ton), 세부평가지표로는 세부평가지표로 선정하였다. 문에 대한 가치추정 평가지표로는 부유물질 발생량, 정수비용 등 (응집제, 슬러지처리비용 포함)을 선정하였다.

조절서비스 핵심항목, 평가지표, 세부평가지표 선정

핵심항목, 평가지표, 세부평가지표 선정(조절서비스)				
서비스유형	선정된 평가항목 (6개)	평가내용	평가지표	세부평가지표
조절서비스	대기오염물질 정화	공기 정화 및 대기 오염물질 흡수 황산화물, 질소산화물, 오존, 미세먼지 등을 흡수하고 조절함.	대기오염물질 흡수량 (ton)	면적당 대기오염물질 흡수량, 대기오염물질 처리비용, 산림면적
	기후 조절	토지피복과 생물매개 과정을통한지표면의 기후완화 및 대기 기후완화(온실가스 흡수 및 저장하여 온실가스 농도를 조절함)	입목의 이산화탄소 흡수량(ton), 토양의 이산화탄소 고정량 (ton)	연간 임상별 이산화탄소 총흡수량, 임상별사찰림면적, 이산화탄소처리비용 연간토양속 이산화탄소총저장량, 임상별사찰림면적, 이산화탄소처리비용
	산소공급	산림 내 입목의 광합성과 호흡으로 이산화탄소를 흡수하고 산소를 생산하는 기능	산소 생산량 (ton) (이산화탄소량을 산소량으로 전환	간 임상별 이산화탄소 총흡수량, 산소량전환계수 0.73(O_2 /CO_2), 임상별사찰림면적, 탱크로리액체 산소가격
	홍수 조절	녹색댐 등 숲의 역할로 홍수피해 조절	홍수기 직접유출량과 유역저류용량(㎥)	생태계유형별 홍수조절 유역저류용량, 댐조성비 유역저류용량=강수량-직접유출량
	침식조절	산림이 토사의 침식 및 하류로의 유출을 방지하는 기능	토사유출 방지량(㎥)	무립목지의 토사유출량, 입목지의 토사유출량, 입목지면적, 산사태복구비
	수질정화	수생태계로 유입된 인간에 의한 오염물질을 정화하는 기능, 무립목지와 입목지와의 차이	부유물질 발생량(ton)	부유물질 발생량, 정수비용 등 (응집제, 슬러지처리비용 포함)

3) 문화서비스 평가지표

치유와 명상에 대한 가치추정 평가지표로는 치유 및 명상 목적의 방문객 수(인), 세부평가지표로는 치유 및 명상 목적의 방문객 수, 1인당 국민여행 지출액(기타 당일)을 세부평가지표로 선정하였다. 자연문화유산가치에 대한 가치추정 평가지표로는 자연문화유산 관람을 위한 지불금액(원), 세부평가지표로는 천연기념물 또는 명승으로 지정된 곳의 자연 및 풍경감상 목적 방문객 수, 1인당 문화재관람료 지출액을 세부평가지표로 선정하였다. 문화예술적영감에 대한 가치추정 평가지표로는 전통한옥 건축비용(원), 세부평가지표로는 전통한옥 건축면적, 평당 건축비를 세부평가지표로 선정하였다. 역사자연경관미 및 장소성에 대한 가치추정 평가지표로는 자연 및 풍경감상목적 방문객 수(인), 세부평가지표로는 자연 및 풍경감상 방문객 수, 기타 당일 여행비용을 세부평가지표로 선정하였다. 정신적·종교적 깨달음에 대한 가치추정 평가지표로는 템플스테이참가자 수, 신도수, 세부평가지표로는 템플스테이 참가자 수, 1인당 참가비(휴식형), 신도수, 신도회비를 세부평가지표로 선정하였다.

문화서비스 핵심항목, 평가지표, 세부평가항목 선정

핵심항목, 평가지표, 세부평가지표 선정(문화서비스)				
서비스 유형	선정된 평가 항목 (5개)	평가내용	평가지표	세부평가지표
문화	치유와 명상	산림에서의 산책 또는 등산을 통하여 마음의 안정과 건강을 회복	치유 및 명상 목적의방문객수(인)	치유 및 명상 목적의 방문객 수, 1인당 국민여행 지출액(기타당일)
	자 연 문	미래세대에 전승	자연문화유산	천연기념물 또는 명승으

	화유산 가치	해야 할 자연과 문화유산 가치를 가지고 있음. 천연기념물, 명승등의 자연문화유산 존재	관람을 위한 지불금액(원)	로 지정된 곳의 자연 및 풍경감상목적방문객수, 1인당 문화재 관람료 지출액
	문화·예술적 영감	우수한 경관으로 사람들에게 창조적인 자극, 착상 등을 제공함. 자연과의 동화된 건축	전통한옥 건축비용(원)	전통한옥 건축면적, 평당 건축비
	역사자연경관미 및 장소성	자연경관의 아름다움을 제공하고, 생태계의 다양한 인식, 경험, 미적 즐거움을 통해 장소성을 부여	자연 및 풍경감상목적 방문객수(인)	자연 및 풍경감상 방문객 수, 기타 당일 여행비용
	정신적·종교적 깨달음	사찰, 노거수, 암반 등이 존재하여 정신적·종교적 가치를 느낄 수 있는 공간을 제공함(자연과 종교의 공간에서 깨달음을 얻음)	템플스테이 참가자수, 신도수	템플스테이 참가자 수, 1인당 참가비(휴식형), 신도수, 신도회비

2. 송광사 사찰림의 생태계서비스 경제적 가치평가 결과

사찰림의 생태계서비스 핵심항목에 대한 경제적 가치 평가를 제21교구본사 송광사사찰림을 대상으로 실시하였다. 공급서비스 3,342백만 원, 조절서비스 38,980백만 원, 문화서비스 16,725백만 원으로 총 59,047백만 원으로 가치가 추정되었다.

1) 공급서비스 핵심 항목 평가 결과

작물생산의 작물생산량은 맥류 년간 생산량 708ton/yr, 배추 129.8ton/yr, 무 99.3ton/yr, 들깨 1.08ton, 매실 2.34ton/yr 이 생산되는 것으로 산출되었고, 수문안정의 이용할 수 있는 연간 총 수

자원 이용량은 3,616,560㎥으로 산출되었다. 유전자원에 있어 유전자원보호구역 면적은 2ha, 노각나무 평균R15cm의 수량은 72주로 조사되었다. 경제적 가치로는 작물생산 134백만 원, 수문안정은 3,139백만 원, 유전자원은 68백만 원으로 총 3,342백만 원으로 가치가 추정되었다(구체적인 계산방법과 내용은 생략함).

공급서비스 핵심항목 평가 결과

사찰림 생태계서비스 지표별 평가결과				
유형	항목	평가지표	평가결과	가치평가
공급서비스	작물생산	작물의 생산량	맥류 년간 생산량. 708ton/yr, 배추 129.8ton/yr, 무 99.3ton/yr, 들깨 1.08ton, 매실 2.34ton/yr	맥류 7,878,000원, 배추63,117,000원, 무50.363,000원, 들깨10,893,000원, 매실2,600,000원 총134,851,000원
	수문안정	이용할 수 있는 수자원의 양	연간 총 수자원 이용량은 3,616,560㎥	3,139,174,000원
	유전자원	채종림, 산림유전자원 보호림 구역 지정 면적(ha)과 구역 내 수목의 규격과 수량	유전자원보호구역 2ha 노각나무 R15cm 수량 72주	보호구역 예산 4,000,000원 노각나무금액 64,800,000 총68,800,000원
	공급서비스 가치추정액			3,342,825,000원

2) 조절서비스 핵심 항목 평가 결과

대기오염물질정화의 대기오염물질 흡수량에서 이산화황의 흡수량은 침엽수림에서 2.239ton/yr, 활엽수림에서 2.016ton/yr, 혼효림에서 0.713ton/yr 총4.968ton/yr 흡수하며, 이산화질소의 흡수량은 침엽수림에서 3.249ton/yr, 활엽수림에서 2.976ton/yr, 혼효림에서 1.056ton/yr, 총7.281ton/yr을 흡수한다. 기후조절은 입목의 이산화탄소 흡수량은 침엽수림 2,018ton, 활엽수림 9,964ton,

혼효림은 1,298ton으로 총13,280ton을 흡수하며, 토양의 이산화탄소고정량은 침엽수림 43,749ton, 활엽수림 225,843ton, 혼효림은28,979ton, 총298,571ton을 고정하여 총 년간 311,851ton을 흡수 및 고정한다. 산소공급은 산소배출량에 있어 년간 탄소 배출량은 침엽수림 1,473,548kg, 활렵수림 7,253,280kg, 혼효림 947,631kg 총9,674.5ton을 배출한다. 홍수조절은 홍수기의 홍수조절량에 있어 산림지역 2,660,083㎥, 초지지역 2,756㎥, 농경지(밭, 과수원) 3,852㎥, 총2,666,691㎥을 조절한다. 침식조절에 있어 토사유출방지량은 화강암지역 21,332.1㎥, 편마암지역 361,046.6㎥, 기타 변성암지역 384.5㎥ 총 382,763.2㎥의 침식을 조절한다. 수질정화에 있어 무입목지의 경우 부유물질이 1ha당 0.1511ton/ha을 유출하고 있어 총 216.2톤의 부유물질을 유출하는 것으로 산출되었다.

경제적 가치에 있어 대기오염물질정화는 이산화황 9,860,000원, 이산화질소 58,706,000원으로 총 68,566,000원/yr, 기후조절은 이산화탄소 흡수량 797,303,000원/yr, 토양에서의 이산화탄소 고정량은 17,925,605,000원/yr으로 산출되어 이산화탄소 흡수 및 저장은 총18,722,908,000원/yr으로 가치가 추정되었다. 산소공급은 침엽수림 529,946,000원/yr. 활엽수림 2,608,569,000원/yr, 혼효림 340,806,000원으로 총 3,479,321,000원/yr, 홍수조절은 산림지역 12,369,385,000원/yr, 초지지역 12,815,000원/yr, 농경지(밭, 과수원) 17,911,000원/yr으로 총12,400,110,000원/yr, 침식조절은 화강암지역 160,310,000원/yr, 편마암지역 2,713,265,000원/yr, 기타변성암지역2,889,00원/yr, 총2,874,464,000원/yr, 수질정화는 슬러지처리비용 5,185,000원/yr, 응집제비용 46,790,000

원/yr, 연간 기타 정수비용 1,383,413,000원/yr 총1,435,413,000원/yr로 가치가 추정되었다(구체적인 계산방법과 내용은 생략함).

조절서비스 핵심항목 평가 결과

사찰림 생태계서비스 지표별 평가결과				
유형	항목	평가지표	평가결과	가치평가
조절서비스	대기오염물질정화	대기오염물질 흡수량	이산화황의 흡수량은 침엽수림에서 2.239ton/yr, 활엽수림에서 2.016ton/yr, 혼효림에서0.713ton/yr 총4.968ton/yr 이산화질소의 흡수량은 침엽수림에서 3.249ton/yr, 활엽수림에서 2.976ton/yr, 혼효림에서1.056ton/yr, 총7.281ton/yr	이산화황 9,860,000원 이산화질소 58,706,000원 총 68,566,000원/yr
	기후조절	입목의 이산화탄소 흡수량, 토양의이산화탄소고정량	이산화탄소 흡수량 침엽수림2,018ton, 활엽수림9,964ton, 혼효림은1,298ton 총13,280ton을흡수 토양에서의 이산화탄소 고정량은 침엽수림43,749ton, 활엽수림225,843ton, 혼효림은28,979ton, 총298,571ton을 고정	이산화탄소 흡수량 797,303,000원/yr 토양에서의이산화탄소이산화탄소고정량은 17,925,605,000원/yr 이산화탄소흡수 및 저장 총18,722,908,000원/yr
	산소공급	산소 생산량(이산화탄소량을 산소량으로전환	년간 산소배출량 침엽수림1,473,548kg, 활렵수림7,253,280kg, 혼효림947,631kg 총9,674.5ton	침엽수림 529,946,000원 활엽수림 2,608,569,000원 혼효림 340,806,000원 3,479,321,000원/yr
	홍수조절	홍수기 직접유출량과 유역저류용량	홍수조절량 산림지역2,660,083㎥, 초지지역2,756㎥, 농경지(밭,과수원) 3,852㎥ 총2,666,691㎥	산림지역 12,369,385,000원, 초지지역 12,815,000원, 농경지(밭,과수원)17,911,000원

			총12,400,110,000원/yr
침식조절	토사유출 방지량	토사유출방지량 화강암지역21,332.1㎥, 편마암지역361,046.6㎥, 기타변성암지역384.5㎥ 총 382,763.2㎥	화강암지역 160,310,000원, 편마암지역 2,713,265,000원, 기타변성암지역 2,889,000원 총2,874,464,000원/yr
수질정화	부유물질 발생량	무입목지의 경우 부유물질 1ha당0.1511ton/ha216.2톤유출	슬러지처리비용 5,185,000원, 응집제비용 46,790,000원, 연간기타정수비용 1,383,413,000원 총1,435,413,000원/yr
조절서비스 가치추정액			38,980,782000원

3) 문화서비스 핵심항목 평가 결과

치유와 명상에 있어 치유 및 명상을 위한 목적으로 방문한 방문객 수는 41%인 78,874명, 자연문화유산 가치에 있어 자연풍경감상과 문화유산 감상을 목적으로 방문한 방문객 수는 57%인 109,655명, 문화·예술적 영감 에 있어 송광사를 전통한옥의 건축면적(평) 총 907평, 역사자연경관미 및 장소성에 있어 자연풍경감상을 목적으로 방문한 방문객 수는 50%인 96,188명, 정신적·종교적 깨달음에 있어 템플스테이참가인원은 3,785인, 신도회원수는 15,000명으로 조사되었다. 경제적 가치추정에 있어 치유와 명상 4,732,440,000원/yr, 자연문화유산 가치 328,965,000원/yr, 문화·예술적 영감 건축비용은 5,442,000,000원/yr, 역사자연경관미 및 장소성 5,771,280,000원/yr, 정신적·종교적 깨달음 450,640,000원/yr으로 가치가 추정되었다(구체적인 계산방법과 내용은 생략함).

문화서비스 핵심항목 평가 결과

사찰림 생태계서비스 지표별 평가결과				
유형	항목	평가지표	평가결과	가치평가
문화서비스	치유와 명상	치유 및 명상 목적의 방문객 수	치유 및 명상을 위한 목적으로 방문한 방문객 수는 41%인 78,874명	치유 및 명상 4,732,440,000원/yr
	자연문화유산 가치	자연문화유산 관람을 위한 지불금액	자연풍경감상과 문화유산감상을 목적으로 방문한 방문객 수는 57%인 109,655명	자연풍경감상과 문화유산감상 328,965,000원/yr
	문화·예술적 영감	전통한옥 건축 비용	송광사를 전통한옥의 건축면적(평) 총 907평	건축비용은 5,442,000,000원/yr
	역사자연경관미 및 장소성	자연 및 풍경감상 목적방문객수	자연풍경감상을 목적으로 방문한 방문객 수는 50%인 96,188명	역사자연경관미 및 장소성 5,771,280,000원/yr
	정신적·종교적 깨달음	템플스테이 참가자 수, 신도수	템플스테이 참가인원은 3,785인, 신도회원수는 15,000명	깨달음을 위한 비용 450,640,000원/yr
	문화서비스 가치추정액			16,725,325,000원

2. 사찰림 수혜자에 따른 최종 생태계문화서비스 항목 선정

1) 사찰림 생태문화 활동 및 생태계 문화서비스

사찰림에서의 수혜자를 숲 거주자(불교성직자), 종무원, 신도, 템플스테이 참가자, 등산객, 연구자, 행정가(공무원), 교육자 및 학생, 사회적 약자, 마을주민, 문화예술인으로 구분하여 수혜자별 숲에서의 활동과 숲에서 얻는 혜택을 정리하였다.

수혜자별 숲에서의 활동에 대한 내용은 본 연구자가 직접 체험하고 (사)한국사찰림연구소 초대 이사장님 등 불교관련자 인터뷰 및 현장에서의 관찰을 통하여 정리하였다. 본 연구자는 2019년 1월 송광사 템플스테이 5박 6일 자율형 참여, 2020년 1월 월정사 템플스테이 4박 5일 휴식형 참여, 2021년 1월 4박 5일 송광사 템플스테이 자율형에 참여 하였으며, (사)한국사찰림연구소의 사찰림 탐방(6회)을 통하여 사찰림에서의 연구 및 활동을 지속적으로 진행하였다.

불교성직자, 종무원, 신도의 활동에 대해서는 본 연구자가 활동하고 있는 (사)한국사찰림연구소의 사무실이 서울 강남 봉은사에 위치하고 있어 사찰관련자들의 하루일과와 각자의 역할에 대해 직접적으로 인터뷰하고 신도로서 체험을 한 내용을 정리하였다.

불교성직자의 숲에서 활동은 예불, 전법수행, 국태민안 기도, 구민구휼, 영가천도, 경관유지, 문화재보호, 사찰림 보호, 사찰재산 보호, 예비승려에 대한 교육, 템플스테이 진행, 사찰림에서의 체력단련, 탄소배출권 거래, 사회정의 실현을 위한 활동을 하는 것으로 나타났다.

종무원의 활동은 사찰운영 보조, 숲 관리, 텃밭 경작, 신도 관리, 문화재 보호, 사찰림 보호, 산사축제 진행, 종교의식 홍보, 사찰음식 판매 등으로 나타났으며, 신도의 활동은 기도(사업, 건강, 장수, 시험 등), 봉사(보살행)활동, 종교의식 행사 참가 활동 등으로 나타났다.

템플스테이 참가자의 활동은 연구자의 템플스테이 체험으로 정리하였으며 정신수양, 부처님의 가르침에 대한 교육 참여, 수행정진 방법 습득, 나를 찾음, 스트레스 해소 등으로 나타났다.

등산객 활동은 개인, 소모임, 단체별로 등산 목적을 구분한 통계데이터와 연구자가 산악회 회원의 인터뷰를 통하여 구분하였다. 개인은 휴식, 체력증진, 자연감상, 명상활동, 소모임은 휴식, 체력증진, 자연감상, 명상, 친목유지, 가족애 증진, 우애증진을 위한 활동, 단체는 휴양, 체력증진, 자연감상, 명상, 친목유지, 조직력 강화 등을 위한 활동을 하는 것으로 나타났다.

연구자 활동은 최근 사찰림과 관련된 연구활동 즉, 대한불교조계종 총무원, 산림청, (사)한국사찰림연구소 연구와 관련하여 구분하였으며, 사찰림 기능과 가치 조사 연구, 사찰림 이용과 경영 및 보전·보호에 관한 연구, 유전자원 조사 연구 등에 대한 연구 활동을 하는 것으로 나타났다.

행정가(공무원) 활동은 사찰림 관련 산림청, 문화재청, 지자체 담당자의 업무 및 역할로 구분하였으며, 사찰림 이용 및 보전에 관한 예산 확보, 명승 및 천연기념물 등의 생태관광적 가치를 홍보, 사찰과 함께 지역문화행사 추진 등에 대한 업무를 하는 것으로 나타났다.

교육자와 학생, 사회적 약자에 대해서는 한국복지진흥원 관련 치유의 숲 프로그램과 사찰의 템플스테이 프로그램으로 구분하였으며, 교육자 및 학생은 생태교육, 소풍, 자연과의 동화의 장, 체력증진 등에 대한 활동으로, 사회적 약자는 휴양, 치유, 재활, 스트레스 해소, 스님과의 대화를 통한 심적 안정 등의 활동을 하는 것으로 나타났다.

마을주민의 숲 활동은 송광사 템플스테이 참여 시 마을주민 인터뷰로 활동을 구분하였으며, 경작지에서의 생산활동, 사찰림을 이용하는 이용객에게 먹거리 제공, 숲에서의 활동을 통한 가계유지, 체력증진, 치유활동 등의 활동을 하고 있다. 특히 송광사의 경우 경작지와 제재소가 있어 마을 주민들의 일자리 창출에도 도움이 되는 것을 확인하였다.

문화예술인 활동의 경우 사진전, 그림대회, 드라마 등 촬영 활동을 하는 것으로 나타났다.

사찰림 수혜자에 따른 생태계서비스(문화서비스)

이용자		숲에서의 활동	숲에서 제공하는 Service	특성
숲 거주자 (불교성직자)		예불, 전법수행, 국태민안 기도, 구민구휼, 영가천도, 경관유지, 문화재보호, 사찰림 보호, 사찰재산 보호, 예비승려에 대한 교육, 템플스테이 진행, 사찰림에서의 체력단련, 탄소배출권 거래, 사회정의 실현을 위한 노력	사찰 숲에 대한 정체성을 제공(종교성) 스님을 위한 요양복지 공간, 불교민간치료 공간 제공, 사찰음식, 청정환경 향유를 통한 건강유지 제공, 산림탄소배출권 제공, 운동공간	종교, 역사, 문화
종무원		사찰운영 보조, 숲 관리, 텃밭 경작, 신도관리, 문화재 보호, 사찰림 보호, 산사축제 진행, 종교의식 홍보, 사찰음식 판매 등	사찰 숲에 대한 정체성을 제공(종교성) (사찰음식 판매공간 제공)	종교, 경제, 역사, 문화
신도		기도(사업, 건강, 장수, 시험 등), 봉사(보살행)활동, 종교의식, 행사 참가 등	봉사활동의 장소 제공, 기도처 제공, 사찰숲에 대한 정체성 제공(수목장, 신도수련원 제공)	종교, 문화
템플스테이 참가자		정신수양, 부처님의 가르침 공부, 수행정진 방법 습득, 나를 찾음, 스트레스 해소 등	템플스테이의 목적에 부합하는 공간을 제공(명상체험 공간, 숲길)	종교, 문화
등산객	개인	휴식, 체력증진, 자연감상, 명상	경관적 아름다움, 자연의 섭리 등을 제공(숲길, 산림욕장, 자연휴양림 제공)	휴양
	소모임 (가족, 친구)	휴식, 체력증진, 자연감상, 명상, 친목유지, 가족애 증진, 우애증진	경관적 아름다움, 자연의 섭리, 소모임을 위한 공간을 제공(숲길, 산림욕장, 자연휴양림 제공)	휴양
	단체(동호회, 회사, 동문등)	휴양, 체력증진, 자연감상, 명상, 친목유지, 조직력 강화 등	경관적 아름다움, 자연의 섭리, 모임을 위한 공간을 제공(숲길, 산림욕장, 자연휴양림 제공)	휴양
연구자		사찰림의 기능과 가치 조사 연구, 사찰림의 이용과 경영 및 보전·보호에 관한 연구, 유전자원 조사 연구 등	연구에 대한 대상을 제공(불교수목원 제공, 산림유전자원보호구역)	교육, 문화
행정(공무원)		사찰림 이용 및 보전에 관한 예산 확보, 명승 및 천연기념물 등의 생태관광적 가치를 홍보, 사찰과 함께 지역문화행사 추진, 사찰림 변경에 대한 승인 등	지자체에서의 역사성과 관광성을 높일 수 있는 요소와 장소 제공(천연기념물, 명승 제공)	관광, 문화
교육자 및 학생		생태교육, 소풍, 자연과의 동화의	역사, 문화, 자연에 대한 교육의	교육,

	장, 체력증진 등	공간 제공 (불교수목원, 산림생태교육장 제공)	휴양
사회적 약자 (임산부,청소년, 노인,심신이 불편한약자등)	휴양, 치유, 재활, 스트레스 해소, 스님과의 대화를 통한 심적 안정 등	음이온·피톤치드·숲의 소리 등 사찰림을 통한 직접적 치료 및 삶의 회복을 위한 정신적인 동기부여 제공(산림욕장, 명상·치유의숲, 숲길, 자연휴양림 제공)	치유, 휴양
마을주민	경작지에서의 생산활동, 사찰림을 이용하는 이용객에게 먹거리 제공, 숲에서의 활동을 통한 가계유지, 체력증진, 치유활동	숲에서의 경작, 숲가꾸기, 등을 위한 일자리 제공(경작지, 숲가꾸기, 약초재배 공간 제공), 운동공간, 치유공간	경제 치유
문화예술인	드라마, 영화 등의 촬영, 사진촬영, 그림 그리기, 문예활동 등	역사와 문화, 자연에 대한 배경 및 소재 제공 및 장소 제공(역사·문화·종교체험의 공간 제공)	영감, 창작, 체험

2) 사찰림 활용에 대한 성직자 인터뷰

11명의 대한불교조계종의 큰 스님과 (사)한국 사찰림연구소의 스님을 모시고 아무 조건 없이 사찰림의 활용에 대해서 의견을 여쭤본 결과 아래와 같이 활용에 대한 다양한 의견이 도출되었다. 특히 중요 의견 중 ‘A’ 스님께서는 물, 공기, 흙, 태양광의 기반을 위해 생물체가 공생하면서 인간과의 유기적 관계를 살펴보고 체험하고 이해하는 과정의 프로그램 개발 및 운영이 필요하다고 강조하였고, ‘B’ 스님께서는 트라우마, 우울증, 신경쇠약 등 명상을 통해 치유하는 프로그램 개발 및 운영체계 구축의 필요성을 제안하였으며, ‘C’ 스님께서는 숲의 종교로서 자연과 함께할 수 있는 공간으로, 즉 인간과 자연의 공간으로 활용되기를 제안하였다.

사찰림 활용에 대한 성직자 인터뷰

구분	기대 사항	구분	기대 사항
A 스님	산림생태 교육의 장	F 스님	불교산림치유 및 휴양원 설치
	명상·치유 체험의 장		불교식물원
B 스님	마음 치료하는 장소		불교 템플스테이와 연계 프로그램 개발
	가족들과 함께 산책하는 장소		건강식 및 음료개발
	학생들이 생태체험을 하는 장소		사찰림의 산림탄소 상쇄제도 도입
	우수 유전자를 생산 또는 보호하는 장소	G 스님	걷기 앉기 눕기 등 힐링프로그램
	불교의 가르침을 배울 수 있는 장소		심호흡 등 명상프로그램
C 스님	탄소배출권 거래제 활용		가족, 모임 단위의 걷기, 명상하기, 깨끗하게 하기, 낙엽 긁어주기
	미래세대를 위한 자연공간 유지		숲에 사는 생명, 함께하는 것들 조사하기
	사회적 약자를 위한 치유공간	H 스님	자연 그대로의 생태보존 관찰도 중요한 항목
	생태적인 자연 친화공간		수목장
	주민들과 함께 버섯 및 약초 생산공간		인디언 캠프를 모델로 하는 비젼캠프(원생지 체험)
	불교적 교육공간		

구분	기대 사항	구분	기대 사항
D 스님	생태교육장	I 스님	사찰 유지
	수목장		명상센터
	치유의 숲		신도연수원
	수목원		신도치료원
			둘레길
E 스님	숲가꾸기를 통한 재생에너지 생산	J 스님	사찰림의 6차 산업화
	국가 보조를 통한 건전한 자연생태 공간과 건간유지를 위한 치유공간	K 스님	수목원
	지역주민과 상생할 수 있는 생산공간		야외 치유원
	나를 위한 공간		명상 숲
			신도수련원
중요 의견	물, 공기, 흙, 태양광의 기반 위해 생물체가 공생하면서 인간과의 유기적 관계를 살펴보고 체험하고 이해하는 과정의 프로그램개발 및 운영		
	트라우마, 우울증, 신경쇠약 등 명상을 통해 치유하는 프로그램 개발 및 운영체계 구축		
	숲의 종교로서 자연과 함께 할 수 있는 공간이 되기를 즉 인간과 자연의 공간		

3) 생태계서비스 전문가 인터뷰

국내 생태계서비스 평가를 수행했던 국책연구원의 전문가에게 사찰림의 생태계 문화서비스에 대한 인터뷰를 실시하였으며, 아래와 같은 의견을 제시하였다.

A전문가 : '자연공간으로서의 사찰림의 문화적 가치와 역사자원으로서의 사찰림의 역사적 가치를 중점으로 크게 두 부문으로 명확하게 차별화한 서비스평가를 하는 것이 타당하다.'고 제시하였다.

B전문가 : '문화서비스 세부항목은 상호 독립적이지 않고 측정이 쉽지 않는데, 현재로서는 측정여부와 상관없이 개념적으로 사찰림과 상관성이 있는 문화유산가치, 정신적·종교적 깨달음, 치유와 명상에 집중하여 문화적 가치 내용을 정리하고 가능한 측정방법을 고민하는 것이 필요함. 사찰림이라는 특성을 고려한 지표를 제시하는 것도 의미가 있음, 선택과 집중이 필요하고 핵심지표 위주로 접근하는 것을 제안하고자 한다.'라고 제시하였다.

C전문가 : '사찰림은 종교, 역사, 문화 등 다양한 요소 시간, 공간적 특성을 포함하고 있기 때문에 많은 문화서비스 항목이 도출될 것으로 판단한다. 따라서 인간이 사찰림에서 혜택을 받는 종교적, 역사적, 문화적, 사회적, 경제적 항목과 관련된 요인 등을 선정하는 것이 중요하다고 판단하기 때문에 문헌조사와 스님들의 인터뷰가 매우 중요하다고 볼 수 있으며, 평가를 위해서 데이터 확보에 대한 검토도 동시에 해야 될 것으로 판단한다.'라고 제시하였다.

4) 사찰림이 우리에게 주는 혜택은?

사찰림 수혜자에 따른 최종 생태계 문화서비스 항목

구분	내용	목적	항목
불교복지 실현	삼국시대부터 전해 내려오는 구민구휼의 의미를 실천	치유 명상공간 이용	치유의 숲, 숲길, 산림욕장 등
		사회적 약자에 대한 봉사활동	불우이웃 돕기 활동, 발우공양 등
		지역주민과의 경제활동	전통식품, 전통음식, 지역상품판매
		사회적 약자에 대한 복지시설	요양원, 휴양원, 재활원 운영
불교역사·자연 문화 유산가치	사찰림에 대한 역사문화유산과 지속적으로 관리되어 온 자연문화유산의 이용 및 보존·보전에 관한 내용 및 활동	불교역사문화 보전 및 보호	사찰림의 기록, 전설, 문화재 지정 등
		불교역사문화 활용	산사축제, 촬영장, 사진대회, 그림대회 등
		자연문화유산 보전 및 보호	천연기념물, 명승, 보호수 지정, 자연공원
		자연문화유산 활용	천연기념물, 명승, 보호수, 명품 숲 등에 대한 관광
정신적·종교적 깨달음	사찰림 공간에서 부처의 가르침에 대한 정신적·종교적 깨달음을 위한 내용 및 활동	불교의식(전법수행) 행사	불교행사, 영가천도, 수목장 운영
		성직자 양성	강원, 율원, 선원, 염불원 운영, 자아성찰 공간 운영, 운동공간
		일반인들에 대한 수행정진 기회 제공	템플스테이 운영
생태교육 및 연구적 가치	사찰림의 생태교육적 가치와 생태연구 등에 대한 가치를 지닌 내용 및 활동	생태교육의 장소	유소년, 청소년 등에 대한 생태교육장
		생태적 가치에 관한 연구 활동	불교수목원 조성, 생태자원 등에 대한 연구
		기후변화 적응을 위한 교육활동	탄소상쇄제도, 기후변화 대응에 대한 교육공간

생태계 문화서비스 항목을 도출하기 위하여 위와 같이 사찰림 문화서비스 수혜자의 활동과 11명 불교성직자 의견, 생태계 서비스 전문가 의견을 수렴하여 예비항목을 도출하였으며, 생태문화 전문가를 대상으로 델파이 설문과 분석을 통하여 최종 사찰림 생태계 문화서비스 항목을 크게 4분류, 14개 항목으로 선정하였다.

사찰림이 우리에게 주는 혜택은 위의 표와 같이 사찰림의 생태계 문화서비스는 불교복지 실현을 위해 ①치유공간 이용, ②사회적 약자에 대한 봉사활동, ③지역주민과의 경제활동, ④사회적 약자에 대한 복지시설 공간으로 제공할 수 있다. 불교역사·자연문화유산 가치에 대한 활용적 측면에서는 ①불교역사문화 보전 및 보호, ②불교역사문화 활용, ③자연문화유산 보전 및 보호, ④자연문화유산 활용 공간으로 제공할 수 있다. 정신적·종교적 깨달음을 위해 사찰림은 ①불교의식(전법수행), ②성직자 양성, ③일반인들에 대한 수행정진 기회제공의 공간으로 제공할 수 있으며, 생태교육 및 연구적 가치에 대한 활용적 측면에서는 ①생태교육 장소, ②생태적 가치에 관한 연구 활동, 기③후변화 적응을 위한 교육 활동 공간으로 제공할 수 있음을 확인하였다. 따라서 사찰림은 단지 산림으로만의 공익적 기능 뿐만 아니라 자연과 문화가 융복합 된 생태문화적 가치가 높은 공간이며, 복지국가 실현에 있어 매우 가치가 있고, 이러한 결과를 통하여 향후 사찰림의 생태계 문화서비스 가치 평가, 사찰림에 대한 활용 등, 사찰림 정책에 기초자료로 사용될 것으로 판단한다.

V. 결과 및 고찰

1,000년 이상 숲과 인간이 함께 의지해 왔던 생태문화를 경제적 가치로 평가한다는 것은 무리일 수 있지만, 요즘 시대에 있어 사찰림에 대한 인식을 증진시키기에는 생태계서비스 가치평가의 방법이 좋을 수 있다는 판단에 이 연구를 하게 되었다

송광사 사찰림의 공급, 조절, 문화서비스에 대한 경제적 가치평가를 한 결과 연간 590억 원의 혜택을 우리에게 주고 있다. 물론 본 연구자가 진행한 계산방식은 주관적인 평가결과이기 때문에 연구자마다 각각 다를 수 있지만 사찰림에 대한 경제적 가치평가를 시도했다는데 대해서 의미를 두고 있다.

1984년에 이미 Edward O. Wilson[23]은 “만약 우리가 생물다양성의 훼손을 방치한다면 멀지 않은 장래에 새로운 과학적 정보를 얻을 수 있는 근원을 잃게 될 것"이라고 경고하면서 "엄청난 잠재적 가치를 지닌 풍요로운 생물상이 파괴됨으로 인해 새로운 의약품, 농작물, 목재, 기호품 등을 발견할 수 있는 기회가 앞으로는 결코 주어지지 않을 것"이라고 지적하였다. 현실적으로 40여 년이 지난 세계는 지금 폭염, 산불, 폭우, 폭설, 한파, 지진, 코로나 19, 각종 질병 등 기후변화에 따른 위기의 상황에 처해 있으며, 사회적 취약계층과 저

23) Edward O. Wilson.(1929-2021) : 미국의 생물학자·저술가. 개미에 관한 연구를 통해 사회생물학의 기초를 마련했으며, 곤충 연구에서 출발하여 인간의 본성에 대한 탐구와 함께, 학문 분야 사이의 협업과 연합을 의미하는 '통섭' 개념을 제시하여 학계의 큰 반향을 일으켰다. 하버드대학교 교수를 지냈으며 퓰리처 상을 2번 수상한 유명한 저술가이기도 했다.

지대 등, 지리적 약소국에게는 심각한 영향을 미치고 있는 상황이다. 세계적 상황에 더해 한국사회는 기후변화 위기와 주택가격 불안, 전월세 불안, 고용 불안, 대출 불안, 노후 불안, 육아 불안, 교육에 대한 불안, 코로나19 불안과 사회적 불평등에 대한 불만, 사회 리더 등에 대한 불신으로 인하여 국민의 삶이 매우 어려운 상황에 처해 있는 상황이다. 이러한 현실에서 국가는 좋은 건강, 윤택한 생활, 안락한 환경들이 어우러져 행복을 누릴 수 있는 상태인 복지국가를 실현해야 할 의무가 있다.

따라서 기후변화 대응과 복지국가 실현에 있어 현재도 많은 사람들이 치유와 휴양을 위해 찾고 있으며 지속적인 관리를 하고 있는 사찰림이 기후변화 대응 및 복지국가 실현에 최고의 적지라 판단한다.

마지막으로 사찰림에 대한 생태문화적 가치에 대한 정의를 불자로서 표현한다면 사찰림은 "백초시불모(白草是佛母)"로 표현할 수 있다. 즉 만공선사(1871~1946)[24]께서는 "백가지 풀이 부처의 어머니다" 말씀하셨는데, 즉 모든 식물이 불성을 지니고 있어 분별심 일어나지 않아 늘 흔들림 없으며 본성에 따른다는 의미를 글로써 남기셨다.

숲의 종교인 불교의 정체성을 의미한다고 볼 수 있는 내용인데 숲을 통하여 깨달음의 경지에 도달할 수 있는 대목이기도 하다. 사찰이 산림에 있는 이유중의 하나이기도 하다.

---

24) 만공스님(1876-1946)
만공(滿空, 1871년 4월 26일(음력 3월 7일) ~ 1946년 10월 20일)은 조선과 일제강점기의 승려이자 독립운동가이다. 한국 현대 불교의 대선사로, 석가모니 이래 제76대 조사이다. 속세의 성은 송씨로, 송만공으로도 부른다. 조선총독부의 불교정책에 정면으로 반대하여 조선 불교를 지키려 하였다. 또한 선불교를 크게 중흥시켜 현대 한국불교계에 큰 법맥을 형성하였다. 본관은 여산(礪山)으로, 본명은 도암(道巖)이다. 법명은 월면(月面)이며 만공은 법호이다.(출처: 위키백과). 경허스님의 제자이다.

참고문헌

구본학(2016). 환경생태학. 도서출판 문운당.

김경숙(2002). 조선후기 산송과 사회갈등 연구. 서울대학교 대학원 박사학위논문.

배재수(2001). 한국의 근·현대 산림소유권 변천사. 한국 임업연구원.

박희준(2012). 한국 불교경전 속 식물의 분류와 용도에 관한 연구. 대진대학교 대학원 박사학위논문.

(사)한국사찰림연구소(2016). 국내 사찰림의 현황파악 및 가치평가를 통한 사찰림 보호방안에 대한 연구. 국립수목원.

이도이(2012). 청도군 운문사 문화경관림 식생구조 특성과 식생환경 회복방안. 서울시립대학교 도시과학대학원 석사학위논문.

이영경 • 이병인 • 최송현 • 한살열(2011).한국의 전통사찰-전통사찰의 공익적 가치평가 및 관리. 대한불교 조계종 총무원.

이수동(2014). 생태적 측면에서의 도시림 지속성 평가 지표 선정.

이종우(2010). 조선전기 종교정책 연구 : 불교정책의 사회문화적배경을 중심으로. 한국학중앙연구원 한국학대학원 박사학위논문.

장재영(2010). 산림의 기능을 고려한 최적산림 수확 조절계획 및 GIS를 이용한 통합 산림경영관리 시스템 구축에 관한 연구. 강원대학교 대학원 박사학위논문.

전영우(2016). 한국의 사찰숲. 도서출판 모과나무.

전영우(2009). 사찰림의 형성 유래와 기능. 산림과학 21집. pp1~15

Madler,G.(1984). Mind and Body : Psychology of Emotion and Stress. W. W. Norton&Co Inc. New York. pp.330.

구미현(2014). 택지개발사업 생태계서비스 평가모형 개발 및 적용. 국내박사학위논문 서울대학교 대학원.

한두봉(2021). 실험경제학과 경제적 가치평가. 도서출판 박영사.

장영환(2022). 사찰림 공간환경 특성 및 생태계 문화서비스 평가지표연구, 상명대학교 대학원 박사학위논문.

생태학을 위한 선불교의 변론과 제안

박 종 식(공일空日)

생태학을 위한 선불교의 변론과 제안

박 종 식(공일空日) 봉은사 교육국장

천경 만론도 말과 이름 속에 숨어 있는
도리를 외면하지 못하나니,
설산노자(석가)도 또한 반드시
이 말을 귀담아 듣고 감동하리라.[1)]

Ⅰ. 글머리에 붙이는 말

생태에 관한 문제는 매우 추상적인 것 같으면서도 기후위기나 지구온난화 등과 관련되어 미세먼지, 수질오염, 환경파괴처럼 구체적으로 경험되는 우리 생활의 문제들이다. 2022년 11월 22일은 절기상 소설(小雪)이다. 이 소설은 1년을 24개 절기로 구분하여 그 가운데 스무 번째 절기에 해당한다. 입동과 대설 사이에 위치하는 소설은 태

1) 千經萬論 言名理者 不能外焉 雪山老子 亦必咽然而聽 『선문염송·염송설화회본』의 중간본 拈頌說話序에 수록된 천은자 삼교요보(天隱子 亦號曰三教了父)의 글 : 『禪門拈頌 拈頌說話會本』 重刊拈頌說話序 (H76, 3a18-20)

양의 황경이 240°에 오는 때이다. 이때부터 살얼음이 내리기 시작하고 대지가 얼기 시작하여 점차 겨울 기분이 든다. 옛 속담에 소설 추위는 빚을 내서라도 한다는 말이 있다. 소설 날씨가 추워야 겨울철 농사의 대표격인 보리농사가 잘된다는 데서 나온 말이다. 한마디로 눈이라도 내려야 한다는 말이다. 그러나 올 소설은 아주 화창한 봄 날씨였다. 대설 절기인 2022년 12월 7일은 급작스러운 혹한이 몰아닥치고 있다. 이러한 날씨는 기후변동을 넘어 기후위기에 대한 실감을 느끼게 한다.

기후위기 이외에도 2022년 대한민국의 현실에는 수많은 불편한 진실들이 난무하고 있다. 이들에 대하여 특히 선종의 가풍을 자랑하는 한국의 불교는 무엇을 하고 있었는가? 불교는 깨달음을 최상의 목표로 하고 있다. 그래서 열반과 정각 이외의 것들은 부차적이다. 특히 선불교에서는 깨달음조차도 수단으로 전락되어 부처를 만나면 부처를 죽이고 조사를 만나면 조사를 죽이라[殺佛殺祖]고 할 정도이다. 이 대목에 이르러서 불교는 생태의 위기와 환경의 파괴, 인권의 유린이나 구조적 모순 등에 대하여 중도의 논리를 제시하며 양비론이라는 기묘한 해답으로 현실적 문제에 대하여 책임 있는 답변을 하지 않는 태도를 보이는 것은 아닌지 의심을 받고 있다. 그래서 이 글에서는 여러 가지 현실적 문제들 가운데 특히 생태문제에 대하여 선불교의 자기변명에 가까운 논리를 세우고자 한다. 그러므로 선문헌 일부에서 추론한 내용들을 기꺼이 오독(誤讀)하며 생태적 입장으로 뒤틀거나 미끌어지면서 글의 흐름을 난기류에 혼입되도록 유도할 것이다. 오독은 물론, 공안이나 화두에 대한 어설픈 입질과 적용을 문제삼아 누군가 돌을 던진다면, 기꺼이 이마나 무릎에 피를 흘리는 것을 마다하지 않을 것이다. 그리하여 불교의 사회적 책무의 방기라는 지적들에 대하여 선불교 자신을 위한 변명을 함은 물론, 종국에는 생태학 자체를 변호하는 지경에까지 다다르고자 한다. 서두에서 미리 밝히거니와, 그래서 이 글은 무모하고 어느 정도 도발적이기도 할 것이다. 조급한 성품으로 세련된 논지를 펼칠 자신은 없다. 그저 미리 매맞기를 자청하는 뻔뻔함으로 무식에 비겁을 더하는 것일 뿐!

1. 경제학을 빗대어 생태학을 정의하다.

1866년 에른스트 헤켈(Ernst Haeckel)은 『생물체의 일반 형태론』(*Generelle Morphologie der Organismen*)에서 'oecologie'라는 신조어의 의미를 '유기체와 무기적 환경, 그리고 함께 생활하는 다른 유기체들 사이의 관계를 연구하는 학문'라고 제안하였다. 1893년 국제식물학회에서 이 개념을 수용하였고, 그후 'ecology'라고 활용되고 있다. 새롭게 등장한 생태학 분야에서 핵심적인 것은 유기체와 주위환경 및 다른 유기체와의 '관계'이다.[2] 중심에 유기체를 설정하고 주변부의 다른 유기체 또는 환경과의 관계라는 점에서 생태 개념은 다음처럼 검토해 볼 수 있다. 중심을 설정(core)하여 그 중심 주위를 둘러싼(en~) 것들이 'eco'의 개념에 해당한다. 그러므로 eco는 중심을 둘러싼 주변부를 상정하고 그 중심을 들여다보면 거기에 인간이 있다. 특히 서구의 철학사를 살펴볼 때, 일반적 의미의 인간은 주변을 환경으로 대치시킴으로써 스스로는 중심에 자리하고자 한다. 서

2) 유기쁨(2019), 「인간적인 것 너머의 종교학, 그 가능성의 모색: 종교학의 '생태학적 전회'를 상상하며」, 『종교문화비평』, 35권, 90. 참조.

구의 진보적 신학에서는 신조차 인간의 투사물일 뿐이라고 거론하기도 한다. 즉 인간은 환경과 생태의 입장에서 철저히 인간중심주의적 사고를 기반으로 스스로의 자리를 위치시키곤 한 것이다. 그래서 진정한 생태주의적 시각은 불가능하다. 이 인간중심적 시선을 탈피하여야 비로소 진정한 생태의 의미가 드러나고 자연이나 환경에 대한 실제적 논의가 가능하다고 할 수 있다. 이 점에서 생태학적 관점은 우리 인간을 겸허한 자리로 되돌려 놓고, eco의 의미를 새삼 드러나게 한다. 어찌되었든 이 에코(eco)의 의미는 중심-주변의 관계를 넘어서서 관계의 그물망으로 일체를 파악하도록 유도한다.

에코의 의미망 속에서 중심을 둘러싼 외피적인 것들을 자리시키면서, 관계망 그 주변에 가치를 매길 수 있는 모든 것들은 위치시켜보면, 경제학(economics)의 의미가 확정됨을 알 수 있다. 즉 사물들에 대한 nomos의 위계를 상정하고 그들 사이의 위계질서를 만드는 것, 그리고 nomos에서 벗어난 것들을 abnormal로 규정하는 것이 곧 이코노믹스(economics)의 위계질서이다. 그렇다면 생태학(ecology)은 우리 주변(eco)의 것들에 대한 진리(logos)나 논리(logic)를 의미한다고 할 수 있다. 경제적 가치를 넘어서는 것들은 진리이거나 논리이며, 이들을 관계망에 집어넣은 것이 생태학이다. 실제로 생태학의 어원을 밝힌 내용들을 곰곰이 따져보면 이 점은 뚜렷하다. 그래서 생태학이란 말은 환경에 대한 논의와 연결되는 것이다. 실제로 현대적 의미에서 생태학이란 유기체와 그들의 환경과의 관계들의 총체 혹은 그 관계들의 유형이라 할 수 있다. 즉 생명계의 다양성을 바탕으로 펼쳐지는 화엄적 서사가 생태이다. 우리말로 생(生)명의 다양한 상태(態)라는 의미에서도 생태(生態)는 이러한 의미가 도출된다. 생태적 차원으로 생명현상에 주의를 기울인다면 환경은 불교적으로는 물적 토대인 기세간(器世間)에 대한 관점이라고 할 수 있다. 서구적 생태의 중심이 인간이라면, 불교적 의미에서 주체성을 지닌 인간이라는 존재는 성립이 불가능하다. 연기적 접근을 통해 파악할 수 있는 형성물로서의 있음이란 사실 전도된 몽상의 세계에서 가능하다는 출발 때문이다. 불교에서는 제법무아의 법인(法印)은 삼법인의 하나로서, 연기적 존재만을 상정한다. 그러므로 중심과 주변이라는 관계망 속에서 존재가 파악된다. 이것이 화엄법계의 인드라망이라고 할 수 있다. 그리고 인드라망이라는 관계는 서로서로 혼입하고 상즉상입하는 중층의 관계구조로서 중심도 주변도 없다. 한 지점을 거점으로 살펴볼 때, 그 거점은 그 관계구조의 중심으로 작용하며 주변의 온 공간을 주변으로 장식하도록 설정되는 것일 뿐이다. 이처럼 인드라망의 구조는 동서남북의 사방과 동남 남서 서북 북동의 사유의 팔방에다 상하의 두 방위를 합하여 열 개의 모든 공간을 포함하여야 가능한 것이다. 이는 시방세계의 구성으로 설명되는 것이다.

어찌되었든 인드라망의 구조물에서 인간은 과잉된 주체로 작동할 때 시방법계의 중심에서 위치하게 된다. 이러한 의미가 종교적으로 승화될 때 비로소 천상천하 유아독존이 가능한 것이다. 그러나 때로 이 유아독존은 아주 위험하다. 『선문염송』(禪門拈頌)에서는 이렇게 적시하고 있다.

> 세존께서 처음 태어나셨을 때이다.
> 일곱 걸음을 걷고 눈으로는 사방을 둘러보신 뒤
> 한 손으로는 하늘을, 한 손으로는 땅을 가리키시고 나서 세존

> 께서 말씀하셨다.
> "하늘 위와 하늘 아래에 오직 나 홀로 존귀하다."
> 운문언 선사께서 이 문제를 들어 말씀하셨다.
> 내가 그때에 보았다면 한 방망이로 때려죽여 개에게나 먹여
> 천하를 크게 태평하게 했을 것을……[3]

유아독존의 선언은 인간이 중심에 서는 것으로서, 위험한 과잉된 주체일 경우가 많다. 그래서 이때 독존한 인간은 아주 위험해진다. 몽둥이에 맞아 죽고, 개의 먹잇감으로 던져진다는 것이니 이 위험은 수치스럽고 치욕스러운 위험이다. 그래서 생태학이 불교로 들어올 때, 비로소 제법무아에서 유아독존으로 그리고 생태적 관계망으로 오솔길을 걸으며, 인간중심주의적 시각에서 온전히 탈피하는 것이다. 『선문염송』에서 제시하는 운문문언의 인간을 향한 몽둥이질 사건의 원문은 『운문광진선사광록』(雲門匡真禪師廣錄)과 『벽암록』(원명, 佛果圜悟禪師碧巖錄, 이하 벽암록)에 제시된 것[4]이다. 이후 유사한 내용으로 방거사에게서 다시 재현된다.

---

3) 『禪門拈頌 拈頌說話會本』 卷一 (H76, 7c12-15), "世尊初生下時 周行七步 目顧四方 一手指天 一手指地云 天上天下唯我獨尊 雲門偃拈 我當時若見 一棒打殺 與狗子喫却 媿圖天下大平."

4) 『雲門匡真禪師廣錄』 卷2 (T47, 560b16-19), "世尊初生下 一手指天一手指地 周行七步 目顧四方云 天上天下唯我獨尊 師云 我當時若見 一棒打殺 與狗子喫却 貴圖天下太平." ; 『碧巖錄』 卷2 (T48, 156c14-17), "釋迦老子 初生下來 一手指天 一手指地 目顧四方云 天上天下 唯我獨尊 雲門道 我當時若見 一棒打殺 與狗子喫却 貴要天下太平."

2. 기후유감과 방거사의 주먹질

기후위기를 실감하는 2022년의 겨울을 맞이하며 생태학에 관해 말머리로 『벽암록』에 나오는 눈(雪) 이야기를 하고자 한다. 본격적 이야기에 앞서 『벽암록』을 거론하는 것은 아주 조심스러워야 한다. 실제로 고명한 선승께서는 『벽암록』을 역해하며 다음과 같은 탄식을 한 바 있다.

> 이렇게 죽을 일만 남은 사람이 '종문 최고의 선서'로 일컫는 〈벽암록〉에 무슨 달아야 할 사족(蛇足)이 있다고 사족을 달다니, 참으로 말도 안 되는 수작이다. 죽으려면 곱게 죽지, 죽을 일을 저지르다니 이 술찌게미나 먹고 취하는 당주조한(噇酒糟漢)[5]같은 놈! 백주에 장형(杖刑)을 당해도 할 말이 없다.[6]

겨울도 겨울답지 않은 수상한 시절, 종문의 제일서(第一書)인 『벽암록』을 거론하면서 마음에 칼침이나 맞지 않아야겠다. 서슬퍼런 칼날이 춤을 출테니 말이다. 제42칙의 제목은 〈방거사의 멋진 눈송이〉(龐居士, 好雪片片)이다. 겨울에 적합한 이야기이거니 그 전모를 살펴보자. 원오극근이라는 간화선의 천재는 불쑥 들어 보이며 말하기를, 예를 들어볼테니 참구해 보라고 웅변을 토한다.

> 방거사(龐居士)가 약산(藥山)을 떠나려 하자,
> 약산이 열 명의 선객에게 산문 앞까지 배웅하도록 했다.

---

5) 『벽암록』 제11칙의 〈황벽조주한(黃檗酒糟漢)〉을 참조.
6) 조오현 역해(2010), 『벽암록』, 서울: 불교시대사, 4 머리말.

> 방거사가 하늘에서 내리는 눈을 가리키며 말했다.
> "펄펄 내리는 눈이 다른 곳에 떨어지는 것이 아니구나."
> 이때 전씨 성을 가진 선객(全禪客)이 물었다.
> "다른 곳이 아니라니, 그러면 저 눈송이들이 어느 곳에 떨어집니까?"
> 이 말을 듣고 방거사가 선객을 내리쳤다. 그러자 선객전이 말했다.
> "거사께서는 난폭하시오"
> 이에 방거사가 말했다.
> "그대를 이렇게 선객이라고 부른다면 염로자(閻老子)가 가만두지 않을 것이요."
> 전이 다시 말했다.
> "거사라면 어떻게 하시겠습니까?"
> 방거사가 다시 한 대 치면서 말했다.
> "눈으로 보는 것이 맹인 같고, 입으로 말하는 것이 벙어리 같다."7)

거칠게 폭력을 두 번씩이나 휘두르고 있는 방거사는 중국 호남성 형양 사람으로, 이름은 온(蘊)이다. 본래 유학자였으며, 석두 희천의 문하에서 공부하였으며, 훗날 마조도일에게 나아가 공부하여 마조의 법을 이었다고 한다. 이 방거사는 인도의 유마거사, 한국의 부설거사와 함께 거사림 불교를 대표하는 인물이다. 이 방거사가 보여준 것은

---

7) 원오극근 편저, 혜원 역해(2021), 『한 권으로 읽는 벽암록』, 파주: 김영사, 252 참조. : 이에 대한 원문은 『佛果圜悟禪師碧巖錄』(T45, p179b15-24), "龐居士辭藥山 山命十人禪客 相送至門首 居士指空中雪云 好雪片片不落別處 時有全禪客云 落在什麼處 士打一掌 全云 居士也不得草草 士云 汝恁麼稱禪客 閻老子未放汝在 全云 居士作麼生 士又打一掌 云眼見如盲 口說如啞."

무엇인가? 생태학의 정수! 그렇다. 대자연이 펼쳐 보여주는 생태학의 극치를 보여준 것이다. 방거사의 말후구처럼, 핵심은 감추어져 있으므로 맹인의 시선과 같다는 것이다. 이러한 은폐는 선어록 그 자체를 아름답게 만든다. 신은 은유를 통해 그리고 자연은 경관을 통해, 비유의 외투를 통해 화두와 공안의 의미를 의도적으로 모호하게 만듦으로써 간화선을 욕망의 대상으로 만들었다. 나아가 은유로 지어놓은 아름다운 문장은 글을 에로틱하게 만든다. 은폐를 위한 장치인 옷은 이와 같이 아름다움을 드러내기 위해서 본질적이다. 은폐의 기술은 해석학을 에로티즘으로 만든다. 그래서 독서를 사랑의 행위로 만드는 것이다.[8] 선어록을 읽는다는 행위는 수행의 관점에서는 지해종도로 나아가는 오류를 결과하겠지만, 선어록을 그릇되게 읽는 오독하기는 에로티즘의 수행으로 연결되어 기특한 독서행위로 승화되거나 벙어리처럼 말하는 위험이 내포되어 있다.

송이송이 나부끼며 내리는 눈발들을 보면서 방거사는 어쩌면 저렇게 한 치의 빈틈도 없이 제각각 내리는 눈송이들이 자기 자리를 찾아 내리는가? 방거사는 깊은 감동을 하고 있다. 이 감동이 가시기도 전에 선객임을 자부하는 승려가 어설픈 일침을 놓는 장면이다. 대자연의 변화앞에 인간이 감동하는 것은 당연한 일이다. 또 그 감동이 새삼스러울 것도 없는 일 아닌가라고 핀잔을 주는 것이다. 어찌보면 당연한 일이다. 그런데 무언가 잘못되고 있다. 그래서 겨울철 눈 내리는 일상의 나날들이 문제를 돌발시킨다. 일명 무정설법을 통하여 인간의 어리석음을 꾸짖는 일이다. 방거사의 주먹질은 맹인같은 시선을 거둬야 한다고 휘두른 것이다. 벙어리 같은 말은 들으나 마나가 아닌가?

8) 한병철, 이재영 역(2016), 『아름다움의 구원』, 문학과 지성사, 49.

3. 옛날은 즐거웠고, 지금은 뭔가 잘못되었다.

입을 잘못 놀리면 예나 지금이나 매를 벌게 된다. 방거사의 주먹질을 통해 보여주고 싶은 것이 무엇일까? 『벽암록』 제42칙 〈龐居士好雪片片〉을 제시하면서 대중들에게 드러내어 보이는 글, 수시(垂示)에는 다음과 같은 내용이 제시되어 있다.

> 홀로 제창하고 홀로 희롱함은 물을 막아 썩게 하는 것이고,
> 북을 치고 노래하는 것은 은산철벽이다.
> 이리저리 궁리만 하는 것은 해골 앞에서 귀신을 보는 것이며,
> 깊이 생각하는 것은 흑산 아래 단지 앉아만 있는 것이다.
> 밝고 밝게 빛나는 태양은 하늘에 솟아 있고,
> 상쾌한 맑은 바람은 대지를 감싼다.
> 말해보라. 옛사람에게 오히려 잘못된 곳이 있었는지![9)]

도대체 해골 앞에서 귀신을 본다는 말은 무엇인가? 태양은 하늘 높이, 바람은 상쾌하게 대지를 지난다니! 옛사람에게 잘못된 곳이 있었다고 말할 수 없다. 그렇다. 옛사람에게 잘못이 없으니 그 옛날은 즐거웠고, 이에 비해 지금은 잘못되어도 상당히 잘못되었다. 그래서 우리들은 화려한 문명 속에서도 비참하고 외롭고 씁쓸한 것이다. 『벽암록』을 통해 우리는 이 시대가 바람직하지 못함을 알게 된다. 눈송이조차 제 때 내리지 못하는 세상이지 않은가? 옛날은 바르고 지

---

9) 원오극근 편저, 혜원 역해(2021), 앞의 책, 251. : 『碧巖錄』(T45, p179b11-14), 제42칙 〈龐居士好雪片片〉, "單提獨弄 帶水拕泥 敲唱俱行 銀山鐵壁 擬議則髑髏前見鬼 尋思則黑山下打坐 明明杲日麗天 颯颯清風匝地 且道古人還有誵訛處麼 試舉看."

금은 틀렸다!는 간단한 구절에 이르기까지 무수히 많은 문언의 몽둥이질과 방거사의 주먹질은 계속되고 있었다. 옛날에는 밝고 밝게 빛나는 태양은 하늘에 솟아 있고, 상쾌한 맑은 바람은 대지를 감싸고 있었다. 아주 건강한 생태가 유지되었던 것이다. 그러나 오늘의 패역한 삶의 현장은 무너져 버렸다. 그럼에도 우리는 여전히 민감하면서도 아주 둔감하게 지내고 들 있다. 그래서 과잉된 주체들을 소거하고자 운문은 몽둥이를 내리친 것이고, 방거사의 주먹질은 어리석음을 타격한 것이다. 이 사건에 대하여 설두중현이라는 선의 대가는 이렇게 말하고 있다. "방거사는 전선객이 처음 물었을 때, 이리저리 답을 하기보다는 눈을 뭉쳐 바로 던졌어야지"[雪竇別云 初問處但握雪團便打]. 이어지는 게송은 이러하다.

> 눈 뭉치로 쳐라, 눈 뭉치로 쳐라!
> 방노인의 작용은 간파할 수 없구나.
> 천상도 인간도 전혀 알지 못한다.
> 눈 속, 귓 속도 끊어져 맑고 상쾌하네.
> 맑고 상쾌함조차 끊어짐이여,
> 벽안의 호승도 알아채기 어려우리.[10)]

선의 기용(機用)은 이처럼 거칠고 매력적이다. 게송이 보여주는 선기(禪機)에 의하면, 방거사가 보여주는 깨달음의 경지는 벽안의 오랑캐 승려인 달마라고 하여도 알 수 없다는 것이다. 툭툭 모든 알음알

---

10) 원오극근 편저, 혜원 역해(2021), 앞의 책, 252.: 『碧巖錄』(T45, 179b24-c24), "雪竇別云 初問處但握雪團便打 ; 雪團打雪團打 龐老機關沒可把 天上人間不自知 眼裏耳裏絕瀟灑 瀟灑絕 碧眼胡僧難辨別."

이들이 단절된다. 하늘에서 내리는 눈송이의 근본 의미를 알아차리기 어려운 것이다. 눈송이에 얻어터지면서도 결국에는 알 수 없는 것이다. 그러니 천인(天人) 모두 알지 못할 일들이 벌어지고 있다. 그러나 그 누구인들 모를까? 때가 되어 눈송이 내리는 것에 무슨 의미가 있는가? 단지 그 눈송이들이 제각각 내리면서 균일하게 온 천하를 뒤덮는 것이 신비로울 뿐이다. 얼핏 보면 똑같아 보이는 일색(一色)의 눈송이도 사실 하나하나 들여다보면 그 모두가 아주 다르다. 그 다양한 송이송이 눈들이 드러내고 있는 것은 우주법계의 인드라망이 그러하다고 고함치며 나부끼고 있는 것이다. 신비 그 자체는 생태적이다. 지금이 잘못되었다는 것을 이 생태의 질서가 교란되었다는 것으로 읽어보면 눈조차 제때 내리지 않는 시절이 왜 문제인가?라고 물어볼 수 있는 것이다. '성인과 범부가 함께 살고, 용과 뱀이 섞여 있다'[凡聖同居龍蛇混雜]고 하지만 오늘의 현실이 그릇되어 있음은 삼척동자들도 안다. 그래서 우리는 우리사회는 위험사회라고 고백한다. 또 피로사회가 되었다고 탄식한다.

4. 위험과 피로! 우리시대는 도대체 왜?

니체의 후예들은 초인의 구체적 모습을 제시하면서, 트랜스 휴머니즘의 시대가 도래하고 있음을 웅변한다. 곧이어 포스트 휴머니즘은 완벽한 인간의 표준을 제시할 것이다. 다가오는 미래의 새로운 사회는 장밋빛이다. 그러나 불안하기 짝이 없는 붉은 욕망의 빛깔이며 분노의 불길을 닮아있다. 한마디로 위험사회이다. 독일의 사회학자 울리히 벡(Beck, Risk Society: Towards a New Modernity, 1992)의 위험사회론은 자신의 사회변동 단계이론에 뿌리를 두고 있다. 벡이 주장한 사회변동 단계이론은 봉건사회(pre-modernity)로부터 19세기 산업사회(simple modernity)를 거쳐 20세기 말에는 위험사회(reflecxive modernity)의 단계로 이행되고 있다[11]고 한다. 사회과학적 입장에서 벡의 사회변동 단계이론은 현대사회의 기술발달로 인하여 발생하는 안전문제와 위험의 일상화에 대하여 설득력 있는 설명으로 평가받는다. 이 점에서 기술위험 통제시스템의 구축에 대하여 많은 시사점을 제공한다. 즉, 위험을 배태하고 있는 현대사회는 곧 위험사회이며 위험을 사회적인 차원에서 대처하고 맹목적인 현대화를 반성해야 한다는 시사점을 얻게 되는 것이다.[12] 여러 가지 의미에서 모든 위험은 본질적으로 기술-사회적 성격을 지닌다. 기술적이며 동시에 환경적 위험들은 산업사회의 산물이다. 위험사회를 언급한 벡도 위험이 사회적인 관점에서 정의되어야 하며, 사회적인 의미로서의 위험은 개발중심으로 치닫는 현대화의 결과 파생하였으며, 기술개발의 결과 발생된 위험이나 불안전(hazards and insecurities)들은 사회구조와 체계적으로 연관되고 있는 것이라고 정의하였다.[13] 위험의 확산과 상업화는 자본주의의 발전논리와 완전히 결별하는 것이 아니라 자본주의를 새로운 단계로 끌어올린다. 개발의 논리에서 보면, 위험은 거대한 사업거리(big business)일 뿐이다. 이러한 위험은 밑 빠진 독과 같은 수요(bottomless barrel of demands)를 갖고 있어 무한한 자가 생산이 가능하다.[14] 안타깝게도 신기술의 출현은 많은 인류에게 이익을

11) 이공래, 정근모(2001), 「과학기술의 위험과 통제시스템」, 『정책연구』, 과학기술정책연구원, 38, 참조.
12) 이공래, 정근모(2001), 위의 논문, 39 참조.
13) 이공래, 정근모(2001), 위의 논문, 41.

가져다 줄 수도 있지만 인체에 유해한 영향을 미칠 수 있고, 전통적인 가치관이나 종교윤리 및 환경윤리를 혼란에 빠뜨릴 가능성도 충분히 존재한다는 사실을 부인하기 어렵다. 어느 누구도 신기술의 영향을 정확하게 예측하기 어렵다는 점에서 이러한 신기술의 급속한 혁신에 대한 우려는 날로 높아지고 있다.[15] 나아가 부는 소유할 수 있지만, 위험은 영향받을(be afflicted byrisks) 수 있을 뿐이다. 계급에서는 존재가 의식을 결정하지만, 위험집단에서는 의식이 존재를 규정한다(consciousness determines being). 위험에 관한 지식은 정치적 잠재력을 지닌다.[16] 이러한 구조적 위험 앞에서 개개인에게는 새로운 기류가 주어진다. 현대 산업사회는 건강과 관련한 상품이 차고 넘치며 다양한 요법이 난무하는 시대가 되었다. 또한 2020년 코로나 사태의 한가운데서 벌어진 의료계의 주장들은 이러한 한반도 의료계의 현실을 잘 보여주고 있다.[17] 이 점에서 의학은 질병을 관리하고 개선하고자 하는 본분으로부터 이탈하는 조짐이 뚜렷하다. 성형과 몸매 및 피부관리가 주업이 되려는 의료 현장을 바라보노라면 의학이 관리하고자 하는 대상은 아름다움이며 추함은 하나의 질병이 된 것이다. 기존의 것들이 뒤바뀐 사회는 이처럼 일상의 삶들도 위험한 것이라고 경고하고 있다. 이러한 위험사회에서 벗어나고자 몸부림치는 순간 우리시대는 또 다른 난관에 봉착하게 된다. 이름하여 피로한 사회이다.

---

14) 이공래, 정근모(2001), 위의 논문, 42.
15) 이공래, 정근모(2001), 위의 논문, 87.
16) 이공래, 정근모(2001), 위의 논문, 43.
17) 2020년 코로나 사태 와중에 의대생들의 국가고시 거부 및 의료인들의 주장들을 둘러싼 다양한 여론이 있었다. 다음과 같은 기사를 참조할 수 있다. https://news.v.daum.net/v/20201029180912834.

어쩌다가 우리는 피로한 사회 속에 들어오게 되었는가? 한병철에 의하면, 21세기의 사회는 규율사회에서 성과사회로 변경되었다. 규율사회는 부정성의 사회로서, 금지의 부정성이 작동한다. 성과사회는 점증하는 탈규제의 경향 속에서 부정성을 폐기한다. 이제 금지, 명령, 법률의 자리를 프로젝트, 이니셔티브, 모티베이션이 대신한다. 규율사회의 부정성은 광인과 범죄자를 낳는다. 반면 성과사회는 우울증 환자와 낙오자를 만들어낸다.[18] 그리고 시대마다 그 시대에 고유한 주요 질병이 있다는 것이다. 21세기의 시작은 병리학적으로 볼 때 신경증적이라 규정할 수 있다. 우울증, 소진증후군 등 신경증적 장애들은 타자의 부정성을 물리치는 것을 목표로 하는 면역학적 기술로는 다스려지지 않는다. 이들이 경색성 질환으로 긍정성의 과잉으로 인한 질병이기 때문이다.[19] 근대는 신과 피안에 대한 믿음뿐 아니라 현실에 대한 믿음까지도 상실하는데, 이러한 상황은 인간 삶을 극단적인 허무속에 빠뜨린다. 유사 이래 삶이 오늘날처럼 덧없었던 적은 없었다. 극단적으로 덧없는 것은 인간 삶만이 아니다. 세계 자체도 그러하다. 그 어디에도 지속과 불변을 약속하는 것은 없다. 이러한 존재의 결핍 앞에서 초조와 불안이 생겨난다. 노동하는 동물이 어떤 생물학적 유(類)에 속하고 자신이 속한 유를 위해 노동하는 것이라면, 여기에는 동물다운 느긋함이 생겨날 수도 있을 것이다. 그러나 후기근대의 자아는 완전히 개별적으로 고립되어 있다. 죽음의 기술로서 죽음에 대한 공포를 덜어주고 지속의 감정을 불러일으켜야 할 종교도 이제 그 시효가 다 되었다, 세계는 전반적으로 탈서사화되

18) 한병철, 김태환 역(2014), 앞의 책, 『피로사회』, 서울: 문학과지성사, 24.
19) 한병철, 김태환 역(2014), 위의 책, 11,12.

었으며(Entrarrativserung) 이로 인해 허무의 감정은 더욱 강화된다.[20]

우리시대는 이러한 위험의 요소들과 신경증의 상황들을 감추고자 한다. 현실을 감추는 은폐의 메커니즘을 정치적 기술로 내면화시키고 그 잊혀진 장소들을 보이지 않게 소거시킨다. 망각된 존재들은 자연스럽게 일상으로부터 배제하여 아무런 양심의 가책도 느끼지 않으려 한다. 부도덕에 대한 양심의 알리바이를 조장하고 있는 것이다. 어떠한 문제의식조차 느끼지 못하는 '망각의 자연화'와 거기서 나타나는 뒤틀린 관계들은 특히 생태적 측면에서 위험사회의 결과이자 문제를 가속화시키는 원인이 되고 있다.[21] 그래서 호모 사피엔스라는 종은 만성적 우울에 시달린다. 우울증은 통제할 수 없는 것, 환원 불가능한 것을 상징한다. 우울증은 제한 없는 가능성과 통제할 수 없는 것 사이의 충돌이 빚어내는 것이다. 그러므로 주도권을 쥐려고 노력하는 주체가 통제할 수 없는 것 앞에서 좌초됨으로 얻게 되는 병이다.[22] 피로의 극단에서 마주치는 것이며 더 이상의 쾌락이 불가능할 때 찾아오는 신경증의 일종이 우울이다. 이 우울증은 상실감과 관계가 있다. 삶을 감싸던 서사성은 완전히 벗겨졌고 삶은 생동성을 상실했다. 건강에 대한 열광은 삶이 지폐처럼 벌겨 벗겨지고 어떤 서사적 내용도 갖지 못하게 되는 상황에서 발생한다. 사회가 원자화되고 사회성이 마모되어감에 따라 보존해야 할 것은 오직 자아의 몸 밖에 없다. 이상적 가치의 상실 이후에 남은 것은 자아의 전시 가치와 더불어 건강가치 뿐이다. 건강은 자기 관계적으로 되며 목적 없는 공허한

20) 한병철, 김태환 역(2014), 위의 책, 41.
21) 유기쁨(2017), 「잊힌 장소의 잊힌 존재들 : 생태적 위험사회의 관계 맺기와 종교」, 『평화와 종교』, 4, 8 참조.
22) 한병철, 김태환 역(2014), 위의 책, 93.

합목적성으로 전락한다.23) 우리시대의 피로감은 이렇게 우울증으로 태어나고 있다. 성과에 몰두한 나머지 그 어떤 기쁨도 없으며 만성적 피로를 감지하고도 대책을 세울 수 없다. 우울과 피로와 상실감이 뒤섞이며 위험조차 만성화되는 실정이다. 그래서 우리의 시선은 새로운 자극을 찾아 맹목적으로 움직이면서도 이 사실을 감지하고자 하지 않는다. 멈출 줄 모른다는 것이다. 그저 꿈속처럼 외면하고 싶다!

5. 한 송이 꽃을 꿈속에서 보듯 하네!

우리 시대에 대하여 유랑의 삶을 살았던 나는 덧붙여 말하고자 한다. 무도한 패역의 시대이다. 탐미적 무정부주의자인 나로서는 우리 사회를 배신하여 또 다시 떠나고만 싶다. 저 청동기시대로 회귀하여 거기서 생태적 꿈을 꿀 것이다. 솔직하게 말하면, 꿈이라기보다 꿈같은 이야기이며 그 내용은 다음과 같다.

> 육긍 대부가 남전 화상과 애기를 나누다가 이렇게 말했다.
> "승조 법사가 말하기를 천지가 나와 한 뿌리요 만물이 나와 한 몸이라 했는데
> 참 대단하지 않습니까?"
> 이에 남전은 뜨락에 핀 꽃을 가리키며 대부를 부르더니 이렇게 말했다.
> "사람들은 이 한 포기의 꽃을 꿈속에서만 보는 듯하고 있네."24)

---

23) 한병철, 김태환 역(2014), 위의 책, 112,113.
24) 조오현 역해(2010), 앞의 책, 147,148 참조. : 『碧巖錄』(T48, 178a3-7),

척박해진 현실을 들여다본 사람들은 한 송이 꽃조차 꿈을 꾸기가 어렵다. 그래서 꿈꾸기를 그만두고 현실을 살아야 한다. 『벽암록』 제40칙의 꽃송이를 꿈속처럼 바라본다는 이야기는 다음의 수시를 통해 제시되었다.

> 쉬고 또 쉬니 무쇠나무에서도 꽃이 핀다.
> 실제로 그런 일이 있는가? 있는가?
> 교활한 자도 실수를 저지르고
> 설사 종횡무진 자유자재하다고 하여도
> 그는 콧구멍이 뚫려서 끌려다니는 형편을 면치 못할 것이다.
> 말해보라. 어떤 실수를 저질렀는지를.[25)]

무쇠로 된 나무에서 꽃을 피우려면 그저 쉬라는 것이다. 똑똑한 사람도 실수를 하는 법이다. 살활자재의 경지에 도달하여도 낚싯줄에 걸리면 끌려다녀야 한다는 말이다. 피로한 삶과 위험한 사회는 이미 오래전에 예고된 셈이다. 어쩌다 이 지경이 되었는가? 육긍대부와 남전화상의 설전(舌戰)에 내재한 그 본뜻의 미묘함은 다음의 싯구를 통하여 완성된다.

> 듣고 보고 깨달아 아는 것이 따로 따로가 아니며
> 산과 강의 경치가 거울 속에 있지 않다.

"陸亘大夫 與南泉語話次 陸云, 肇法師道 天地與我同根 萬物與我一體 也甚奇怪 南泉指庭前花 召大夫云, 時人見此一株花 如夢相似."

25) 오현 역해(2015), 『벽암록』, 서울: 불교시대사, 160. : 『벽암록』의 제40칙 〈南泉一株花〉는 〈남전의 꽃 한송이〉로 알려져 있다. 그 원문은 『佛果圜悟禪師碧巖錄』 卷4 垂示云 "去歇去 鐵樹開花 有麼有麼黠兒落 節 直饒七縱八橫 不免穿他鼻孔 且道譊訛在什麼處." (T48, pp177c29-178a2)이다.

서리 내린 하늘에 달은 지고 밤은 깊은데
맑은 연못 찬 그림자를 누구와 함께 보랴.26)

육긍대부는 절강성 소주 사람으로, 남전 보원의 법을 이었다. 그는 승려가 아니라 어사대부라는 관직의 관료였다. 이 육긍대부가 거론하고 있는 승조법사(383-414?)는 구마라집의 제자로서 『조론』, 『보장론』 등을 저술한 천재로, 노장철학의 용어를 활용하여 인도불교의 사상을 중국화한 최초의 인물이다. 그래서 중국의 선법은 승조법사의 영향을 크게 받은 셈이다. 승조법사의 『조론』(肇論)은 〈물불천론〉(物不遷論 第一)으로 시작하여 〈열반무명론〉(涅槃無名論 第四)으로 이어진다. 이 〈열반무명론〉의 〈*妙存* 第七〉에 '천지가 나와 한 뿌리요 만물이 나와 한 몸'[天地與我同根 萬物與我一體]이라는 구절27)이 나온다. '천지가 나와 한 뿌리이며 만물이 나와 한 몸'이라는 아주 생태학적 표현이 육긍대부를 급기야 위험한 지경으로 인도한 것이다. '산과 강의 경치가 거울 속에 있지 않다.' 그러니 천지의 산하는 벽에 걸린 거울로 보는 것이 아니라는 것이다. 이 시의 구절은 "사람들은 이 한 포기의 꽃을 꿈속에서만 보는 듯하고 있네."라는 구절을 받아 육긍대부의 시선이 그릇된 것임을 드러낸 것이다. 그러므로 단순한 설전, 뻔한 말싸움이 결코 아니다. 남전이 육긍대부에게 건넸던 "사람들은 이 한 포기의 꽃을 꿈속에서만 보는 듯하고 있네."라는 말에 대하여 원오극근은 "있는가, 있는가. 한 침상에서 잠자지 않았다면 이불 밑

---

26) 조오현 역해(2010), 앞의 책, 148. : 『碧巖錄』(T48, p178b18-21), "聞見覺知非一一 山河不在鏡中觀 霜天月落夜將半 誰共澄潭照影寒."

27) 『肇論』(T45, p159b28-29) 後秦 僧肇作 (384~414), "天地與我同根, 萬物與我一體."

이 뚫렸음을 어떻게 알까?"라는 댓글[28]을 붙였다. 온전히 체득하지 못한 자는 만물과 한 몸이면서 한 몸이 아닌 세계를 이해할 수 없다는 말이다. 조법사는 물아(物我)가 한 몸이라고 말한 장자의 제물론(齊物論)을 인용하여 "대소물아, 그 성은 모두 자기에게로 돌아간다"고 말했다. 이 말을 받은 남전은 "대소물아, 모두 실재가 아니다."라고 설파하고 있으며, 설두중현은 "대소물아, 모두 한 몸이 아니며 또한 다른 몸도 아니다."라고 노래한다.[29] 선어록에서 찾아낸 생태적 삶에 대한 질문과 답변들은 아직까지 모호한 구석이 있다. 천하의 모든 것들이 스스로의 성품으로 돌아간다거나, 실재가 아니라거나, 한 몸이기도 하고 아니기도 하다니, 이 어찌 생태적 해답이 될까? 이 피로하고 위험하고 패역한 삶에 또 하나의 번뇌를 가져오는 것이 아닌가? 역설적 문구에 떨어지지만 않는다면 생태적 삶에 대한 해답이 있으리라.

6. 생태? 한마디로 밥이다.

우리 시대는 욕망을 노골적으로 부추기는 세대이다. 문화계 전반에서 욕망과 관련한 담론들은 호가를 구가하는 문화적 상품이 되어 욕망이론은 유행의 중심에 자리하고 있다. 이러한 사조는 전 세계적 현상이다. 최근 온갖 매스컴에서는 '먹방'을 소재로 한 방송은 커다란 인기를 끌고 있다. 이는 문화 현상에서도 특이한 변곡점에 해당한다. 종래의 예술이 음악과 미술을 중심으로 시각과 청각에 집중하여

---

28) 『碧巖錄』(T48, p178b21), "有麼有麼 若不同床睡 焉知被底穿."
29) 원오극근 편저, 혜원 역해(2021), 앞의 책, 245.

미의식을 고취하였다면, 최근에는 시각과 청각을 넘어서서 미각을 탐구의 중심 주제로 끌어들였다는 것이다. 우리 시대만큼 미각이 중심의 자리에서 식탐으로 준동하는 것은 보기 드문 현상에 속한다. 2020년 벽두부터 전 세계를 강타한 '코로나 19'의 문제도 야생박쥐나 천산갑 등의 야생동물들을 식용으로 선택하면서 발호한 것으로 판명되었다. 이는 미각과 관련된 탐식적 행위들이야말로 우리시대의 근간을 흔드는 문제가 되었음을 반증하는 것이다. 마실 것과 먹을 것에 해당하는 '음식'은 불교의 수행적 입장에서는 '다반(茶飯)'으로 표현된다. 찻잎을 덖어 우려낸 차(茶)와 수행자들의 먹거리인 반(飯)은 일반적 음식에 대한 불교적 용어이다. 그래서 절집에서의 일상은 다반사에 해당한다고 일컬어진다. 다반의 음식이 세속에서는 '주육(酒肉)'을 의미하여 요즘 말로는 '치맥'으로 일반화되고 있다. 닭고기 요리인 치킨과 효모를 매개로 발효한 알코올 음료인 맥주는 그만큼 현대인들에게 커다란 안위물로 선용된다. 업무에 시달린 사람들에게 회식자리에서의 치맥은 온갖 업무의 스트레스 해소는 물론, 서먹했던 인간관계를 회복시키는 매개물이 된다. 그러나 공장의 형태로 운영되는 양계장과 자본의 논리로 관리 가공되는 효모를 바탕으로 제공되는 치맥에 길들어진 것만큼, 우리는 어느덧 올바른 음식으로부터 멀어지는 병리적 현상을 마주하고 있다. 만성피로와 불면증, 다양한 소화기계와 신경계통의 장애들, 그리고 면역계통과 자율신경의 실조 현상 등은 음식 또는 주육과 관련이 있다. 이러한 측면에서 먹거리에 대한 불교의 가르침은 어느 정도 문명비평적 입장을 노정한다.

한때 '살과의 전쟁'이라는 말이 유행하였다. 그만큼 우리 시대는 비만을 이전 시대와 다르게 해석한다. 물론 지금도 기아 선상에서 굶주리는 많은 사람들이 있다. 그러나 적어도 한반도의 남쪽에서는 살을 빼고자 하는 필사적 노력을 기울이는 사람들이 많다. 그리고 이를 위해 지방 흡입 시술을 하거나 비만 전문 치료를 광고하는 의료인들이 있다. 즉 비만이 일종의 질병인 듯 관리하고 있다는 것이다. 사실 비만은 여러 이유로 인하여 미각에 대한 통제가 어려워져서 야기된 과잉영양 상태 때문에 발생한다. 비만과 직결된 과잉영양 상태는 성인병의 주요 원인이다. 나아가 수명조차 단축시킨다고 하는 연구 결과물들은 쏟아져 나오고 있다. 비만 또는 과영양 상태에 대하여 현대과학이 제시하는 핵심적 내용은 한마디로 생태적 삶을 살라고 한다. 적게 먹고 다소 불편하게 지내라는 단순한 주문이다. 이러한 생태적 삶을 실천하는 사람들이 늘어가고 있기는 하다. 「야생초요리는 당신의 몸과 영혼을 살립니다」라는 글 내용은 다음과 같다.

> 현대인은 먹거리에 대한 관심이 많습니다. 낯선 곳을 여행하면 스마트폰으로 맛있는 식당부터 검색하죠. 이처럼 먹거리에는 관심이 많지만, 건강한 음식을 찾아 먹기란 쉬운 일이 아닙니다. 먹거리가 심각하게 오염되어있기 때문이죠. 사람들이 좋아하는 음식들은 대체로 자극적인 것들입니다. 달고 맵고 짠 음식들이죠 이처럼 자극적인 음식에 길들여지면 우리 입은 계속해서 더 자극적인 것을 찾게 됩니다. 예컨대, 피자를 먹으면 콜라를 먹고 싶고, 치킨을 먹으면 맥 주를 마시고 싶듯이! 야생초요리는 전혀 자극적이지 않고 순한 음식입니다. 순한 음식이기에 몸을 부드럽게 하고 심신을 정화해줍니다. 제 경험으로는 야생초요리를 먹으면 무엇을 더 먹고 싶은 욕망이 사라집니다. 왜냐고요? 야생초요리는 원재료인 야생초가 인공이 가미되지 않은 천연의 재료이고,

우리의 전통에서 비롯된 된장, 고추장, 간장 같은 순수 발효 양념만 사용해서 간을 하기 때문이죠. 자연인 우 리의 몸은 인공이 가미되지 않은 천연의 음식을 좋아합니다. 음식을 받아들여 소화시키는 우리의 입부터 항문까지가 다 자연입니다. 우리가 자연 그 자체인 몸에 오염된 먹거리를 투입하면 우리 몸이 얼마나 고통받겠습니까. 몸만 아니라 우리의 정신도 혼탁하고 혼미해집니다. 우리 가족들은 야생초요리를 먹으며 몸과 마음이 정화되는 경험을 했습니다. 마음이 정화되니까 덧없는 욕심도 일어나지 않습니다. 이것이 바로 야생초를 먹음으로써 내 안에서 조용히 일어나는 치유가 아니겠습니까. 굳이 고요한 숲이나 힐링센터를 찾아가지 않아도, 천연의 재료로 만든 야생초 요리를 섭취할 수 있다면, 몸과 마음이 치유되는 놀라운 경험을 할 수 있을 것입니다.30)

그리고 절집에서는 이러한 내용들을 항상 제시하여 삶의 근본인 생태적 생활을 안내하고 있다. 다음의 글에서도 이러한 소박한 삶과 건강한 밥상에 대한 권면 이야기가 나타나고 있다.

안이비설신의라는 여섯 가지 감각기관 모두 바르게 만족하는 밥을 먹어야 한다고 일러주고 있다. 즉 아름다운 모습은 눈의 밥이다. 부드럽고 사랑스러운 목소리는 귀로 먹는 밥이다. 미래에 대한 꿈과 희망을 갖는 것은 생각으로 먹는 밥이다. 그래서 한 톨의 밥알이라도 고맙게 생각하고 맛있게 먹어야 한다는 것이다. 이 한 알의 밥이 내게 오기까지 애쓰신 모든 이에게 감사하는 마음으로 먹는 것에 부처님의 가르침이 온전히 담겨 있다는 것이다.31)

---

30) 권포근, 고진하(2022), 『야생초 밥상』, 꽃자리, 34,35.

생태적 삶으로 안내되는 일상은 이처럼 음식으로부터 시작된다는 것을 알려주고 있다. 또한 '맑고 향기롭게'를 설립하고 무소유라는 책으로라는 이 시대를 경책하였던 길상사의 비구 법정은 공양과 관련된 오관게를 우리말로 번역하여 많은 사람들에게 일상 속에서 자신을 돌아보도록 하였다.

> 이 음식이 어디에서 왔는고. 내 덕행으로는 받기가 부끄럽네. 마음의 온갖 허물을 버리고 육신을 지탱하는 약으로 알아 도업을 이루고자 이 공양을 받습니다.32)

절집에서의 식사는 그야말로 하늘과 땅의 은혜를 알아가는 시간이다. 그래서 밥상은 약상이 된다. 그저 약으로 알고 밥을 모시는 것이다. 밥을 잘 모시는 것이 궁극적으로 법이다. 음식에 대한 불교의 입장은 심리적, 생태적으로 정리된다. 『증일아함경』에는 5종의 음식이 제시되고 있다. 선식(禪食)은 마음의 안정과 평화를 가져다주는 선정을 음식으로 삼는 것이다. 원식(願食)은 깨달음과 중생구제의 원력을 음식으로 삼는 것이다. 염식(念食)은 정념에 머무르며 선근을 기르는 것으로 음식을 삼는 것이다. 희식(喜食)은 진리의 가르침을 받고 기뻐하는 것을 음식으로 삼는 것이다. 해탈식은 번뇌의 속박에서 벗어나 해탈을 음식으로 삼는 것이다. 이러한 전통을 이어받아 최근에 정리된 조계종의 〈공양기도문〉의 내용은 다음과 같다.

---

31) 법현(2014), 「밥을 잘 먹어야 해탈한다」 『추워도 향기를 팔지 않는 매화처럼』, 프로방스, 101 참조.

32) 『勅修百丈清規』 (T48, 1145a15-16), "計功多少量彼來處, 忖己德行全缺應供, 防心離過貪等為宗, 正事良藥為療形枯, 為成道業故應受此食."

거룩한 삼보에 귀의하오며, 이 음식을 받습니다.
이 공양이 있기까지 수많은 인연에 감사하며,
모든 생명에 부처님의 가피가 가득하소서. 사바하

이렇게 공양을 모시면서 자신의 삶의 자리를 찾는 것, 생태적 삶으로 나아가는 길이다. 그리고 이런 태도들이 종교의 본질로 이어지는 길이기도 하다. 일상에서 기본을 지키고 감사하는 것은 불문에서도 마찬가지이다. 이 생태적 밥과 관련지어 『무문관』의 내용을 살펴보면,

조주화상에게 한 수행자가 찾아와 말했다.
"저는 이제 막 총림에 발을 들여놨습니다. 잘 지도해 주셨으면 합니다."
화상이 말하기를, "아직 아침에 죽 먹는 일을 끝내지 않았는가?"
수행자가 대답하기를, "죽은 이미 먹었습니다."
화상이 일러주기를, "그럼 발우를 씻으시게."
이 말에 수행자가 깨달은 바가 있었다.[33)]

위의 글은 『무문관』 〈제7칙〉 〈조주세발〉(趙州洗鉢)의 내용이다. 이에 대하여 설악무산은 다음과 같은 소회를 풀어놓고 있다.

조사선의 특징은 '일상성'에 있다. 어떠한 진리도 일상성을 떠나서는 아무런 의미가 없다는 것이다. 일상성이란 좀 더 쉬운 말로 바꾸면 밥 먹고 똥 누고, 차 마시고 오줌 싸고, 가려우면 긁고

33) 『無門關』(T48, 293c27-294a1), "趙州因僧問 某甲乍入叢林 乞師指示 州云 喫粥了也未 僧云 喫粥了也 州云 洗鉢盂去 其僧有省."; 오현 역해(2015), 무문관, 불교시대사, 51 번역 참조.

> 졸리면 잠자는 것을 말한다. 이런 일상성이 진리의 표현이라면 종교를 엄숙하게만 생각하는 사람들은 좀 당황할지도 모른다. 그러나 이것을 떠나서는 진리의 참 모습을 볼 수 없다는 것이 중국 조사선의 발상이다.[34]

밥상의 문제는 생명과 직결되어, 일상의 자잘한 흐름과 연결되는 것이다. 그럼에도 불구하고 이 기본들이 잘 되고 있는지를 물어보아야만 하는 시절이다. 선어록의 값어치가 드러나는 것은 이러한 접점 때문이다. 이는 효용성을 넘어 경책으로 받아들여야만 한다.

7. 종교는 잊혀진 것들을 호명(呼名)한다.

앞에서도 이야기 한 것처럼, 현대사회는 소위 위험사회로 지칭된다. 오늘날 우리는 무엇을 어떻게 먹고 사느냐의 문제를 비롯한 삶의 거의 모든 차원에서 위험을 느끼고 불안감과 무력감을 경험하고 있다. 무엇보다도 현대사회는 이른바 생태적 위험사회로 접어들었고, 그 사실이 모두에게 인지되고 있다. 오늘날 우리 사회에서 일반적으로 생산되어 유통되는 이야기들은 흔히 '잊힘', 구체적으로는 일종의 '생략'을 특징으로 한다는 점이다.[35] 특정 주제들을 '보이지 않게' 만드는 것이 현대사회의 주류 가치인 무한성장과 경제적 이윤 획득을 위한 핵심적 전략 가운데 하나이며, 이를 내면화한 사람들 사이에서는 그러한 망각을 자연스러운 것으로 받아들이는 이른바 '망각의 자연화' 현상이 일어나고 있다[36] 소위 개발의 현장에서 거대한 가림

34) 조오현 역해(2007), 앞의 책, 47.
35) 유기쁨(2017), 앞의 논문, 8 참조.

막을 통해 지워버리는 것들을 염두에 두면 이 현상은 뚜렷해진다. 그러므로 오늘날의 종교가 생태적 위험사회의 뒤틀린 관계들을 바로잡는 중요한 장소가 되기 위해서는, 다양한 자산들을 활용하여 '잊혀진 장소'를 찾아내어 연결하고, '잊혀진 존재들'을 호명하여 삶의 일부분으로 수용하여 연결하는 일이 우선시되어야 한다.[37] 도대체 그 많던 도깨비들은 어디로 간 것일까? 서낭당 주변을 떠돌던 그것들은 어디로 사라진 것인가? 나아가 불전에 등장하는 천신들, 하늘을 날아다닌다는 용과 가루라 등은 어떻게 소거된 것인가?

절집에서는 천도작법(薦度作法)을 통하여 잊혀진 사람들을 호명한다. 천도란 불보살님께 재를 올리고, 독경과 시식 등을 베풀어 망자로 하여금 정토에 왕생케 하는 것을 말한다. 천도를 위한 의식은 불보살님을 청해 모시는 시련(侍輦)과 영가를 대하고 모시는 대령(對靈), 영가에게 묵은 때를 벗게 하는 관욕(灌浴)과 시식으로 이루어진다. 시련(侍輦)은 칠보로 장엄된 연(가마, 輦)을 가지고 절 입구에 가서 불보살님과 여러 성현들을 청해모시는 의식으로서, 일반적으로 영산재를 지내거나 49재 등 천도재를 성대하게 진행할 때 거행한다. 대령(對靈)은 천도재의 처음에 진행하는 의식으로 천도의 대상이 되는 영가를 청하여 간단하게 공양을 드리며, 법문을 들려주어 영가를 위로하고 안심시켜서 계속적으로 진행될 천도의식의 절차에 따르도록 주문하는 의식이다. 관욕(灌浴)은 영가의 다겁 생 이래의 죄업을 씻어내는 의식이다. 이 생으로 초청하여 일정한 의례를 통하여 삶의 자리를 다시 잡아 주는 것이다. 즉 실상의 도리를 일깨워 주는 것으로, 영가에

36) 유기쁨(2017), 앞의 논문, 8.
37) 유기쁨(2017), 앞의 논문, 23.

게 생사의 도리를 일러주는 법문을 착어(着語)라고 한다.

> 오늘 천도하옵는 영가시여! 태어남이 본디 없어 죽음 또한 본디 없습니다. 나고 죽음이 본디 없으면 참된 세계에 늘 머무는 것입니다. 오늘 천도하옵는 영가시여! 나고 죽음이 본디 없는 이 소식을 아시겠습니까? 엎드리면 그윽하게 감추어지고 우러르면 역력하게 밝아지는 것이니, 이 이치를 알아들으면 단박에 법신을 얻어 영원히 굶주림을 벗어나고, 그렇지 않으면 부처님의 위신력과 진리의 가피력에 의지하여 저희들의 신묘한 공양을 받으시고 태어남이 없는 실상의 도리를 깨달으소서[38]

불문의 이 천도의식과 같은 의례는 대부분의 종교에 장치되어 있다. 종교는 경전이나 강력한 구전 전통 등 이른바 '오래된 이야기들'의 보고일 뿐 아니라, 오늘날에도 다양한 의례적 장치나 종교적 실천 속에서 끊임없이 수많은 이야기들을 생산하고 있기에, 자본주의 사회에서 종교가 어떤 이야기들을 생산하고 전달해 왔는지는 우리의 관심의 대상이 된다. 그러나 많은 경우 오늘날 종교가 내놓는 '이야기'에는 이와 같은 구체적인 현실 문제가 생략되고 있는 듯하다. 자본주의 사회의 한계는 종교 내에서도 드러나며, 대다수 종교 역시 자본주의의 은폐의 전략에 포섭된다. 자본주의 사회에서 '잊힌 장소, 잊힌 존재들'은 종교의 이야기 속에서도 망각된다.[39] 종교 역시 자

38) 『菩薩瓔珞經』 卷13 〈38 淨居天品(一三)〉, "生本無生、滅本無滅 , 一切諸法亦復如是 , 生本無生、滅本無滅。何以故 ? 性自然空故." (T16, p110c22-24)에서 유래한 착어의 내용이다. 今日 000 靈駕, 生本無生 滅本無滅 生滅本虛 實相常住, 今日 靈駕! 還會得 無生滅底 一句麽? 俯仰隱玄玄 視聽明歷歷 若也會得 頓證法身 永滅飢虛 其或未然 承佛神力 仗法加持 赴此香壇 受我妙供 證悟無生.

39) 유기쁨(2017), 앞의 논문, 21.

본주의의 메커니즘에서 자유롭지 않다. 계몽주의와 근대 정치적 자유주의의 탄생 이후 나타난 종교의 사사화 현상이 오늘날 근대 자본주의 체제의 출현과 맞물려서는 "소비자 지향적이고 개인화된 영성" 및 "영성의 기업화"로 드러나고 있다[40] 종교 현장에서도 생태적이어야 하는 부분들이 손상되고 있다는 것이다. 물론 종교는 '세상 속'에 있다. 이점을 확실히 자각할 필요가 있다. 그러나 다른 한편, 종교는 다양한 방식으로 세상의 지배적 질서와 가치 너머의 이상향을 지향한다. 세상 속에 있으면서 세상 너머를 지향하는 이중의 장소성의 특성을 잘 활용할 때, 종교는 견고해 보이는 세상의 지배질서에 균열을 내고 창조적 긴장을 일으키면서 변화를 도모하는 중요한 힘이 될 수 있는 것이다.[41] 그러나 자본주의 사회가 성장 중심으로 구조화되는 것은 필연이다. 자본주의 사회에서는 풍요의 장밋빛 전망이 제시되지만, 자본의 매혹은 희생양을 필요로 한다. 자연이든 인간이든 이윤추구를 위한 착취의 대상이 되고, 상품화의 대상이 된다. 그러한 체계 속에서 이윤 창출과 축적에 방해가 되는 사실들과 대상들은 지속적으로 은폐된다.[42] 종교 내적으로 세계관을 전하는 각종 '말씀'은 잊힌 장소, 잊힌 존재들까지 염두에 두고 선포되고 있는가? 정기, 부정기 의례에서는 잊힌 장소, 잊힌 존재와의 오감을 통한 만남이 시도되고 있는가?[43] 현대사회에서는 자본이 마치 신처럼 힘을 발휘하고 있으며 모든 일의 척도가 되고 있다. 그러나 모든 사람이 숫자로 자신의 존재가치를 증명해야 하는 시대는 비참하다. 작아서, 희미해

---

40) 유기쁨(2017), 앞의 논문, 21.
41) 유기쁨(2017), 앞의 논문, 24.
42) 유기쁨(2017), 앞의 논문, 25.
43) 유기쁨(2017), 앞의 논문, 25.

서 눈에 보이지 않고 귀에 들리지 않는 것을 보고 들으려는 노력조차, 이 세계를 휩쓸고 가는 거대한 물살 속에서는 엄청난 저항이 된다. 종교들이 저마다 뿌리내린 자리에서 '잊힌 장소들', '보이지 않게 된 존재들'을 '상상'하고 '호명'하려고 시도한다면, 무슨 일이 일어나게 될까?[44] 잊힌 장소의 잊힌 존재와의 연결이 추진되어야 할 것이다. 종교가 세상 속에서 장소성을 자각하고 저마다 지역에 뿌리내리려는 노력을 기울이다 보면, 관심이 없을 때는 보이지 않던 많은 존재들이 발견되고, 그들의 목소리가 들리게 된다. 그들과 관계를 맺으려는 노력이 필요하다. 이때 회복해야 할 관계성은 크게 두 가지로 나누어진다. 하나는 사회적 관계성이고, 다른 하나는 생태적 관계성이다. 우선, 자기종교의 울타리를 넘어서 지역사회의 다른 지역민들, 특히 여기서는 생태환경의 급격한 파괴로 고통을 겪는 지역민들, 그리고 생태환경의 보전을 위해 목소리를 높이지만 공공영역에서 배제되어온 지역민들에 대한 적극적 관심과 행동이 요청된다. 다음으로, 지역의 인간 이외의 생명체들, 특히 생태환경의 파괴로 서식지가 오염되어 멸종의 위기를 겪고 있는 잊힌 존재들에 대한 관심이 필요하다.[45] 이러한 관심으로 노래하듯 읊어 영가에게 실상의 도리를 알려주는 가영(歌詠)의 의식문은 다음과 같다.

> 오늘 천도하옵는 영가시여! 제가 이제 정성드린 청함을 받고 정결한 이향단에 이르렀으니 온갖 인연 모두 털어 놓으시고 정성을 담은 이 법의 공양을 받으옵소서. 제가 피워 올리는 한 자락 맑은 이 향은 영가님의 본래면목이며, 몇 개의 밝은 등불은 영가

---

44) 유기쁨(2017), 앞의 논문, 25.
45) 유기쁨(2017), 앞의 논문, 24.

> 님의 맑은 안목입니다. 제가 이제 조주스님께서 올리시던 그 차를 드리고, 향적 세계의 신묘한 공양을 또한 올리오니 영가님이시여! 이 물건을 알아보소서, 굽어보나 우러르나 숨긴 것 없으니, 구름은 푸른 하늘에 있고 물은 병속에 있는 것입니다.46)

굽어보나 우러르나 숨긴 것 없으니, 구름은 푸른 하늘에 있고 물은 병속에 있다[低頭仰面無藏處 雲在青天水在瓶]는 구절은 생태학을 탐구하다가 찾아내는 아름다움의 극치이다. 숨긴 것 없음을 통하여 잊혀진 모든 것들을 빛 가운데로 소환하는 것이다. 병 속에 들어 있는 물이 어느덧 사라지게 되어, 흔적없어 보인다지만 저 하늘의 구름처럼 움직이고 있는 것이 아닌가? 생태학을 통하여 존재의 다양성을 확인하게 되면 이처럼 아름다움을 알게 되나 보다. 『벽암록』 〈제41칙〉에는 조주스님과 관련이 있는 〈크게 한 번 죽은 사람〉(趙州大死底人)이라는 제목의 글이 있다.

> 조주가 투자 화상을 찾아가 물었다.
> "크게 한 번 죽은 사람은 다시 살아난다면 어떻게 하겠습니까?"
> 화상은 이렇게 대답했다.
> "밤에 다니지 말고 날이 밝으면 다시 오게"47)

잊혀진 사람, 죽은 사람 이들이 자기 자리에 있으려면, 다시 말해

---

46) 今日 靈駕! 旣受虔請 已降香壇 放捨諸緣 俯欽斯尊, 今日 靈駕! 一炷淸香 正是 靈駕 本來面目 數點明燈 正是 靈駕 着眼時節 先獻趙州茶 後進香積饌 於此物物 還着眼麽 低頭仰面無藏處 雲在靑天水在甁.

47) 『碧巖錄』(T48, 178c16-18, "趙州問投子 大死底人却活時如何 投子云 不許夜行 投明須到."); 오현 역해(2015), 앞의 책, 164 참조.

종교가 자기 역할을 다 하기 위해서라면 밤에 다니지 말고 환한 대낮이어야 한다는 것이다. 그림자 없는 한낮은 가려진 것들을 드러내는 일에 속하기에 아름다움을 지니게 된다. 그래서 무언가를 알게 된다.

> 시비가 얽힌 곳은 성인도 능히 알 수 없고 순역이 교차할 때는 부처도 능히 분별하기 어렵다. 뛰어난 절세의 인물이며 무리 가운데 빼어난 보살과 같은 인물이라면 얼음 위로 가기도 하고 칼날 위를 달릴 수도 있다. 이런 사람은 마치 기린의 뿔이나 불 속의 연꽃처럼 귀한 인물이다. 모든 것을 초월한 자라야만 비로소 같은 길을 가는 사람임을 알 것이다.[48]

8. 생태학과 미학 사이

플라톤이 『국가』에서 시인에 대해 비판하는 것은 동시에 방랑과 변신에 대한 비판이다. 성스럽고 친절하고(hedys) 우아한 시인은 지혜롭기에(hypo sophias) 자기를 다양한 형태로(pantodapon) 보여줄 수 있고 만물을 나타낼 수 있다. 플라톤은 그런 시인이 국가에 들어오는 것을 막았다. 그래서 시인들은 국가 외부에서 방랑한다.[49] 지구상에는 수많은 생명체들이 있고, 인간은 그 일부에 지나지 않는다. 그러나 우리는 인간 이외의 생명체의 존재 자체를 쉽게 잊어버린다. 우리 시야에서 사라진 잊힌 존재들이 겪는 필연적 고통의 외침은 우리의

48) 『碧巖錄』(T48, 178c11-14), "是非交結處 聖亦不能知 逆順縱橫時 佛亦不能辨 為絕世超倫之士 顯逸群大士之能 向氷凌上行 劍刃上走 直下如麒麟頭角 似火裏蓮花 宛見超方 始知同道.": 조오현 역해(2010), 앞의 책, 150 참조.
49) 한병철, 한충수 역(2017), 『선불교의 철학』, 이학사, 128.

귀에서 소거된다. 현대인들의 뒤틀린 시선, 이 뒤틀린 관계는 이대로 계속되어도 좋은 것일까?[50] 세계를 은유화하는 것, 다시 말해 시화(詩化)하는 것이 작가들의 과제이다. 작가들의 시적인 시선은 사물들 사이의 숨은 연결을 발견해낸다. 이 점에서 아름다움은 관계의 사건이다. 미(美)에는 특별한 시간성이 내재한다. 미는 직접적 향유를 거부한다.[51] 독특한 시간성 속에서 관계를 규정해 내는 작업이 시라는 것이다. 시의 생태는 이처럼 은유 속에서 자기를 드러낸다. 우리시대의 정치적 생태는 시인들의 문제로 부각되기도 할 정도이다. 이만주 시인은 〈되풀이되는 역사〉[52]라는 제목의 시에서 역사는 되풀이 되는 것인가?라고 다음과 같이 묻고 있다.

> 60년대 초
> 다니엘 벨이 〈이데올로기의 종언〉을 얘기했을 때
> 이제 지독한 사회주의는 끝나는 줄 알았다
> 30년 지난 90년대 초
> 프랜시스 후쿠야마가 〈역사의 종언〉을 얘기할 때
> 이제 냉전도 끝나고 더 이상 큰 전쟁은 없을 줄 알았다
>
> 그런데 그게 아니었다

---

50) 유기쁨(2017), 앞의 논문, 17.
51) 한병철, 이재영 역(2016), 앞의 책, 109.
52) 이만주(2022), 『괴물의 초상』, 현대시학사. 44,45 ; 다니엘 벨(Daniel Bell, 1919~2011): 미국의 사회학자이자 미래학자. 1960년 이데올로기의 종언(The End of Ideology)을 출간했음. "프랜시스 후쿠야마 (Francis Fukuyama, 1952~): 미국의 정치학자이자 역사철학자. 일본계 미국인 3세, 1989년 논문 '역사의 종언」을 발표한 후, 1992년 '역사의 종언과 최후의 인간(The End of History and the Last Man)을 출간했다.

다시 신냉전의 시대가 도래했고 다시 지구 저편에서 굉음이 들
린다
21세기 대명천지에 우크라이나 전쟁처럼
과거 형제였던 나라 간에 무모한 저주의 싸움이
크나큰 아비지옥과 규환지옥이 재현될 줄 미처 몰랐다

이데올로기 상충, 체제 대립
민족상이, 종교의 상이는 물론
한 인간의 정권욕과 알량한 자존심에 의해서도 전쟁은 일어난다.

역사가 되풀이 되느냐고 묻는 것은 비겁한 일이기도 하다. 왜냐하면 질문을 하는 그 시간 만큼은 그 문제를 해결하려고 노력하지 않고 있기 때문이다. 하지만 시인의 본분사, 즉 글을 다루는 시인의 일대사인연은 묻고 또 묻는 일이어야 한다. 그들은 이 점에서 생태정치학의 서문을 쓰고 있으며, 우리네 주변을 돌아보도록 환기시키는 역할에 충실한 것이다. 생태정치의 문제는 우리네 삶의 문제가 된 셈이다. 시인들의 어줍지 않은 질문이 무게를 지닌 그 순간의 일이다. 번개가 치듯 벌어진 사태들은 모두 생태정치의 주제로 변화된다. 돌이켜보면, 이데올로기의 시대가 끝나고 역사조차 종말을 고할 때, 해 아래 새것은 없으리라 믿은 것이다. 그러나 새로운 시대는 우크라이나 전쟁의 폭음과 함께 열린 것이며, 코로나 역병의 창궐로 시작되었음을 우리 모두 잘 알고 있다.

9. 생명들의 다양한 자태(生態)를 경전에서 읽는다.

> 수미산왕 북쪽에 뭍[洲]이 있는데 울단월(鬱單越)이라고 부르며, 그 땅의 세로와 너비는 10천 유순이고, 사방이 똑같으며 그 뭍에 사는 사람의 얼굴은 바로 땅의 형상과 비슷하다. 비구들아, 수미산왕 동쪽에 뭍이 있는데 불파제(弗婆提)라고 부르며, 그 땅의 세로와 너비는 9천 유순이고, 보름달처럼 둥그렇다. 그 뭍에 사는 사람의 얼굴은 바로 땅 형상과 비슷하다. 비구들아, 수미산왕 서쪽에 뭍이 있는데 구타니(瞿陀尼)라고 부르며, 그 땅의 세로와 너비는 8천 유순이고, 모양은 마치 반달과 같다. 그 뭍에 사는 사람의 얼굴은 바로 땅의 형상과 비슷하다. 비구들아, 수미산왕 남쪽에 뭍이 있는데 염부제(閻浮提)라고 부르며, 그 땅의 세로와 너비는 7천 유순이고, 북쪽은 넓고 남쪽이 좁으니 마치 바라문의 수레와 같다. 그곳에 사는 사람의 얼굴은 바로 땅 형상과 비슷하다.53)

위의 경문에서 보는 것처럼, 사대주(四大洲)는 고대 인도인의 세계관이 반영된 것이다. 수미산 사방의 칠금산과 대 철위산 사이의 함해(鹹海) 가운데 있는 네 개의 커다란 땅을 말한다. 이 내용은 아함경에서도 찾아 볼 수 있다. 염부제(閻浮提, 남섬부주)는 국토의 형상이 삼각형에 가까운 대형(臺形)으로, 저변(底變)을 북쪽으로 해서 옆으로 누워

53) 『起世經』 卷1〈1 閻浮洲品〉 (T1, 311b7-15), "須彌山王，北面有洲，名欝單越，其地縱廣，十千由旬，四方正等，彼洲人面，還似地形。諸比丘！須彌山王，東面有洲，名弗婆提，其地縱廣，九千由旬，圓如滿月，彼洲人面，還似地形。諸比丘！須彌山王，西面有洲，名瞿陀尼，其地縱廣，八千由旬，形如半月，彼洲人面，還似地形。諸比丘！須彌山王，南面有洲，名閻浮提，其地縱廣，七千由旬，北闊南狹，如婆羅門車，其中人面，還似地形."

있으며 인간이 사는 땅이고, 구야니(瞿耶尼, 서우화주)는 그 국토의 형상이 반달같고 사람의 얼굴도 그러하며, 불바제(弗婆提, 동승신주)는 그 국토가 둥글고 사람의 얼굴도 둥글며, 울단월(鬱單越, 북구로주)은 그 국토가 네모반듯하며 사람들의 얼굴도 그 지형을 따라 네모이다. 다양한 인간의 형태를 제시하고 있는 경문 몇 구절을 보면,

> 울단월 사람들은 모태에 단 7일만 머무르며 8일째가 되면 태어난다. 그 어머니는 아이를 낳으면 그 아이가 아들이든 딸이든 모두 네거리길 가운데 데려다 놓고 버리고 떠나간다. 그 길에서 동·서·남·북으로 행인이 오가다가 이 남자나 여자 아기를 보고 가엾은 생각을 내어 기르기 위하여 각각 손가락을 그 입 속에 넣는다. 그러면 그 손가락 끝에서 저절로 아주 묘하고 달고 단 젖이 흘러 나와 그 남자나 여자 아기를 먹여서 그들을 온전하게 살 수 있게 한다. 이렇게 하여 젖을 먹인 지 7일이 지나면 그 남녀들은 곧 저절로 동일한 빛깔의 몸으로 이루어져서 그곳에서 오래전부터 살고 있던 사람들과 모습이나 몸집이 다를 바 없게 되는데, 남자는 곧 남자들을 따르고 여자는 곧 여자들을 좇아서 각각 짝을 지어 서로 따라 한다.[54]

염부제 사람과 구타니 사람과 불파제 사람들에게는 모두 남녀가 혼인하는 법이 있지만, 울단월 사람들에게는 나와 내 것이 없어서 만

---

54) 『起世經』(T1, 316b29-c8), "欝單越人，住於母胎，唯經七日，至第八日即便產生。其母產訖，隨所生子若男若女，皆將置於四衢道中，捨之而去。於彼道上東西南北行人往來，見此男女心生憐念，為養育故，各以手指內其口中，於彼指端，自然流出上妙甘乳，飲彼男女，令得全活。如是飲乳，經於七日，彼諸男女還自成就一色類身，與彼舊人形量無異，男還逐男，女還逐女，各依伴侶相隨而去."

약 나뭇가지가 드리워지면 남녀가 교합하되, 다시 혼인이란 것이 없다. 비구들아, 용과 금시조와 아수라들에게는 모두 혼인하는 일이 있고, 남자와 여자의 법식(法式)이 있으니, 거의 인간들과 같다. 사천왕천과 삼십삼천과 야마천과 도솔타천과 화락천과 타화자재천과 마신천 등은 혼인하는 일이 있으니 …… (앞과 같으므로 설명을 생략함) …… 여기서부터 위에 있는 하늘들은 혼인하는 일이 없는데, 남자와 여자의 차이가 없기 때문이다.55)

울단월 및 염부제 사람들에 대한 생태적 설명에서 보듯, 경전에서 제시하는 사람들의 생태는 그 땅의 속성에 따라 다양하게 그려지고 있다. 이는 환경 또는 생태적 관점을 추출할 수 있는 『기세경』의 내용이라고 할 수 있다. 이러한 생태적 설명 방식은 『대지도론』에서도 유사하다.

> 5도(道)의 태어나는 법이 각각 같지 않다. 하늘과 지옥은 모두 화생(化生)이다. 아귀는 두 가지로 태어나니, 태생과 화생이다. 인간[人道]과 축생은 네 가지로 태어나니, 알에서 태어나는 것[卵生], 습기 속에서 태어나는 것[濕生], 돌연히 태어나는 것[化生], 모태에서 태어나는 것[胎生]이다. 알에서 태어난다는 것은 비사구미가라의 어미[毘舍佉彌伽羅母]가 낳은 서른두 명의 아들과 같은 경우로, 이를 난생의 사람이라 한다. 습생이란 음라바리(揜羅婆利) 음녀(淫女)가 정수리로 전륜성왕을 낳은 것과 같은 경우로 이

55) 『起世經』 (T1, p345a6-13), "閻浮提人、瞿陀尼人、弗婆提人，悉有男女婚嫁之法；欝單越人, 無我我所, 樹枝若垂, 男女便合, 無復婚嫁。諸比丘！諸龍、金翅鳥、阿修羅等,皆有婚嫁，男女法式，略如人間；四天王天、三十三天、夜摩天、兜率陀天、化樂天、他化自在天、魔身天等，皆有婚娶，略說如前。從此已上所有諸天，不復婚嫁, 以無男女異故."

러한 것을 습생이라 한다. 화생이란 부처님이 사부대중과 함께 유행하셨는데, 비구니 가운데 아라바(阿羅婆)라는 이가 있어 땅에서 변화해 나왔으며, 또한 겁초(劫初)의 사람이 처음 날 때엔 모두가 화생이었다. 이러한 것들을 화생이라 한다. 태생이라 함은 보통 사람이 태어나는 것과 같은 경우이다.56)

아름다운 여인이 있는데, 음인(淫人)이 보면 맑고 묘하다 하여 마음으로 염착을 일으킨다. 관(觀)을 닦는 사람이 보면 갖가지 악(惡)이 드러나서 한 곳도 깨끗한 데가 없다 한다. 비슷한 여자가 보면 질투와 미움으로 증오하고 눈을 흘기며 보려고도 하지 않으면서 더럽다 한다. 음란한 사람이 보면 즐거워지고, 질투하는 사람이 보면 괴로워지고, 수행하는 사람이 보면 도를 얻고, 관심 없는 사람이 보면 아무런 느낌도 없어서 마치 초목같이 여긴다. 이 예쁜 모습이 실로 깨끗하다면 네 종류의 사람이 다 깨끗하게 보아야 할 것이요, 실제로 더러운 것이면 네 종류의 사람이 다 더럽게 보아야 한다. 그러므로 좋고 나쁨은 마음에 있고 밖에서 정해진 것이 아님을 알 수 있다. 공을 관함도 역시 이와 같다.57)

다양성과 차이에 대한 생태적 입장을 지닌다고 해도, 현대인은 군

---

56) 『大智度論』 (T25, 118a20-29), "五道生法各各不同：諸天、地獄皆化生。餓鬼二種生：若胎、若化生。人道、畜生四種生：卵生、濕生、化生、胎生。卵生者，如毘舍佉彌伽羅母三十二子(毘舍佉母生三十二卵，卵剖生三十二男，皆為力士。彌伽羅，大兒字也，此母人得三道果)——如是等名卵生。濕生者，如揜羅婆利(揜烏甘反)婬女，頂生轉輪聖王——如是等名濕生。化生者，如佛與四眾遊行，比丘尼眾中，有比丘尼名阿羅婆，地中化生；及劫初生時，人皆化生——如是等名為化生。胎生者，如常人生."

57) 『大智度論』 (T25, 148a13-20), "如一美色，婬人見之以為淨妙，心生染著；不淨觀人視之，種種惡露，無一淨處；等婦見之，妬瞋憎惡，目不欲見，以為不淨；婬人觀之為樂；妬人觀之為苦；行人觀之得道；無豫之人觀之，無所適莫，如見土木。若此美色實淨，四種人觀，皆應見淨；若實不淨，四種人觀，皆應不淨。以是故，知好醜在心，外無定也。觀空亦如是."

중 속의 고독이 아니라 기계 숲속의 고독이다. 오늘도 너와 나 사이, 토막토막 끊어진다.[58] 사회적 인드라망을 공급한다는 SNS의 과도한 서비스는 어느덧 감옥처럼 우리 스스로를 옭아매도록 하고 있다.[59] 토막토막은 카카오의 톡, 톡으로 읽히며 우리 모두를 단절시키고 있다. 그 이유는 어떤 면에서 생태적 차이 때문이기도 하다. 그러나 본질적으로는 사회적 인간이라는 속성이 소거되고 있는 세태 때문이며, 차이를 인정하지 않는 편협함에 기반을 둔 사태이기도 하다. 불전에서도 이를 지적하고 있다.

> 사람의 마음은 같지 않아 좋아하는 바가 각각 다르다. 젊은이를 좋아하거나 혹은 중년에 애착하며, 키가 큰 이를 좋아하거나 혹은 키가 작은 이를 좋아하며, 피부가 희거나 혹은 검은 사람을 좋아한다. 이렇듯 갖가지로 좋아함이 다르다.[60]

위에서 살펴본 흥미로운 이야기들은 생태에 대한 담론의 저변에 자리하기에 적합하다. 다양한 기호를 지닌 생명체들이 펼쳐내는 우주의 삼라만상은 생태학적 다양성을 기본적으로 인정하고 있기 때문이다. 우리가 잃어버린 것은 저 허다한 삶들이기 때문이다. 우리시대는 다양성을 잡다함으로 읽어내고 이들을 관리하고자 천편일률적으로 수량화하고 계산해내고 있다. 몰록 파생자본주의 시대이기에 그렇다. 하지만 불교의 경전들은, 그리고 특히 선어록에서는 단호하게

---

58) 이만주(2022), 앞의 책, 61 〈비대면 사회〉

59) 2022년 10월 20일 전후 대한민국을 흔들었던 소통장애의 주범은 카카오톡 저장소의 화재였었다.

60) 『大智度論』(T25, 165b26-28), "人心不同，好愛各異；或有好少，或愛中年，或好長好短，好黑好白，如是眾好，各有所愛."

말한다. 옛 사람들에게 잘못이 있었는지 찾아보라고! 이 말은 우리시대가 잘못되었다는 것이다.

II. 선불교의 생태적 세계관을 위한 제안

너무나도 분명한 일이다 보니
도리어 깨닫는 게 지연되는구나.
일찌감치 등불이 불인 줄 알았다면
밥은 오래전에 다 지었을 것을.[61)]

생태에 대한 선불교의 담론에 대한 논의를 마치면서 마지막 결구로서 『벽암록』의 제53칙 〈백장의 들오리〉[百丈野鴨子]를 들어보고자 한다. 이 본칙에는 다음과 같은 수시(垂示)로 후학들을 권면하고 있다.

온 우주에 두루하여 감추지 않으니
전 작용이 숨김없이 드러난다.
어디에 가도 막힘이 없고
한 수 한 수 몸의 나툼에 작용이 있다.
일언반구도 사심이 없고
어떠한 말 한마디에도 사람을 죽이는 기백이 있도다
자 말해 보라. 옛사람은 필경 어떤 경지에서 머물렀는지를.[62)]

---

61) 『無門關』(T48, 294a4-5), "只為分明極　翻令所得遲 早知燈是火　飯熟已多時."」: 조오현 역해(2007), 앞의 책, 47 번역참조.

62) 『碧巖錄』 (T48, p. 187c12-14), "遍界不藏 全機獨露 觸途無滯 著著有出身之

한 마디 말로 사람을 죽이고 살릴 수 있다니, 그런 일을 거뜬하게 하고 있는 사람은 대체 어떤 경지에서 산다는 것인가? 이런 삶이 생태적 삶이기는 한가? 그 옛 사람은 필시 어느 경지의 삶이기는 했으리라. 하늘을 날아가는 들오리들을 보고 벌어지는 일이란, 대체 무슨 일이었는가? 이에 대한 일화는 『선문염송』의 제 177칙 〈야압〉(野鴨)에 다음과 같이 제시되어 있다.

> 백장회해 선사가 마조를 따라 길을 가는데, 들오리가 날아갔다. 마조가 물었다.
> "저게 무엇인가?"
> 선사가 대답하였다. "들오리입니다."
> 마조가 또 물었다. "어디로 갔는가?"
> 선사가 말하였다. "날아갔습니다."
> 마조가 얼른 선사의 코를 비틀므로 선사가 아파서 소리를 지르니, 마조가 말하였다.
> "얼마나 높이 날아갔느냐?"63)

야압(野鴨)인 들오리에 대하여 말해 보라고 한다. 무슨 말을 할까? "도대체 인생에서 죽고 살고(生死), 가고 오고(去來), 늘어나고 줄어들고(增減), 사랑스럽고 밉고(愛憎), 검고 희고(黑白), 깨끗하고 더럽고(淨穢), 옳고 그르고(是非)가 부질없는 분별이고 착각일 뿐."64)이다. 그러나 우리는 환경파괴와 생태계의 위기라는 현실 문제에 당면하고 있다.

機 句下無私 頭頭有殺人之意 且道古人 畢竟向什麼處休歇."

63) 『禪門拈頌』(H76, p175a18-23), "百丈懷海禪師 隨馬祖行次 見野鴨子飛過 祖云是什麼 師云野鴨子 祖云什麼處去也 師云飛過去也 祖遂扭師鼻頭 師作忍痛聲 祖云何曾飛過去."

64) 조오현 역해(2015), 앞의 책, 205.

지금 선수행의 입장으로 공안을 읽어야 하는 시간이 아니다. 이 글은 억지로라도 잘 못 읽어나가는 오독(誤讀)의 잘못을 감행하면서 실천적 불교를 세워야 한다. 물론 오독은 천박함과 무식함의 소치일지 모른다. 그러나 선어록의 복권과 실천적 불교를 위해 그 어떤 것이라도 방편으로 활용하여 새로운 깃발과 신선한 바람이 불어오도록 견인하여야 한다는 것이다.

> 마대사가 그대의 무식함을 가엾이 여겨
> 오리를 들추어서 소식을 통하였네
> 코 끝에 선지피가 흐르게 될지라도
> 노파의 애끓는 심정 공연히 다했으리오[65]

코피를 흘리는 노고를 무릎 쓰고서라도[鼻頭攞血流] 불교의 생태 담론은 실천적 출발점을 제시할 필요가 있다. 환경과 생태에 대한 담론은 더이상 저 말리의 하늘을 나는 기러기 떼 이야기가 아니다. 바로 우리들의 이야기다. 이 글에서 제시한 공안 관련 내용들은 전통적 해석과는 거리가 멀다. 화두의 새로운 효용을 위해서라도 불교적 담론을 새 부대에 담아야 할 필요가 있다. 선불교의 인식은 이처럼 모든 것들을 자신의 문제로 치환한다. 남의 문제로 파악하게 되면 코를 비틀어 잡히게 된다. 『벽암록』 53칙의 마지막 부분에서 이러한 입장을 잘 드러내 주고 있다.

---

65) 『禪門拈頌』(H76, p175b17-19), 〈佛鑒勤頌〉 "馬師憫汝無知識 借來鴨子通消息 直得鼻頭擅血流 費盡老婆多少力."

> "어디로 갔느냐?" "저쪽으로 갔습니다."
> 그 순간 마조 화상은 백장의 코를 힘껏 잡아 비틀었다.
> 백장은 아픔을 참지 못하고 비명을 질렀다. 이때 마조 화상이 백장에게 말했다.
> "가긴 어디로 날아갔단 말이냐!"66)

생태계 담론이 우리 이야기가 아니라고 한다면, 마조화상은 저 들오리 떼들이 어디로 간 것이냐면서 우리의 코를 잡아 비틀 것이다. 따지고 보면 생태계 논의는 포스트코로나 시대에 주요담론으로서 이전 시대의 '타자' 담론의 업그레이드된 버전이다. 타자의 영역은 인권개념으로부터 동물권과 생명권으로 점화되어 새로운 조류를 만들어 가고 있다. 이 점에서 생태를 파괴하며 동물의 영역을 침해한 대가로 현 인류의 문명사회가 혼돈을 겪었다면, 우리가 배워야 하는 것은 무엇인가? 다름 아닌 담론에 대한 상찬이다. 그러므로 우리시대의 중심적 담론들은 생명과 영성 그리고 페미니즘의 논의로 진행되고 있다. 특히 선불교적 생태 담론은 고도의 새로운 기술사회 전면에 세워야 하는 타자 담론의 기념비로 또한 불교의 사회화 차원의 실천론으로 재검토되어야 한다.

생태적 위험사회에서 사람들의 만연한 불안을 자기 종단의 양적 성장을 위해 활용하는 현상이 나타나고 있다. 전방위적으로 위험이 감지될 때 사람들은 불안, 위기감, 무기력감을 느끼며, 이러한 불안이 심화될 때 더 크고 더 근원적인 무언가에 의지하고 싶은 갈망을

---

66) 『碧巖錄』(T48, p187c17-21), "大師云 什麼處去也 丈云 飛過去也 大師遂扭百丈鼻頭 丈作忍痛聲 大師云 何曾飛去."

느끼게 된다. 이러한 상황을 자기만의 종교에 대한 '세일즈'(포교)에 활용하는, 이른바 '종교의 불안 마케팅' 현상이 두루 나타나는 것이 오늘날의 현실이다.[67] 이런 현실 앞에서 우리는 합리적 종교는 무엇인지 물어보아야 한다. 성찰성을 가진 과학적 합리성이란 오직 의약이 의약을 반대하고, 원자력이 원자력을 반대하며, 인간 유전체가 인간 유전체를 반대하며, 정보기술이 정보기술을 반대하는 것이다. 이 같이 과학간에 상호 경쟁과 비판이 일어날 때 시험관에서 자라나고 있는 대안사회가 바깥사회에서 합리적으로 평가될만하고 또 지식으로 공유될 수 있으며 성찰성을 보유한 과학적 합리성이 확보될 수 있다는 것이다. 성찰적 과학적 합리성이 확보될 때 현대사회의 위험을 치유할 수 있는 대안사회가 형성될 수 있다는 것이다.[68]

종교적 관념들과 실천들 역시 판매용 상품이 되어 가면서, 기존의 종교 전통들 뿐 아니라 새롭게 형성되는 종교/영성 단체들이 자본주의에 순응하고 상품화에 동참하는 경향이 도처에서 발견된다.[69] 이 신자유주의 체제 아래에서 우리의 현실은 적나라하게 들추어져 발가벗겨진다. 신자유주의의 지배하에서 착취는 더 이상 소외나 자기 탈현실화가 아니라 자유와 자기실현, 자기최적화로 진행된다. 여기에는 나에게 노동을 강요하고, 나를 나 자신으로부터 소외시키는 착취자로서의 타인이 없다. 오히려 나는 나를 실현한다는 믿음 속에서 자발적으로 나 스스로를 착취한다. 이것이 신자유주의의 비열한 논리다. 신자유주의의 지배는 망상적인 자유 뒤에 숨어 있다. 지배는 자

67) 유기쁨(2017), 앞의 논문, 21.
68) 이공래, 정근모(2001), 앞의 논문, 45.
69) 유기쁨(2017), 앞의 논문, 21.

유와 일치하는 순간, 완성된다. 이 체감상의 자유는 모든 저항, 모든 혁명을 불가능하게 한다는 점에서 치명적이다. 무엇에 맞서서 저항해야 한다는 말인가? 억압을 행사하는 타인이 더 이상 존재하지 않는데 말이다.[70] 우리는 삶을 다시 타자로부터, 타자에 대한 관계로부터 새롭게 보고, 타자에게 윤리적인 우선권을 인정해주어야 한다. 나아가 타자를 경청하고 타자에게 대답하는 책임의 언어를 다시 배워야 한다.[71] 이 배움을 멈추고 생태적 삶을 포기하게 되면, 경제적 가치를 선호하는 경향으로 흘러가게 된다면, 우리는 더욱 우월한 과학의 권위에 맹목적으로 추종하게 된다. 권위화된 과학에 대한 맹목적인 추종은 역으로 과학이 기득권 세력구조에 의해 도구화되고 수단화되어 간다는 것을 반증하는 것이기도 하다. 결국 이러한 상황의 전개는 일반인은 물론이고 종교인들조차도 간과해버리는 신화화된 과학의 탄생을 의미한다. 과학의 신화화는 필시 누구에게는 이득이 되기 때문에 더욱더 견고한 성역을 구축하게 되겠지만, 누구에게는 감히 접근하기조차 불가능한 상황으로 치달을 수 있다.[72] 한마디로 생태의 위기를 초래한다.

이제 우리는 돌이켜 보아야 한다. 소위 '돈 되는' 것만을 중시하여 그것만 남기고 나머지는 모두 정리해 버리는 '구조조정' 같은 것에는 강력히 반대해야 한다. '돈이 안 되도' 인간다운 삶에 보탬이 되는 활동들을 적극적으로 보호해주어야 한다. 또한 사람이 살아가는 데 가장 중요한 먹을거리를 담당하는 농업을 중시해야만 한다.[73] 종교를

70) 한병철, 이재영 역(2017), 『타자의 추방』, 서울: 문학과지성사, 61,62.
71) 한병철, 이재영 역(2017), 앞의 책, 107.
72) 홍병선 외(2011), 『과학기술과 철학의 만남』, 서울: 연경문화사, 153.

순전히 정신적인 초월적인 영역으로 간주해 정치·경제·사회적인 영역으로부터 물러나 초연한 태도를 취해서는 현대사회가 만들어내고 조장하는 인간의 삶과 생태계 위기의 문제를 결코 해결할 수 없다. 그것은 관념적으로는 생태계를 보호해야 한다고 하면서도 실제로는 생태계를 파괴하는 시스템을 용인하고 그것을 강화하는 데 동참하는 셈이다.[74] 참된 대승의 불자라면, 불교의 사회 참여는 공동선의 실현 그 너머에 있는 모든 생명의 보다 근원적인 행복의 실현이라는 더 큰 목표를 결코 잊어서는 안 될 것이다.[75] 그리고 인간만이 아니라 살아있는 모든 생명을 동등하게 대하고자 하는 불교적 이상과 가치관은 사회적 공동선으로서 인권의 실현을 넘어 '모든 살아있는 생명의 권리를 존중하는' 생명권 사상으로 나아가야 한다[76] 깨달음의 사회화는 한 마디로 불교적 가치를 어떻게 사회적으로 구현할 것인가의 문제이다. 다시 말해서 깨달음 혹은 열반과 같은 개인적이며 초세간적 가치의 사회적 의미를 묻고자 하는 것이 아니라 그러한 불교적 가치를 사회에 유용하게 적용하려는 시도이며 따라서 고(苦) 무아(無我) 자비(慈悲) 지혜(智慧) 등과 같은 불교 교리를 사회적 담론으로 전환하려는 노력과 실천을 깨달음의 사회화의 의미로 이해하겠다는 것이다. 깨달음의 사회화란 곧 통상적 의미의 참여불교를 의미하는 것으로 봐도 좋을 것이다.[77] 참여불교를 염두에 두고 불교철학을 살펴보면, 불교는 존재론에 대한 가장 과격한 해체론이라고 할 수 있다. 불

73) 이찬훈(2014). 「불교생태학의 현황과 과제」, 『동아시아불교문화』, 19권, 47.
74) 이찬훈(2014). 앞의 논문, 54.
75) 조성택(2009), 「깨달음의 사회화에 관련한 몇 가지 고찰」, 『불교학연구』, 24, 51.
76) 조성택(2009), 앞의 논문, 50.
77) 조성택(2009), 앞의 논문, 16.

교사상은 모든 생명과 금수초목은 물론이며 흙 한 줌, 돌멩이 한 개에 이르기까지 최대의 의미를 부여하는 화엄학이면서 동시에 모든 생명의 무상함을 선언하고 있다. 화엄과 무상이라는 이율배반적 모순이 불교 속에 있다. 불교는 모든 사회적 실천과 사회적 업적에 대하여 일말의 의미도 부여하지 않는 무정부적 해체주의로 나타날 수 있는 것이다. 그런 점에서 불교 사상은 해체 철학의 진보성과 무책임성이라는 양면을 동시에 함의하고 있다고 할 수 있다. 그리고 해탈이라는 관념은 그 자체가 일종의 초윤리적이고 탈사회적인 의식이 아닐 수 없다. 해탈에는 일체의 사회적 관점이 없고, 사회적 책무도 사회적 윤리도 아무 의미가 없다. 모든 사회적 실천과 사회적 업적에 대하여 일말의 의미부여도 하지 않는 무정부적 해체주의가 아닐 수 없다.78) 장황한 내용은 단지 이런 이야기를 하기 위해서가 아니다. 이런 이야기기 절실하게 필요한 시대가 되었다. 그래서 선어록을 들어 구차한 이야기를 한 것이다. 어느 담벼락에라도 글을 올려야 하는 것이 우리시대의 현실이 된 것이다. 그리고 이 글에 공감한다면, 그대들은 어느덧 생태적 삶을 살피며 실천하는 주인공이 된다.

---

78) 신영복(2010), 『강의』, 돌베개, 478-483 참조.

참고문헌

『起世經』
『無門關』
『菩薩瓔珞經』
『佛果圜悟禪師碧巖錄』
『禪門拈頌 拈頌說話會本』
『雲門匡真禪師廣錄』
『肇論』
『勅修百丈清規』

권포근, 고진하(2022), 『야생초 밥상』, 꽃자리.
법현(2014), 「밥을 잘 먹어야 해탈한다」『추워도 향기를 팔지 않는 매화처럼』, 프로방스
신영복(2010), 『강의』, 돌베개.
오현 역해(2015), 『벽암록』, 서울: 불교시대사.
오현 역해(2015), 무문관, 불교시대사.
원오극근 편저, 혜원 역해(2021), 『한 권으로 읽는 벽암록』, 파주: 김영사.
이만주(2022), 『괴물의 초상』, 현대시학사.
조오현 역해(2010), 『벽암록』, 서울: 불교시대사.
한병철, 김태환 역(2014), 『피로사회』, 서울: 문학과지성사.
한병철, 이재영 역(2016), 『아름다움의 구원』, 문학과 지성사.
한병철, 이재영 역(2017), 『타자의 추방』, 서울: 문학과지성사.
한병철, 한충수 역(2017), 『선불교의 철학』, 이학사.
홍병선 외(2011), 『과학기술과 철학의 만남』, 서울: 연경문화사.

유기쁨(2017), 「잊힌 장소의 잊힌 존재들 : 생태적 위험사회의 관계 맺기와 종교」, 『평화와 종교』, 4권.
유기쁨(2019), 「인간적인 것 너머의 종교학, 그 가능성의 모색: 종교학의

'생태학적 전회'를 상상하며」, 『종교문화비평』, 35권.
이공래, 정근모(2001), 「과학기술의 위험과 통제시스템」, 『정책연구』, 과학기술정책연구원, 38권.
이찬훈(2014). 「불교생태학의 현황과 과제」, 『동아시아불교문화』, 19권.

불교의 우주론과 생태 이해

김 영 주

불교의 우주론과 생태 이해

김 영 주 동양철학박사

Ⅰ. 서론

인간은 모두 일정한 시간과 공간에서 생활하고, 일정한 시간·공간에서 역사를 만들어 간다. 우리가 세계를 인식한다고 말하는 것은 첫째는 우리가 생활하는 이 외부세계를 인식하는 것이며, 둘째는 자신이라는 내부세계를 인식하는 것이다. 불교는 해탈을 추구하는 성불(成佛)의 종교로, 이른바 '해탈(解脫)'은 바로 차안(此岸) 세계의 속박을 풀고 피안(彼岸) 세계에 도달하는 것을 말한다. 그런데, 사람은 왜 차안 세계를 벗어나서 해탈을 추구하는가? 이것은 바로 이 세계에 대한 갖가지 관점에 관련된다. 그래서 불경(佛經)에서는 "이 세계를 이해하지 못하면 저 세계를 이해하지 못하게 되고, 결국 해탈을 얻을 수 없다."고 말한다. 이처럼 불교의 우주 개념과 세계 양식은 모든 불교 이론의 기초로서 불교에서 상당히 중요한 위치를 차지한다고 말할 수 있다.

우주론의 지식은 본체론 관념과 공부론의 주체 활동과 내재적으로 밀접한 관련이 있으며, 주체가 공부를 통해 도달하는 이상적 존재 상태의 경계론(경지론)도 우주론 지식에서 설명되어야 한다. 우선 본체론적 가치의식의 관념은 우주론적 지식의 추연(推演; 추단 연역)에서 비롯되는 경우가 많으며, 물론 여기에는 실제 지식을 추론하는 마땅히 그러한 관념 지식의 합법성 문제가 있다. 그러나 유불도 3교 모두 그런 사고방식을 갖고 있는데 객관적인 추론이 아닌 실천적인 측면에서 검증된 문제이다. 다음으로 신체 단련형태의 수련 이론은 우주론의 지식을 직접 수련 과정의 설명으로 삼으며, 특히 세계관의 계통, 예를 들어 도불(道佛) 양교의 층층이 위로 높여 가는 세계 구조 도식에서는 그 수련 지식, 즉 신체 능력의 향상에 기초하여 한 단계 높은 수준으로 나아간다고 설명하는데, 이것이 바로 수련론과 경계 철학과 우주론의 세계관 지식이 결합 된 것이다.

이런 의미에서 말하자면, 불교의 우주론을 이해함으로써 우리가 생태에 대한 이해는 물론 많은 생태 문제들에 대한 근본적인 원인을 연구하고 그에 따른 해결 방안들도 모색해 볼 수 있을 것이다. 이미 물리적인 결과로 나타나고 있는 현상들에 대한 것들을 해결하는 근본적인 방법에 있어 인간의 내면을 살펴봄으로써 결국 해결의 주체도 인간임을 알고자 하는 것이다. 그러한 측면에서 유불도의 기본적인 인간관, 세계관, 우주관을 연구하고 특히 불교의 시간과 공간에 대한 관념을 통해서 문제의 근본 해결 방법을 찾으려 한다.

II. 본론

1. 유불도(儒佛道)의 우주론 관점의 이해

우주론에는 우주 도식, 우주 시원, 우주 발생 과정, 근본 존재 원소, 존재자 분류, 생사 문제, 인체 우주학, 우주론 진로의 법칙 등 관련 의제가 많다.

'우주 도식(宇宙 圖式)'은 세계의 구조를 설명한다. 중국 고대의 개천설(蓋天說), 선야설(宣夜說), 혼천설(渾天說)은 천체의 구조와 운행의 법칙에 대해 연구 개발된 우주론 지식 시스템이다. 이것은 일반인이 가진 경험 감각적 능력을 기초로 한 연구 성과이다. 그러나 도교 및 불교의 세계관 도식이나 세계에서의 우주 구조에 관한 설명은 일반인이 가진 경험 능력을 벗어난 지식이다. 이러한 지식을 경험적인 지식으로 삼는 것은 수련자나 수행자의 친증(親證)을 거친 이후에 나온 지식에 기초한다. 이것은 도교가 말하는 '33천(天)'과 불교가 말하는 욕계(欲界)·색계(色界)·무색계(無色界)의 '삼계(三界)' 세계관이나 천(天)·인(人)·아수라(阿修羅)·지옥(地獄)·아귀(餓鬼)·축생(畜生)의 육도 세계를 포함하는 '십법계(十法界)[1]'의 중생 세계관을 포괄한다.

---

1) 불교의 세계관으로 미계(迷界: 중생의 세계)와 오계(悟界: 깨달은 이의 세계)를 총괄하여 10종으로 분류한 세계다. 미한 세계로서는 지옥(地獄)·아귀(餓鬼)·축생(畜生)·아수라(阿修羅)·인간(人間)·천상계(天上界)의 6종을 상정하고, 깨달음의 세계로서는 성문(聲聞)·연각(緣覺)·보살(菩薩)·불계(佛界)를 상정하고 있다. 이는 형식상으로는 미하고 깨달은 10종의 세계처럼 열거되어 있지만, 그 내용은 중생의 마음가짐과 수행의 정도가 어떠한가에 따른 분류이기도 하다. 즉 하나의 마음인 일심(一心)의 상태를 열 가지의 존재 양상으로 나타낸 것이다. 이 중 천계(天界)는 인간 세계보다 수승한 과보를 받는 좋은 곳으로, 욕계천(欲界

'우주 시원과 우주 발생론'은 우주가 시간 및 공간에 있게 되는 시작과 그 진화 과정을 설명한다. 도가의 '도(道)' 개념은 처음부터 이 시원의 의미를 부여받았고, 당연히 가치 의식이라는 본체의 의미도 함께 부여받았다. 도가에서는 도 개념의 우주 시원의 존재 지향적 의

天)·색계천(色界天)·무색계천(無色界天)으로 분류되며, 빼어난 십선(十善)을 닦으면 이들 세계에 태어나서 복을 받게 된다. 인계(人界)는 인간의 세계로서 과거에 오계(五戒)나 중품(中品)의 십선을 실천한 이가 태어나는 세계이다. 아수라계는 지혜는 다소 있으나 의심과 질투가 많고 싸움을 좋아하는 신(神)의 세계이다. 이상의 세계는 그 삶의 길이 선에 있고 다소 수승한 세계라는 뜻에서 삼선도(三善道)라고 한다. 이에 반하여 축생·아귀·지옥계는 탐(貪)·진(瞋)·치(痴)의 삼독(三毒)과 관련된 세계로서, 삼독으로 인한 죄악을 범한 결과로 태어나서 고통을 받는 악한 곳이기 때문에 삼악도(三惡道)라고 한다. 이 중 축생계는 고통이 많고 낙(樂)이 적으며, 성질이 무지하여 식욕과 색욕만이 강하고 부자 형제의 차별이 없이 서로 잡아먹고 싸우는 물과 하늘과 땅에 사는 동물을 뜻한다. 중생으로서 악업을 짓고 우치(愚痴)가 많은 이는 죽어서 축생계에 태어난다고 한다. 아귀계는 간탐(慳貪)과 질투로 인하여 생전에 보시를 하지 않았거나 다른 사람의 보시를 방해하는 행위를 저지른 자가 태어나는 곳으로, 그 곳의 아귀들은 벌거벗은 채로 몸은 해골처럼 여위어 있고 뜨거운 열로 고통을 받으며, 또 목구멍은 바늘처럼 가는 데도 배는 산처럼 부풀어 있어서 항상 목마름과 배고픔의 고통을 받는 것으로 묘사되어 있다. 지옥은 많은 악업을 지은 중생이 태어나는 세계로서 삼독 중 성내는 마음인 진심과 크게 관련되어 있다. 악업의 종류에 따라 지옥도 가지각색의 종류로 분류되는데, 그 대표적인 것으로는 팔열지옥(八熱地獄)과 팔한지옥(八寒地獄)이 있다. 이상의 삼선도와 삼악도의 6계를 육도(六道)라고도 하는데, 이 육도는 항상 업(業)에 따라서 윤회하는 세계들이다. 또한, 깨달음의 세계 중에서 성문과 연각은 소승(小乘)의 수행자(修行者)이다. 성문은 사제(四諦)와 팔정도(八正道)의 이치를 듣고 배워 아라한(阿羅漢)이 되기를 이상으로 사는 불제자이다. 연각은 다른 사람의 가르침을 듣고 깨달음을 얻는 성문과는 달리 외부의 가르침에 의하지 않고 스스로 인연의 사리를 관찰함으로써 깨우침을 얻는 성자이다. 그리고 자기만의 깨우침을 목적으로 삼아 산림에 은둔하여 세상 사람들을 교화하지 않는 독각(獨覺)으로 알려져 있다. 보살은 가장 이상적인 수도자의 표본으로, 깨달음을 추구하는 사람이며 남을 깨우치고자 노력하는 존재이다. 또한, 보살은 사홍서원(四弘誓願)을 세우고 육바라밀(六波羅蜜)을 실천하여 불계로 나아가는 가장 이상적인 존재이다. 불(佛)은 모든 법의 진리를 깨달아 모든 번뇌를 끊은 완성자이다. 이상의 4계는 앞의 6계와는 달리 윤회의 굴레에서 벗어난 세계이며, 이와 같은 열가지의 세계가 중생심(衆生心)에서 비롯되고 있다는 점에서 우리나라에서는 십법계도(十法界圖) 등의 유포를 통하여 민간에 널리 유통되었다.

미를 논할 때 이 시원이 무형(無形)의 기(氣)가 존재하는 상태이며, 기화(氣化)에 따라 형질(形質)이 있게 되고 천지(天地) 만물이 있게 된다고 한다. 한(漢)나라 도가 『회남자(淮南子)』[2]에서 우주론의 태시(太始), 허확(虛霩), 우주(宇宙), 원기(元氣)의 개념을 이야기한 것은 바로 이 시원과 그 발전 과정을 설명한 것이다. 이러한 문제의식은 유교 계통에서는 북송(北宋)의 주돈이(周敦頤, 1017~1073)에 이르러서야 비로소 명확하게 제시되는데, 그의 『태극도설(太極圖說)』은 태극(太極) 개념을 빌어 그 시원으로 삼고, 음양(陰陽)·오행(五行)의 분화를 거쳐 천지만물과 인간이 있게 되었다고 한다. 이 문제는 불교 철학의 시스템에서 더욱 복잡하다. 원시불교는 무명(無明)의 연기로 '12인연'관의 시원과 과정을 설명한다. 연기의 과정은 인간 존재의 생명 발전 과정을 설명하는 것이고, 또한 전체 존재계의 발전 과정을 설명하는 것이기도 하다. 왜냐하면 불교는 만법유식(萬法唯識)을 주장하고 또한 현상 세계의 일체 모두가 의식이 변현(變現)한 것이라고 주장하기 때문이다. 따라서 사람의 의식의 변화 발전은 세계의 발전 과정과 동일한 시스템이라고 설명한다. 서양철학의 관점에서 말하면, 이는 가장 유심론적인 우주론 시스템이다.

'근본 존재 원소'는 경험 세계의 물질 원소를 설명한다. 중국 철학은 기본적으로 모두 기(氣)로써 이러한 근본 원소를 설명한다. 따로 말하면 유도(儒道) 양가의 '음양설' 및 금·목·수·화·토의 '오행설'과 불교 철학에서 말하는 지수화풍 '4대설'이 그러하다.

---

2) 『회남자(淮南子)』는 회남왕(淮南王) 유안(劉安) 및 그 문객들인 소비(蘇非)·이상(李尚)·오피(伍被) 등이 한 무제 건원(建元) 연간(약 서력 기원전 140년)에 공동으로 편찬한 학술책으로서 우주본원과 진화에 관한 매우 중요한 논술을 하고 있다. 그 대표적인 것으로는 『회남자·천문훈(天文訓)』을 들 수 있다.

'존재자 카테고리(분류)'는 세계에 어떤 존재자가 있는지 처리한다. 각 학파 시스템에서 어떤 존재자 카테고리가 있는지를 설명하는 이론은 그들의 세계관의 문제를 말하는 것과 같다. 현실세계의 경험으로 세계관을 말하는 학파의 존재자 카테고리는 비교적 간단한 문제인데, '천지만물'이라는 개념으로 전체의 존재자를 이야기하면 되기 때문이다. 그러나 그것이 세계관에 있는 철학 계통에서는 존재자의 카테고리 문제가 매우 특이하다. 그것이 세계에 있으면 세계의 존재자로 있고, 세계의 존재자로 있으면 곧 가치관의 변정(辨正)을 야기한다. 예를 들면, 유가학파의 가치관은 이 세계에 있는 성인의 천도(天道) 체득에서 정립되어 있기 때문에 삼교의 가치를 변정하는 입장에서 유가는 '세계의 존재자'의 존재에 대해 그 능력과 지위를 부정하고 비판하는데, 그 관건은 귀신 존재 및 귀신 존재의 영속성과 주재성의 지위를 부정하는 데 있게 된다. 일반적으로 유가학자들은 귀신의 존재를 부인하거나 적어도 영원히 존재하는 귀신을 부정하지만, 가장 중요한 것은 일반 민간 미신 중의 귀신의 지속성을 부인하고 그 지속적 존재에 대한 부정을 통해 그것들이 가지고 있는 가치상의 주재적 지위를 부정하는 것이다. 그러나 귀신의 존재적 지위는 유학 시스템에서도 크게 부정되기는 매우 어려웠다. 따라서 조상에 대한 제사와 천지 산천의 여러 신(神)들에 대한 제사를 중시하는 유가의 입장에서 세계의 존재자에 대한 토론은 유학 시스템에서 반드시 별도로 진행되어야 한다. 하지만 이러한 이론은 유학자 중에 행하는 자가 많지도 않고 깊지도 않았다. 그 가운데 가장 많이 토론한 것은 주희(朱熹, 朱子, 1130~1200)3)의 시스템이다.

---

3) 주희(朱熹, 朱子)는 유학 구조에서 북송(北宋) 각 가(家)의 전통을 계승하였는

도교철학 시스템의 존재자 카테고리는 풍부하고 다양하다. 경험할 수 있는 현실 세계의 천지만물 외에도 대부분의 사람들이 느낄 수 없는 세계의 존재자들이 있는데, 천선(天仙), 지선(地仙), 도깨비(鬼怪) 등등의 존재를 포함한다. 불교철학에서 세계 존재자의 카테고리도 매우 많다. '십법계' 관념의 각 법계에는 개별적으로 상응하는 존재자가 있는데, 삼악도(三惡道) 중 의 지옥·아귀·축생, 삼선도(三善道) 중의 천·사람·아수라, 사성도(四聖道) 중의 성문(聲聞)·연각(緣覺; 獨覺)·보살(菩薩) 및 불(佛) 또한 각각 다른 종류 혹은 등급의 존재자이다. 다른 존재자를 가지고 있다는 것은 다른 세계관을 대표하고, 또 다른 가치 목표를 대표하므로 '존재자 카테고리' 문제는 우주론 지식에서 가치 변정(辨正) 문제와 직결되는 중요한 의제(아젠다)이다.

'생사 문제'는 우주론 철학에서 중요한 의제이다. 하지만 중점은 '생사에 대한 태도'가 아니라 '생사 현상에 대한 지식'을 말하는 것이다. 태도 담화는 본체론의 가치문제이고, 현상을 이야기하는 지식이야말로 우주론 문제의 중점이다. 물론 생사 현상을 정확하게 말하는 지식이 생사문제에 대한 가치 있는 태도이며, 그것이 생사 현상에 대한 지식을 추구하는 목적이기도 하다. 일반적으로 유가에는 이에 대해 말하는 것이 매우 적고, 그 시스템에는 이러한 의제에 대한 진정한 연구가 없다고 말할 수도 있다. "삶을 모르는데 어찌 죽음을 알겠으며, 산 사람을 섬길 줄 모르는데 어찌 귀신을 섬길 수 있겠는가〔不知生焉知死, 未能事人焉能事鬼〕"를 보 면 유가의 이론적 중점이 여기에 있지 않다는 것을 알 수 있다. 그러나 도불(道佛) 양교는 이 와 다르다.

데, 주돈이의 우주 발생론, 장재의 기화 우주론, 소옹의 역학(易學) 진로의 우주 시공관을 포괄하여 이기(理氣) 공동 구성의 존재론 철학으로 총결하였다.

언급이 매우 많을 뿐만 아니라 생사를 대하는 도교와 불교의 지식도 차이가 있다. 도교 중의 천사도(天師道)는 사후세계의 존재자와 생활세계의 존재자와의 조화로운 관계를 추구하는 것을 목표로 하고, 신선도교(神仙道敎)는 사람의 영원불사 하는 생명 경지를 추구한다. 전자는 귀신을 부리는 초능력이 필요하고, 후자는 자신이 죽지 않는 초능력이 필요하다. 두 가지 능력 모두 신체 진로의 단련 공부가 필요하다. 그리고 이 두 가지 능력은 공부 수련 문제에서의 우주론적 진로의 수련 공부의 주제이지만 이때도 가치의식의 수양 공부를 배합할 필요가 있다.

불교는 윤회생명관에서 영원히 죽지 않는 관념을 제시하고 있는데, 불교의 중음신(中陰身)[4] 윤회전생 이론은 이를 의제로 하는 특별

---

4) 중음신(中陰身)은 윤회를 인정하는 생사관에서 죽은 순간부터 다음 세상에 태어나기까지의 중간 시기를 의미하는 불교 용어. 범어와 팔리어 모두 antarā-bhava이다. 중유(中有) 또는 중온(中蘊)이라 하는데 한국에서는 흔히 중음신(中陰身)이라고 부른다. 사람이 죽어서 다음 생을 받기 전까지의 존재로 잠정적인 신체를 의미한다. 불교의 생사관에 따르면 새로운 존재의 탄생은 반드시 세 가지 성립을 필요로 한다. 즉 부모의 성행위와 여성의 가임기, 그리고 일종의 업식(業識)의 존재로 중음신이 그것이다. 이러한 세 가지 조건 가운데 하나라도 충족되지 않으면 임신이 불가능하다고 한다. 중유는 사유(四有) 가운데 하나로 사유는 생유(生有)·본유(本有)·사유(死有)·중유(中有)를 말하며, 여기서 유(有)는 바로 '존재'를 의미한다. 생유(生有)는 태어남의 순간을, 본유(本有)는 태어남의 시간부터 죽음의 순간까지를, 사유(死有)는 죽음의 순간을, 그리고 중유(中有)는 사유부터 생유까지의 존재 기간을 말한다. 중유는 부모의 정혈(精血)이 아닌 의식으로 이루어져 있다하여 의성(意成)이라고도 하며, 항상 즐거움을 구하기 때문에 구생(求生)이라 하기도 한다. 마찬가지로 향을 먹고 산다고 하여 식향신(食香身)으로 설명되기도 한다. 중음신의 기원은 불교 이전의 인도 신화와 관련이 있는데 건달바(健達婆, gandharva)가 그것이다. 건달바는 음악의 신으로 알려졌는데 향기를 먹는 신이며 향을 찾아가는 신이라 하여 심향(尋香)이나 심향행(尋香行)이라 칭해지기도 한다. 또한 중음신은 뜻으로 생기고 뜻으로 이루어진 의생신(意生身) 또는 의성신(意成身)이라고도 한다. 중음신의 신체는 미세한 물질로 보통의 눈으로는 볼 수 없다. 중유 또는 중음신의 기간은 불교 부파마다 다르게 설명하지만 7·7일 즉 49일을 만중

한 지식, 즉 인간 존재자가 죽은 후에 또 다른 형태의 자아로 변한다는 것을 말하며, 새로운 생명을 찾는 과정을 거쳐서 다음 세대에 이르게 되므로, 생명은 곧 영원한 윤회의 역정 중에 거치는 일체이고, 생명의 의미는 이러한 경력 일체 있고 또 일체를 집착하지 않는 수행 가운데서 드러난다. 반대로 어떤 일에 집착하는 것은 어떤 일에 괴로움을 당하게 되고, 해탈하지 못하여 끊임없이 윤회하게 된다.

도불 양교의 사후 생명에 대한 지식은 당연히 생전의 생존 활동에

음(滿中陰)이라 하여 최대 기간으로 본다. 현재 한국에서 행해지고 있는 사십구재(四十九齋)는 사람이 죽은 뒤 49일 째에 치르는 불교식 제사 의례로서 중음신에서 비롯한다. 불교 부파 가운데는 중음신을 인정하지 않는 부파도 있었는데 이들 부파의 주장에 따르면 중생은 죽으면 바로 새로운 존재로 태어난다고 보았다. 하지만 설일체유부의 주장 가운데는 중생이 죽어 다음 생을 받기까지 최대 49일 동안 중음신의 상태로 머문다고 한다. 이러한 생사관은 동아시아 불교는 물론 티벳불교에 수용되었다. 중생은 죽으면 업력에 따라 다음 생명으로 옮겨간다. 이때 동력은 성적 욕망으로 설명하며, 중유에서 다음 존재로 생이 결정되기까지의 과정을 구체적으로 그리고 있다. 즉 중음신은 자신의 업력에 따라 공간적으로 먼 곳도 곧바로 연결된다고 한다. 자신의 부모가 될 인연을 가지고 있는 남자와 여자, 또는 암컷과 수컷이 만나서 교합하는 것을 보면 마치 중음신 자신이 하는 것과 같은 착각을 일으켜 교합하려는 성적 욕망을 일으킨다고 한다. 이때 남자로 태어날 중음신이라면 여성이 욕망의 대상이 되고 남성은 미움을 일으킨다. 마찬가지로 여자로 태어날 중음신은 반대로 남성을 성적욕망의 대상으로 그리고 여성에 미움을 일으킨다고 한다. 그 두 남녀, 또는 암컷과 수컷은 각각 정혈(精血)을 낼 때 중음신이 모태에 정착한다고 한다. 그리고 이러한 순간에 중음신은 소멸되고 새로운 결생(結生)으로 생유(生有)가 시작된다. 최대 49일을 말하는 중음신은 본래 설일체유부의 교설이다. 그리고 대승불교에 수용되어 대승권인 우리나라 불교의 모든 종파는 중음신에 바탕한 칠칠재(七七齋) 또는 사십구재를 종교의례로 행하고 있다. 천도(薦度) 의식은 바로 죽은 사람이 좋은 곳에 태어나도록 기도하는 것이다. 7일마다 불교 경전을 독송하고 공양을 올린다. 우리나라에 중음신과 관련한 천도의식이 언제부터 행해졌는지는 아직 확실하게 밝혀지지 않았다. 하지만 신라나 고려 때 이미 천도의식에 대한 기록이 있으며, 조선에서부터는 사십구재 형식으로 천도재가 행해졌음이 분명하게 나타난다. 때문에 현재 이러한 천도의식은 불교를 넘어 민간이나 무교(巫教)에서조차 죽은 사람의 명복을 비는 사후 의례로 널리 행해지고 있다.

대한 가치 의식에 영향을 미친다. 유학계통에서는 사후 생명에 대한 과도한 관심으로 현실 생활에 지장을 초래할까봐 이런 지식의 진정성을 비판하고 있는데, 이것은 가치 의식에 대한 우주론적 지식이 미치는 큰 영향력을 설명해준다.

'인체 우주학'은 사람이라는 존재의 신체 구조를 설명하는 지식으로 수련 공부의 지식적 근거가 된다. 중국 철학의 실천철학적 성격 때문에 우주론 지식은 사람의 실천 활동과도 연결된다. 그것은 인체의 우주학적 지식을 제공하고 사람의 신체 구조의 지식에 의한 설명으로 인체의 능력을 개발하는 공부론의 터전을 제공한다. 특히 세계관에서, 그리고 초경험적 지능을 가지고 단련된 도불(道佛) 시스템에서 그렇다. 불교 밀종(密宗)의 오륜설(五輪說)[5], 도교의 정기(精氣)·신형(神形)·혼백(魂魄) 구조 모두 이런 인체 우주학의 지식을 수련이나 수행의 근거로 삼는 이론적 시스템이다.

'우주론 진로의 규율과 규칙(律則)'은 우주 현상 사물 변화의 율칙을 설명하는데, 모든 자연 과학의 운동 변화의 법칙은 이를 가리킨다고 할 수 있다. 전통 우주론 중의 율칙 관념은 물론 여전히 비교적 조잡하거나 추상적이다. 예를 들어 불교의 십이연기 관념은 곧 우주론 의미의 율칙이고, 도가 언설의 천체 운행 및 사시 변화의 율칙 역시 모두 우주론 진로의 율칙이다. 율칙에도 본체 논리의 형태가 있다. 이것이 제시하는 율칙은 순수하고 객관적인 현상의 법칙이 아니라 주관적인 가치의 입장이 개입된 판단 의견이다. 예를 들어 노자(老子)가 말한 "돌아오는 것은 도의 움직임이고, 약한 것은 도의 쓰임이다.

---

5) 오륜은 육륜(肉輪), 혈륜(血輪), 기륜(氣輪), 풍륜(風輪), 수륜(水輪)의 합칭이다. 안부(眼部)의 조직구조와 생리, 병리현상 등을 설명하는데 활용하는데, 안질환의 진단과 치료의 근거로 삼는다.

천하 만물은 있음에서 생기나, 있음은 없음에서 생긴다"6) 나 "있음과 없음은 서로 생한다(有無相生)" 등의 율칙, 혹은 속설에서 말하는 "천하의 합이 오래되면 반드시 나뉘고, 나뉨이 오래되면 반드시 합친다(天下合久必分, 分久必合)"는 율칙은 인사 변화를 가리킨다. 사실 절대 필연성을 갖추지 못하였으나 사람의 마음을 지도하는 역할을 하기 때문에 본체론 진로의 율칙이라고 말하는 것이다.

2. 유불도의 우주와 생명 관점

유가(儒家)는 인생만 말하고 우주론은 담론하지 않는다. 그래서 "천지사방 바깥에 대해 성인은 존재를 인정하나 논하지 않고, 천지사방 안쪽에 대해 성인은 논하기는 하지만 따지지 않는다."(『장자·제물론』)(六合之外, 聖人存而不論; 六合之內, 聖人論而不議.) 그러나 불교는 인식론을 담론하고 우주론을 담론하여 '시방세계(十方世界)7)', '삼천대천세계(三千大千世界)', '허공무진(虛空無盡)', '과거현재미래세(過去現在未來三世)', '무시무종(無始無終)' 등을 말한다. 『유마경維摩經』, 『불설아미타경』, 『장아함경』「30. 세기경世紀經」을 통해 확인할 수 있다. 예를 들

---

6) 『道德經』 40章, "反者道之動, 弱者道之用. 天下萬物生於有, 有生於無"
7) 『능엄경』 등에 근거해 동서남북의 사방과 동남·서남·동북·서북의 간방, 그리고 상하를 합쳐 전체 세계를 가리키는 불교용어가 '시방세계'이다. 시방세계는 우주의 과거·현재·미래의 모든 시간과 공간을 가리키는 말이다. 『능엄경』 권4에, "세(世)는 머물지 않고 변하는 것이고, 계(界)는 방위를 가리킨다. 그대들은 알라. 동·서·남·북과 동남·서남·동북·서북, 상·하를 계(界)라 하고, 과거·현재·미래를 세(世)라 한다."라고 한데서 '계'를 공간으로 '세'를 시간으로 해석한 출처를 찾아볼 수 있다. '世界'라는 용어는 이처럼 불교에서 온 말이다. 중국 고대 용어로 말하면, '界'는 공간으로서 '宇'에 해당하고 '世'는 시간을 가리키는 개념으로 '宙'에 해당한다. 세계나 우주는 영어 cosmos의 번역어로 적합하다.

어 『유마경維摩經』 「불사의품不思議品」 '사자좌獅子座'에 다음과 같은 기록이 있다.

> 그때에 장자 유마힐이 문수사리에게 물었다. "인자께서는 한량없는 1000만억 아승지 국토에 다녔으니 어떤 국토에 대단히 훌륭하고 아름다운 공덕을 갖춘 사자좌가 있었습니까?"
>
> 문수사리가 말하였다. "거사여, 동방으로 36항하강의 모래수와 같이 많은 국토를 지나서 세계가 있습니다. 이름은 수미상이며 부처님의 호는 수미등왕입니다. 지금 그곳에 계시는데 부처님의 몸은 키가 84000유순이요, 그 사자좌의 높이도 84000유순입니다. 장엄과 장식이 세상에서 제일입니다."8)

불교는 이상에서와 같이 사바세계(娑婆世界) 외에 또 무량무변(無量無邊)의 세계, 물질, 생명이 있다고 여긴다. 바로 유가들이 피이불담(避而不談)하는 것들로서 그 취지(목적)가 크게 다른 것이다.

유가는 생명체에 대해 인류만 존중한다. 인간은 만물의 영장이고 금수와 초목 등은 무성(無性)이라고 본다. 하지만 불교가 말하는 '중생(衆生)'과 '유정(有情)'은 생명이 있는 모든 것이 여기에 속하고, 정식(情識)과 생명(生命)은 인류만이 가지고 있는 것이 아니다. 또 생명체를 천(天), 인(人), 아수라(阿修羅), 축생(畜生), 아귀(餓鬼), 지옥(地獄)의 여섯 가지로 나누며, 이를 육취(六趣)라고 한다. 또 "허공이 끝이 없으므로 중생도 끝이 없다"〔虛空無盡, 衆生亦無盡〕고 한다. 생명체에 대한 유불의

---

8) 『維摩經』 「不思議品」 '獅子座', "爾時長者維摩詰, 問文殊師利, 仁者遊於無量千萬億阿僧祇國, 何等佛土, 有好上妙功德, 成就獅子之座? 文殊師利言, 居士! 東方度三十六恒河沙國, 有世界, 名須彌相, 其佛號, 須彌燈王. 今現在彼, 佛身長八萬四千由旬, 其獅子座高八萬四千由旬, 嚴飾第一."

관점에 광(廣)과 협(狹)의 차이가 있는 것이다.

유가는 현세만을 중시하고 태어나기 전이나 죽은 다음의 일에 대해서는 담론하지 않는다. 송유들 또한 다만 "사람은 천지음양의 기운을 받아 태어난다"〔人稟天地陰陽之氣以生〕고 분명하게 말하고 간혹 사후에 대해서는 '세 가지 영원한 것'〔三不朽: 立言·立功·立德〕에 대한 이론만 말할 뿐이다. 『논어·선진(論語·先進)』에서 "계로(자로)가 귀신을 섬기는 문제를 물었다. 공자께서 말씀하셨다. '사람을 섬길 수 없는데 어떻게 귀를 섬기겠는가?' 계로가 감히 죽음을 물었다. 공자께서 '삶을 알지 못하는데, 어떻게 죽음을 알겠는가?'"[9] 라 하였고, 『설원·변물(說苑·辨物)』에서는 다음과 같이 기록하고 있다.

> 자공이 공자께 물었다. "죽은 자에게 지각(知覺)이라는 게 있습니까? 아니면 없는 것입니까?"공자가 말씀하였다. "만일 내가 죽은 사람이 지각(知覺)이 있다고 말한다면 장차 세상의 모든 효자(孝子)와 순(順)한 자손들이 사는 데 방해가 된다고 여겨(죽은 혼령이 자손들의 생활에 해를 끼칠까 여긴다는 말) 죽은 부모 장사(葬事)를 지나치게 할까 두렵고, 반대로 죽은 자가 지각이 없다고 말한다면, 장차 세상의 모든 불효자들이 그 부모의 시체를 아무렇게나 버려두고 장례(葬禮)도 지내지 않을까 두렵구나. 사(賜)야! 죽은 사람이 앎이 없는지를 알려고 하느냐? 죽고 난 다음 스스로 알게 될 것이니, 그렇다고 너무 늦은 것은 아니다."[10]

---

9) 『論語·先進』, 季路問事鬼神. 子曰 : "未能事人, 焉能事鬼?" 敢問死. 曰 : "未知生, 焉知死?"

10) 『說苑·辨物』, 子貢問孔子: 「死人有知無知也?」 孔子曰: 「吾欲言死者有知也, 恐孝子順孫妨生以送死也; 欲言無知, 恐不孝子孫棄不葬也. 賜欲知死人有知將無知也? 死徐自知之, 猶未晚也!」

그런데 불교는 '분단생사(分段生死)'11), '인연업과(因緣業果)'12)의 이론을 말한다. 업력에 따라서 육도(六度)를 윤회하고, 죽음과 삶, 삶과 죽음이 영원히 끝이 없다. 예를 들어 사제(四諦) 가운데의 고제(苦諦)와 집제(集諦)는 중생이 과거의 업집(業集)을 원인으로 하여 현생에서의 고과(苦果)를 받게 된다는 것을 분명하게 밝힌 것이다. 또 12연기설의 유전문(流轉門)13)은 생사 유전의 정확한 해석이다. 『열반경(涅槃經)』은 "선악의 과보는 형체에 그림자가 따르는 것과 같이 삼세의 인과는 순환하여 잃지 않는다"14) 라 하였고, 『심지관경(心地觀經)』에서는 "유정이 육도를 윤회하여 태어나는 것은 마치 수레 바퀴가 시작과 끝이 없는 것과 같다"15)고 하였으며, 『섭대승론(攝大乘論)』에서는 "백 천겁

---

11) 육도(六道)로 윤회(輪廻)하는 범부(凡夫)의 생사(生死)를 가리킨다. 분(分)은 제각기 가는 것이니 목숨의 끝이고, 단(段)은 끝이니 몸의 형체이다. 범부는 각기 업인(業因)을 따라서 신체에 크고 작으며, 가늘고 굵은 모양이 있고, 목숨에 길고 짧은 한계가 있는 생사를 말한다. 변역생사(變易生死)와 상대되는 말이다.

12) 『화엄경』: 문수보살에게 묻는다. "사람은 똑같이 흙, 물, 불, 바람 기운으로 이루어져 있어서 다 같이 나와 내 것이 없는데, 어찌하여 어떤 사람은 괴로움을 받고 어떤 사람은 즐거움을 받으며 어떤 사람은 단정하고 어떤 사람은 추악하며 어떤 사람은 현세에서 과보를 받고 어떤 사람은 후세에 가서야 과보를 받게 되는 것입니까?" 이에 문수보살이 대답하였다. "그 행위를 따라서 과보의 차이가 생기는 것입니다. 비유하자면 맑은 거울이 그 대하는 사물의 모양에 따라 비추는 모습이 각기 다른 것과 같습니다. 업의 본성(本性)도 이와 같아 밭에 뿌려진 씨가 각기 스스로 느끼지 못하지만 저절로 싹을 틔우는 것과 같으며 환술사가 네거리에서 여러 몸을 나타내는 것과도 같습니다."

13) 12연기설의 유전문은 無明緣行, 行緣識, 識緣名色, 名色緣六入, 六入緣觸, 觸緣受, 受緣愛, 愛緣取, 取緣有, 有緣生, 生緣老死로 老死憂悲苦惱가 성립하게 되는 과정이다.

14) 『涅槃經』, 善惡之報, 如影隨形, 三世因果, 循環不失.

15) 『心地觀經』, "有情輪迴生六道, 猶如車輪無始終."은 『대승본생심지관경(大乘本生心地觀經)』으로 밀교에 기반을 둔 경전이다. 특히 "세간과 출세간의 은혜는 네 가지가 있으니 부모의 은혜, 중생의 은혜, 국왕의 은혜, 삼보의 은혜이다.[世出世恩有其四種 一父母恩 二衆生恩 三國王恩 四三寶恩]"라고 하였고, "'열심히 부모에게 효도하는 것은 부처님께 공양하는 복덕과 차이가 없으니

이 지나도 지은 업은 없어지지 않으니, 인연이 우연히 만날 때 과보가 돌아와 자신이 받는다"[16]고 하였다. 불교는 생명의 가고 옴에 대해 이처럼 분명하게 해석한다.

3. 불교의 시간(時間)과 공간(空間) 관념

1) 불교의 시간(時間) 관념

인간이 야만과 몽매에서 벗어나 문명으로 나아간 이래로 시간과 공간에 대한 사색이 시작됐다. 무엇을 시간이라고 하는가? 그것의 과거, 현재, 미래를 어떻게 구분하는가? 그것은 시작이 있고 끝이 있는가? 아니면 무궁무진한가? 아우구스티누스는 신이 모든 것을 창조한 이상 시간도 포함된다고 했다. 그렇다면, 하느님이 시간을 만들어내기 전에 시간이 있었는가? 없었는가? 만약 시간이 있었다면, 이 시간은 어디에서 온 것인가? 만약 시간이 없었다면, 하나님은 어떻게 시간 없는 상태에서 활동하셨는가? 그는 "당신이 모든 시간의 창조자인 이상, 당신이 시간을 만들기 전에 어떻게 무수한 연대의 과거가 있을 수 있겠습니까? 설마 당신을 거치지 않고 만들어지는 시간이 존재하겠습니까? 수없이 많은 연대가 존재하지도 않았는데 어떻게 과거라고 말할 수 있습니까?" 라고 반문했다.(『참회록(懺悔錄)』 11. 12-13) 이 독실한 기독교인은 시간의 기원을 두고 헤어나지 못할 고민에 빠져 있다. 공간의 문제도 마찬가지인데, 무엇이 공간인가? 그것은 도

마땅히 이와 같이 부모의 은혜에 보답하라.[勤加修習孝養父母 若人供佛福等無異 應當如是報父母恩]"라는 내용 등도 실려 있다.

16) 『攝大乘論』, "縱使百千劫, 所作業不亡, 因緣會遇時, 果報還自受"

대체 끝이 있는가? 그것은 도대체 무한정 나누어질 수 있는가? 우주에는 도대체 어느 것 하나 존재하지 않는 허공이 있는가? 예나 지금이나 수많은 철인(哲人)들이 이 문제들을 위해 애를 썼고, 불교도 종교의 방식으로 시간과 공간의 성격에 대해 나름의 대답을 내놓았다.

(1) 중국과 인도의 숫자 개념

불교의 우주 양식 및 시공 관념을 소개하기 전에 먼저 불교의 숫자(數字) 서열을 소개한다. 불교의 기본 전적인 『구사론(俱舍論)』에서 다음과 같은 숫자 서열을 소개하였다.

1;
10개 1, 10;
10개 10, 100;
10개 100,1000;
10개 1000, 10000;
10개 10000, 낙차(洛叉; lakṣa), 10^5(10의 5제곱); 십만
10개 낙차, 도락차(度洛叉, atilakṣa), 10^6(10의 6제곱); 백만
10개 도락차, 구지(俱胝, koṭi), 10^7(10의 7제곱); 천만
10개 구지, 말타(末陀, madhya), 10^8(10의 8제곱); 억
10개 말타, 아유다(阿庾多, ayuta), 10^9(10의 9제곱); 십억
10개 아유다, 대아유다(大阿庾多, mahā-ayuta),
10^{10}(10의 10제곱); 백억
10개 대아유다, 나유다(那庾多, nayuta), 10^{11}(10의 11제곱);
천억
10개 나유다, 대나유타(大那庾多) : 1,000,000,000,000 = 조

10개 대나유타, 발나유타(鉢羅庾多) : 10,000,000,000,000 = 십조

10개 발나유타, 대발나유다(大鉢羅庾多) :
100,000,000,000,000 = 백조

10개 대발나유다, 긍갈라(矜羯羅) : 1,000,000,000,000,000 = 천조

대긍갈라(大矜羯羅) : 10,000,000,000,000,000 = 경

빈발라(頻跋羅) : 100,000,000,000,000,000 = 십경

대빈발라(大頻跋羅) : 1,000,000,000,000,000,000 = 백경

아추바(阿芻婆) : 10,000,000,000,000,000,000 = 천경

대아추바(大阿芻婆) : 100,000,000,000,000,000,000 = 해

비바하(毘婆訶) : 1,000,000,000,000,000,000,000 = 십해

대비바하(大毘婆訶) : 10,000,000,000,000,000,000,000 = 백해

10개 대비바하, 올층가(嗢蹭伽) : 10^{23}(10의 23제곱)

대올층가(大嗢蹭伽)

바할나(婆喝那)

대바할나(大婆喝那)

지치바(地致婆)

대지치바(大地致婆)

혜도(醯都)

대혜도(大醯都)

갈랍바(羯臘婆)

대갈랍바(大羯臘婆)

인달라(印達羅)

대인달라(大印達羅)

삼마발탐(三摩鉢耽)

대삼마발탐(大三摩鉢耽)

게저(揭底)

대게저(大揭底)

염벌라사(拈閥羅闍)

대염벌라사(大拈閥羅闍)

모달라(姥達羅)

대모달라(大姥達羅)

발람(跋羅)

대발람(大跋羅)

산야(珊若)

대산야(大珊若)

비보다(毗步多)

대비보다(大毗步多)

10개 대비보다, 발라참(跋羅懺)

10개 발라참, 대발라참((跋羅懺)

10개 대발라참, 아승기야(阿僧企耶) : 10^{56}(10의 56제곱)

하지만 지금 이 숫자가 얼마나 큰지 상상하기 어렵다. 현대 과학 기술로 과학자들이 현재 지구에서 가장 멀리 떨어져 있는 천체는 2022년 4월에 발견한 135억 광년 거리에 있는 은하 HD1이다.[17] 일본 도쿄 대학의 유이치 하리카네 박사가 이끄는 연구팀은 이날 미

17) 지구에서 약 135억 광년 거리에 있는 고대 은하가 발견됐다고 2022년 4월 7일(현지시간) 미국 뉴욕타임스(NYT)가 보도했으며, 이 은하가 발견되기 전 가장 멀리 있다고 알려진 은하인 GN-z11은 지구와 134억 광년 거리에 있다.〔2022년 4월 8일, 동아일보 참조〕

국 '천체물리학 저널'과 영국 '왕립천문학회 월간통지'를 통해 지구와 135억 광년 거리에 있는 은하 HD1을 발견했다고 발표했다. 우주가 탄생하자마자 급속히 팽창하는 우주 팽창 모델에 근거하여, 과학자들은 우리 지구에서 우주 '끝'까지의 거리를 130억 광년으로 계산해냈다. 킬로미터로 환산하면 1.2x10의 23제곱 킬로미터다. 밀리미터로 환산해도 10의 29제곱이다. 1아승지가 무려 10의 51제곱인 것을 보면 도대체 얼마나 큰 숫자인지 짐작할 수 있다.

인도 불교의 서로 다른 분파, 서로 다른 경전의 숫자 서열에 대한 서술은 약간 다르지만, 대동소이(大同小異)하여 여기에 일일이 소개하지 않는다. 불교뿐만 아니라 인도의 다른 종교 철학파도 비슷한 숫자 서열을 갖고 있다. 따라서 이 숫자는 불교의 독창성이 아니라 인도인 특유의 사고방식을 집약적으로 반영한 것이다.

수학은 인류의 사고가 일정 단계에 이르러서야 비로소 출현한 산물이다. 처음에는 사람들 단지 구체적인 사람이나 사물만을 인식하였으나, 이후에는 천천히 그 가운데의 수의 개념을 추상화하였다. 일반적으로 말해서, 사람들의 인식 수는 항상 현실 생활의 필요를 위해서이다. 따라서, 무릇 현실 생활에서 쓸모없는 것이라면, 사람들은 그것을 창조하지 못할 것이다. 오스트레일리아에 사는 일부 원주민들은 생활 범위가 좁기 때문에 지금까지 알고 있는 숫자가 10개를 넘지 않고, 10을 넘는 숫자에 부딪히면 그들은 매우 많다고 말하고, 사람들은 이를 이해하며, 그것이 도대체 얼마인지 깊이 따지지 않는다고 한다. 중국은 찬란한 고대 문화를 가지고 있으며, 거기에 수학 문화가 포함되어 있다. 중국은 수학 문화를 포함하여 찬란한 고대 문화를 가지고 있다. 중국의 조상이 창조한 숫자 서열은 다음과 같다.

일一,

십十(10^1),

백百(10^2),

천千(10^3),

만萬(10^4),

억億(만만, 10^8 10의 8제곱),

조兆(만만억, 10^{12} 10의 12제곱).

경京(만만조, 10^{16} 10의 16제곱),

해垓(만만경, 10^{20} 10의 20제곱),

자秭(10^{24} 10의 24제곱),

양穰(10^{28} 10의 28제곱),

구溝(10^{32} 10의 32제곱),

간澗(10^{36} 10의 36제곱),

정正(10^{40} 10의 40제곱),

재載(10^{44} 10의 44제곱)

비록 이런 큰 수가 있지만, 이러한 큰 숫자가 있다는 것을 아는 중국인은 정말 적다. 왜냐하면 일상생활에서 전혀 쓸모가 없기 때문이다. 인도인은 또 극(極)(10^{48}, 10의 48제곱), 항하사(恆河沙)(10^{52}, 10의 52제곱), 아승지(阿僧祗)(10^{56}, 10의 56제곱), 나유타(那由他)(10^{60}, 10의 60제곱), 불가사의(不可思議)(10^{60}, 10의 60제곱), 무량(無量)(10^{68}, 10의 68제곱), 대수(大數)(10^{72}, 10의 72제곱) 등의 많은 숫자를 만들었을 뿐만 아니라 걸핏하면 '아승기야(阿僧企耶)[18]'라고 하는데, 그들은 그것을 가지고

---

18) 아승기야(阿僧企耶)는 아승지(阿僧祗)라고도 하는데, 산스크리트어 'asaṃkhya'

무엇을 하려 하였는가?

인도 사상의 기본적 특징 중 하나는 무상을 멸시하고 무한함을 추구하는 것이다. 그들은 설령 수명이 아무리 길어도 모두 생멸(生滅)할 날이 있다고 생각한다. 그러니 추구할 가치가 없다는 것이다. 영원히 죽지 않는 것만이 미련을 가질 만하다. 우리 주위를 둘러보면, 모든 것이 다 변화무쌍(變化無雙)하고, 모두 끊임없이 생생멸멸(生生滅滅)하고 있는데, 어디에 무한한 것이 있는가? 그래서 그들은 우리 세상 밖으로 나가 무한과 영원을 추구했다. 그들은 확실히 그러한 "초급(超級)" 세계(슈퍼 월드)가 존재한다고 여기며, 거기에서 시간이나 공간의 척도는 모두 우리 세계와 다르다고 생각한다. 예를 들어 인도인들은 인드라(일종의 천신)의 하루를 인간의 일 년과 맞먹는다고 생각한다. 그렇다면 인드라 세계의 시간을 일반적인 잣대로 재단할 수는 없다. 인다라 세계는 수많은 슈퍼 월드 중 하나일 뿐이다. 그것들의 차이는 바로 인간 세간(이 세상; 此岸)과 인드라 세계의 차이와 같다. 그래서 이 세상의 보통 사람들이 고차원적인 세계의 것들을 알고 가늠하려면 천문학적인 숫자가 필요하다. 현사(玄思) 해탈 추구와 무한함을 추구하는데 능했던 고대 인도인들은 천문학적인 숫자로 표현해야 할 것들을 자주 생각했기 때문에 이렇게 거대한 숫자의 서열을 만들어 냈다.

의 음역이다. 그 원래 뜻은 "무량하다"로 『구사론(俱舍論)』의 숫자 서열에 따르면 10^{56}(10의 56제곱)이다. 겐지스강의 모래 수를 나타내는 항하사(恒河沙)보다 많은 수를 이르는 말로, 더 이상 헤아릴 수 없는 많은 수를 뜻한다. 불교에서는 석가모니가 수행하여 부처가 되기까지 3아승기겁(阿僧祇劫)이 걸렸다고 한다. 한편 불교 경전에서는 측정할 수 없는 시간의 단위로 겁(劫)을 사용한다. 1겁을 산술적으로 계산하면 범천(梵天)의 하루, 곧 인간 세계의 4억 3200만 년에 해당한다. 석가모니가 발심하여 부처가 되기까지 수행에 소요된 시간을 3아승기겁 또는 100대겁(大劫)이라 표현한다.

(2) 기묘한 시간

예나 지금이나 많은 사람들이 시간의 본질을 생각하고 있다. 고대 인도의 불교도들도 예외는 아니었다. 고대 인도 불교의 시간 관념은 어떤 것은 직접 일상생활에서 유래한 것이고, 어떤 것은 깊은 불교 낙인을 찍어서 불교 이론의 유기적인 구성 부분이 되었다.

최대수, 무한수를 추구하는 것과 마찬가지로 중국인들은 일상생활에 필요한 최소 시간의 단위를 크게 신경 쓰지 않는다. 그러나 인도인은 다르다. 그들은 최소에 대해 최대와 마찬가지로 큰 관심을 가지고 있다.

인도 불교는 최소의 시간 단위를 "찰나(刹那, kṣaṇa, 순간)"라고 한다. 그렇다면 1찰나는 어느 정도의 길이인가? 다른 경전들에서 다른 설명을 하지만 여기서도 『구사론』의 설명을 채용해보기로 한다.

『구사론』에서 열거하고 있는 시간 환산 방법은 다음과 같다.

120찰나 = 1달찰나(一怛刹那, 怛刹那: tat-ksana, 순간의 시간, 약 1.6초)
60달찰나 = 1납박(一臘縛: lava, 頃刻의 뜻, 약 96초)
30납박 = 1모호율다(一牟呼栗多: muhūrta, 약 48분)
5모호율다 = 1가라(迦羅; kāla)[19]
6가라 = 1주야(晝夜)

30의 모호율다, 혹은 6가라를 1주야(一晝夜: 24시간)로 하고 있으므로, 이에 따르면 1찰나는 75분의 1초(약 0.013초)에 해당한다.[20]

---

19) 가라(迦羅)는 실시(實時)라고 번역한다. 정해진 시각이다. 이에 반해, 막연한 어느 때는 삼마야(三摩耶)라고 한다.

불교에서는 사람의 욕망을 통제하고 사념을 억제하며 나쁜 생각이 나쁜 행동을 일으키는 것을 방지하기 위해 심리 활동의 분석을 매우 중시한다. 한 찰나는 사람이 한 생각을 바꾸는데 걸리는 시간의 90분의 1이라고 한다. 혹은 힘센 장사가 팔을 구부리는데 걸리는 시간과도 같다고 한다. 불경은 신통(神通)[21]을 이야기할 때 흔히 장사가 팔을 구부리는 순간 어느 한 사람은 이미 인간에서 천계로 넘어갔다고 말한다. 바로 이 사람이 신통력이 뛰어나 한순간에 천계에 이르렀음을 가리킨다. 비불훼법(非佛毁法)의 죄가 극악무도함을 말할 때, 또 누군가가 면전에서 붓다를 비방한다고 한다면 그 순간에 지옥으로 떨어진다고 한다. 찰나는 비록 아주 작은 시간의 단위지만, 불교에서는 찰나에 행하는 선한 일 혹은 악한 일이 모두 사람의 일생, 더 나아가서는 몇 평생의 운명을 결정짓기에 충분하다고 여긴다. 이로부터 미루어 보면, 한순간이 정말 짧다고 할 수 없을 것이다!

보통 사람들은 결국 일반적인 환경에서 생활하므로, 일상적인 시간을 필요로 한다. 여기서 인도 불교의 일상 시간을 소개한다.

인도 불교에서는 하루를 6시, 즉 위에서 언급한 가라(迦羅)로 나눈다. 가라 하나면 대략 현재의 4시간과 맞먹는다. 그중 낮은 3개의 가

---

20) 물론 이설도 있다. 아비달마 불교에서는 모든 것이 1찰나 마다 생겼다 멸하고, 멸했다가 생기면서 계속되어 나간다고 가르치는데, 이것을 찰나생멸(刹那生滅)·찰나무상(刹那無常)이라고 한다.

21) 붓다는 4선(禪)을 통해 깨달음을 얻은 저녁에 육신통(六神通)을 얻었다고 한다. 육신통은 수행으로 갖추게 되는 여섯 가지 불가사의하고 자유 자재한 능력을 가리킨다. (1) 신족통(神足通). 마음대로 갈 수 있고 변할 수 있는 능력. (2) 천안통(天眼通). 모든 것을 막힘없이 꿰뚫어 환히 볼 수 있는 능력. (3) 천이통(天耳通). 모든 소리를 마음대로 들을 수 있는 능력. (4) 타심통(他心通). 남의 마음 속을 아는 능력. (5) 숙명통(宿命通). 나와 남의 전생을 아는 능력. (6) 누진통(漏盡通). 번뇌를 모두 끊어 내세에 미혹한 생존을 받지 않음을 아는 능력.

라로 나뉘는데, 그것들은 상일(上日), 중일(中日), 하일(下日)이고, 밤은 3개의 가라로 나뉘는데, 그것들은 초야(初夜), 중야(中夜), 후야(後夜)이다. 인도 불교도의 하루 활동은 이 6시에 맞춰 마련됐다. 이런 제도는 중국으로 전해져 중국 불교도들도 주야 6시의 제도에 따라 활동을 안배하였다. 예를 들어 동진의 도안(道安)은 그가 이끄는 승단을 위해 "상일 6시 행도 음식 창시법"(常日六時行道飮食唱時法)을 제정하여 하루 중 각종 활동의 안배를 규정하고 있다. 이런 제도는 후에 각지로 퍼져 각지의 승단들이 공통적으로 따르는 규범이 되었다. 또 예를 들면 중국 불교에는 삼계교(三階敎)가 있는데 염불하여 공덕을 쌓는 것을 매우 중시한다.[22] 그들은 주야 6시 염불제도가 있고, 시간에 따라 다른 부처를 염불한다. 돈황 문헌 중에 『주야 6시 발원법(晝夜六時發願法)』이 있는데, 바로 삼계교에서 어떻게 염불해야 하는지를 논술한 것이다.

고대 인도인들은 태양이 황도(黃道, 지상에서 사람에게 태양이 항성 사이를 걷는 것으로 보이는 경로)를 한 바퀴 도는데 걸리는 시간을 1태양년으로 정했다. 그들은 황도를 12단, 즉 12궁으로 나누었다. 태양이 인접한 두 궁에 들어오는 시차는 바로 1태양월이고, 12개의 태양월은 1태양년이다. 매월 30일 반(보통 30일로 계산하면), 1개의 태양년은 366일이다. 그들은 또 달이 백도(白道, 달이 지구를 도는 궤도 평면과 천구

22) 중국, 북제에서 수에 걸쳐서 활약한 승 신행(信行)이 개창한 신흥불교의 일파로 삼계종, 삼계법 또는 보법종이라고도 불렸다. 삼계라는 것은 정법(正法), 상법(像法), 말법(末法)의 3단계이며, 현재는 제3단계의 말법시대에 속한다고 한다. 이 오탁이 가득찬 악세(惡世)에서 우리 중생은 애증의 편견에서 빠져나갈 수 없는 파계사견(破戒邪見)의 구원받기 어려운 둔근(鈍根)에 지나지 않으며, 승려 자신도 마찬가지로 우둔한 양과 같은 존재로 그는 승도 중생도 철저하게 자각해야 한다고 주장했다.

가 교차하는 큰 원)를 한 바퀴 도는데 걸리는 시간은 1태음년(一太陰年)으로 약 354일로 정했다. 또 백도를 27수(宿)(후에 우수(牛宿)를 더하여 28수가 된다)으로 나누고, 27수와 12궁을 서로 배치하여, 각 궁마다 2~3개 수(宿)씩 배치하고, 달의 차고 이지러짐〔盈虧〕에 따라 삭망월(朔望月)을 정한다. 각각의 삭망월은 두 부분으로 나뉘는데, 삭(朔)에서 망(望)에 이르는 것을 백월(白月)이라고 하고, 망에서 삭에 이르는 것을 흑월(黑月)이라고 한다. 이렇게 1태양년은 12삭망월로 나뉘는데, 큰 달은 30일이고 작은 달은 29일이다. 태양월과 태음월은 서로 배치되어 있는데, 만약 어느 삭망월 중에 입궁일(入宮日)이 하나도 없다면 그 달은 윤달(閏月)로 정해진다. 백월은 또 백분(白分)이라 하고, 흑월은 또 흑분(黑分)이라고 한다. 인도 불교 교단의 이들 활동은 백분과 흑분에 따라 안배된다.

매년은 또 몇 계절로 나뉜다. 전통에는 여러 가지 계절 구분 방법이 있다. 어떤 것은 태양이 남행하는 것과 북행하는 것의 구별에 따라 두 계절로 나뉘는데, 이를 '양행(兩行)'이라고 부르고, 각 행은 6개월이다. 또 네 계절로 구분하여 봄〔春季〕, 여름〔夏季〕, 가을〔秋季〕, 겨울〔冬季〕로 하고, 각 계절별로 3개월씩으로 한다. 더욱 일반적인 것은 6분법이다. 봄, 여름, 우기(장마철), 가을, 겨울, 혹한기이고, 각 계절은 2개월씩이다.

인도는 장마철에 큰비가 억수로 쏟아지므로 외출하기에 적합하지 않다. 게다가 장마 전에는 여름이다. 날씨가 매우 덥고 만물이 시든다. 우기가 되면 만물은 번영하고 온통 생기가 넘친다. 그래서 인도 불교는 장마철에 안거(安居)하는 전통이 있다. 즉 함께 모여 살며 다시는 나가서 걸식하지 않는다. 이렇게 하면 몇 가지 좋은 점이 있다.

첫 번째는 큰비 속에 도처에서 걸식하는 고뇌를 피할 수 있다. 두 번째는 생명이 자라고 번성하는 각종 계절에 조심하지 않고 그들을 밟아 죽이는 살생의 죄를 범하는 것을 피할 수 있다. 세 번째는 스님들이 평소에 반 달마다 한 번씩 교단의 큰일을 토론하고, 모든 사람들이 계율을 준수하는 것을 검토하는 경우를 제외하고는 일반적으로 각처에 흩어져 스스로 수행하는 등 상호 교류가 없어진다는 것이다. 매년 우기에 안거할 때 일정 기간 한곳에 모여 생활하면 교리를 함께 연구하고 서로 촉진하며 향상시킬 수 있다. 그래서 하안거는 불교 교단의 대사건으로 각지의 교단이 중시한다. 불교사의 첫 결집은 하안거를 이용하여 거행한 것이다.

각지의 기후 등 자연조건이 다르기 때문에 각지의 교단에서 하안거를 거행하는 구체적인 시간도 서로 다르다. 현장(玄奘)의 『대당서역기(大唐西域記)』 권2는 인도의 일반적인 상황을 논할 때, 앞의 3월(5월 16일~8월 15일)과 뒤의 3월(6월 16일~9월 15일)의 구분이 있다고 언급하였다. 권1에서는 도화나국의 하안거 기간은 12월 16일부터 이듬해 3월 15일까지라고 했다. 권8에서는 마게타국의 안거 날짜를 다시 4월 16일부터 7월 15일까지라고 말했다. 꼬박 3개월의 시간을 밖에 나가 구걸하지 않는다면, 이 3개월의 생활 원천은 큰일이다. 따라서 무릇 안거를 거행하려면 반드시 사전에 식량을 축적하거나 현지 부호의 지지를 얻어야 한다. 아마 이 때문에, 일반 교단은 단지 두 달간의 하안거, 즉 5월 16일부터 7월 15일까지 거행한 것으로 보인다. 하안거가 한 달이 적당하다고 주장하는 율본(律本)도 있다.

(3) 시간의 방향과 변수

시간은 하나의 벡터[23](矢量, vector)고 그것의 흐름에는 방향이 있다는 것을 현대인들은 모두 이해할 수 있다. 문제는 시간이 어느 방향으로 흐르느냐인 것이다.

우리의 생활 경험에 비추어 볼 때, 시간은 과거-현재-미래의 방향으로 흘러간다는 것은 의심의 여지가 없다. 노신(魯迅, 1881~1936)에게는 작은 잡문이 있는데, 큰 뜻은 다음과 같다. 세 사람이 있는데, 한 사람은 "과거가 지금보다 낫다"고 한다. 또 한 사람은 "지금보다 미래가 좋다"고 한다. 또 다른 한 사람은 "무슨 소리야?"라고 한다. 시간이 대답한다: "너희들은 모두 나의 현재를 모욕했다. 과거가 좋다고 말한 사람은 과거로 돌아가라. 미래가 좋다고 말한 사람은 나랑 같이 간다. '무슨 소리야?'라고 말한 너한테는 뭐라 말해야 할지 모르겠다." 노신은 이 글에서 "지금은 어제만 못하다"는 관점을 비판하며, 멍하니 하루하루를 보내는 사람을 풍자하였다. 또한, 시간의 흐름 방향에 대한 현대인들의 관념, 즉 과거에서 현재로, 다시 현재에서 미래로라는 관념을 잘 표현하고 있다. 그러나 불교의 관점은 반대로 시간의 흐름은 미래에서 현재로, 다시 현재에서 과거로의 방향으로 본다.

우리의 관점에 따르면 모든 사물은 과거에서 잉태되고 성장하며

---

23) 벡터는 크기와 방향을 가지고 있는 양으로써 두 가지 정보를 모두 표현할 수 있는 화살표로 나타낸다. 어떤 장소의 위치를 물을 때 우리는 어떻게 대답하는가? 여기서부터 '어느 방향'으로 '얼마만큼' 떨어져 있다고 얘기해야 한다. 이처럼 방향과 크기(멀리 떨어진 정도) 전부를 표현해야 할 때 벡터를 사용한다. 참고로, 벡터와 대비하여 크기만을 갖는 대상을 스칼라(scalar)라고 하며, 벡터와 유사한 변환 규칙을 갖는 양으로 유사벡터(pseudovector)와 텐서(tensor) 등이 있다.

현재를 통해 미래로 나아간다. 즉, 현존하는 모든 사물이기 때문에 그렇게 되는 것이지, 그렇지 않은 것은 전적으로 그 과거의 역사에서 결정되는 것이다. 지금은 과거의 유기적인 연속일 뿐이다. 마찬가지로 현재가 있기 때문에 미래가 있을 것이다. 사물의 현재 상태가 미래의 상태를 결정한다. 불교는 도리어 정반대다. 불교에서는 미래가 있었기에 현재가 있다고 본다. 하나의 사물이 이렇게 있고 그렇게 있지 않은 것은 그것이 태어나기도 전에 이미 결정되었다. 구체적으로 말해서 불교는 시간을 미래, 현재, 과거 세 단계로 나눈다. 불교에서는 사물이 각종 인연의 조건이 합쳐져 형성된다고 여긴다. 여기서 말하는 '형성'은 이 사물이 이미 미래의 단계에서 탄생했다는 것을 가리킨다. 다만 사물은 미래의 위계일 때 모두 은복 상태에 놓여 나타나지 않을 뿐이다. 시간이 미래의 위계로부터 정면으로 흘러와 현재 위치가 되면 원래 은복 상태에 있던 사물이 나타나 사람들에게 알려지게 된다. 시간은 끊임없이 뒤로 흐르고, 미래의 위계는 끊임없이 현재로 바뀌어, 사물도 일종의 연속성으로 사람들 앞에 나타난다. '현재'라는 것은 실제로 하나의 찰나일 뿐으로, 단지 사물이 이 찰나에 은복(隱伏) 상태에서 현현(顯顯) 상태로 변할 뿐이다. 이 찰나를 지나 사물은 과거 단계에 들어서면 다시 잠복 상태로 변한다. 예를 들면, 한 사람의 궁통(窮通)과 요수(夭壽) 같은 것은 전생의 업력의 작용 때문에 이미 규정되어 있다. 규정이라는 것은 네가 응당 얻어야 할 모든 것이 이미 일종의 잠복 상태로 미래의 위계에 존재한다는 것이다. 일단 시간의 흐름에 따라 미래의 위치가 현재로 바뀌면 모든 것이 현실로 나타나게 된다. 피해도 피할 수 없고, 밀어도 밀 수 없다. 마치 영화를 보는 것과 같이, 한 송이 꽃이 스크린에 다시 피는 것과 같다. 사실, 영화 필름에 이 꽃이 핀 한 장의 장면을 이미 촬영해 놨던 것이다. 평소에 우리는 이 필름들을 볼 수 없다. 영화를 상영할 때, 이 필름들은 한 장 한 장씩 카메라 앞을 스쳐 지나가 렌즈를 통해 나타나면 마치 미래의 위계층에 숨어 있는 사물들이 하나하나 현재 단계에 나타나기 때문에, 스크린에 연속적인 형상이 나타난다. 한 송이의 꽃이 어떻게 피는지, 얼마나 크게 피는지는 이미 다 정해진 것이다. 한 가지 사물은 어떠해야 하고 어떠해서는 안 되는지 역시 이미 규정해 놓은 것이다.24)

아인슈타인이 '일반상대성이론'을 창립하기 전에 사람들은 모두 시간이 고르게 흐르고 지금까지 변하지 않았다고 여겼다. 상대성 이론이 있고서야 사람들은 시간도 변화할 수 있다는 것을 알게 되는데, 그것 역시 물질 존재의 한 형태로 물질과 떼려야 뗄 수 없다. 그러나 일찍이 이천여 년 전에 불교가 이와 유사한 사상을 제기했다는 것은 확실히 재미있는 부분이다.

위에서 말한 바와 같이 불교에서는 중생에 따라 시간이 다르다고 생각한다. 인드라의 하루가 인간 세상에 가면 일 년이 된다. 옛사람들에게 이런 사상의 아름다움은 정말 불가사의한 것이었다. 그래서 중국에서는 난가산(爛柯山)의 이야기가 나오게 되었는데, "산 중에서의 7일이 이 세상에서는 1천년"이라는 속담이 나오게 되었다. 『서유기(西遊記)』에서 손오공이 십여 일간 필마온(弼馬温; 천계의 마구간 지기, bìmǎwēn; 避馬瘟; 역병을 물리친다)을 지냈는데, 인간 세상에서는 이미 십여 년이 지났다는 이런 이야기는 완전히 인도의 "하늘에서는 1일,

24) 불교의 이 같은 시간 흐름 관념은 '운명의 전정설(運命前定論, 운명은 전생에 이미 정해진 것이라는 이론)'의 이론적 토대 중 하나다.

지상에서는 1년" 전설의 복사판이다.

뿐만 아니라 불교는 시간과 물질이 불가분의 관계라는 명제도 언급했다. 불교에서는 중생이 생활하는 환경(삼계)이 물질적이어서 온갖 고난과 고통으로 가득하다고 여긴다. 이 고난의 삼계(三界)는 미련을 둘 만한 것이 아니다. 삼계 밖에 또 한없이 아름다운 열반의 세계가 존재하며, 그것은 영원한 존재이다. 그들이 말하는 해탈은 삼계를 버리고 열반계에 도달하는 것이다. 그렇다면 열반계는 무엇일까? 어디에 있는가? 불교에서는 열반계를 시간, 공간, 나아가 물질, 정신을 초월하는 절대적 존재로 인식한다. 여기서 불교는 물질적 삼계를 시간과 공간의 범주에 두고 물질을 초월하는 열반계는 동시에 시간과 공간의 제약을 받지 않는다고 주장한다. 불교가 반드시 존재하는 것도 아닌 이른바 물질을 초월한 열반의 세계를 추구하는 것은 그 종교 체계 자체에 의해 결정되는 것으로서 우리가 깊이 있게 논평할 것은 아니다. 그러나 물질적인 삼계가 시간과 공간을 벗어날 수 없다고 생각하는 것은 물질이 시간·공간과 불가분이라는 명제에 닿아 있는 것이 아닐까?

요컨대 불교의 이론 체계에서 시간은 확실히 가변적인 요소이다. 그들의 이러한 관점은 현대 과학과 어떤 점에서 서로 통하는 곳이 있다. 물론 불교는 종교이기 때문에 상술한 관점을 제기하는 것은 모두 그것의 종교적 목적을 위해 봉사하는 것이다. 다시 말해 현대 과학은 엄밀한 이론적 논증의 하나이며 불교는 단지 모호한 추측일 뿐이다. 설령 이것이 천재적인 추측이라 할지라도, 증명되기 전에는, 여전히 하나의 추측에 지나지 않는다. 불교의 이런 시간적 변수관을 과대평가해서는 안 된다. 하지만 인류의 사유의 발전은 본래 '부정의 부정'

나선적인 상승 과정이다. 불교의 시간관은 비록 조잡하고 신화와 종교적 요소들로 가득 차 있지만, 만약 우리가 인류 사상 발전사의 관점에서 이 문제를 대한다면, 그것은 인류의 나선형(螺旋形)으로 상승하는 시간 인식 역사에서 무시할 수 없는 계단이라는 것을 반드시 인정해야 한다. 불교가 이 문제에서 인류의 사고발전에 기여한 점도 인정해야 한다.

2) 불교의 공간(空間) 관념

사람들의 생활은 공간을 떠날 수 없지만 많은 사람들은 우리가 생활하는 이 공간이 도대체 무엇인지에 대해 주의를 기울인 적이 없다. 예를 들어, 세상의 만사 만물은 모두 변화하고 있는데, 공간은 변화하는가 하지 않는가? 또한, 우리가 볼 수 있고 접할 수 있는 공간은 모두 다양한 물질로 가득 차 있다. 그렇다면 어떤 사물도 들어있지 않은 절대적인 허공도 있는가? 예를 들면, 동서남북 상하좌우 이러한 방위는 도대체 공간 자체의 고유한 것인가, 아니면 인류가 거기에 덧붙인 것인가? 이와 같은 등등은 모두 고대 불교도들이 고심하여 사색했던 문제들이다.

(1) 길이 단위

불교의 공간에 관한 주요 관점을 소개하기 전에 역시 먼저 불경(佛經)에서 흔히 볼 수 있는 길이 단위를 소개한다. 여기서도 『구사론(具舍論)』을 인용한다. 『구사론』 중의 길이 단위는 두 가지로 나눌 수 있는데, 하나는 일상적으로 사용하는 보통 단위이고, 하나는 미량(微量) 단위이다. 앞에서 언급했듯이 인도인들은 최소에 대해 최대와 마찬가지로 관심을 가졌다. 물질의 구성을 따질 때, 그들은 물질이 분할할 수 없는 최소 원자들로 이루어져 있다고 여기고, 이 원자를 '극미(極微, paramāṇu)'[25]라고 부른다. 극미는 도대체 얼마만큼인가? 이는 미량 단위로 계산된다. 다음은 미량 단위의 환산 방법이다.

7 극미(極微) = 1 금진(金塵, loha-rajas)
7 금진 = 1 수진(水塵, ab-rajas)
7 수진 = 1 토모진(兎毛塵, śaśa-rajas)
7 토모진 = 1 양무진(羊毛塵, avi-rajas)
7 양모진 = 1 우모진(牛毛塵, go-rajas)
7 우모진 = 1 극유진(隙遊塵, vatāyanacchidra-rajas)
7 극유진 = 1 기(蟣, likṣā)
7 기 = 1 슬(蝨, yūka)
7 슬 = 1 광맥(穬麥, yava)
7 광맥 = 1 지절(指節, aṅguli-parva)

'지절(指節)'은 식지(食指, 집게손가락) 가운데 한 마디를 가리키는 것으로, 이것은 사람이 가지고 다니기에 가장 편리한 자이다. 손가락 마디 하나는 대략 1.9 센티미터다. 이 방식으로 계산하면, 극미(極微)[26]는 대략 9×10^{-10}이다. 이는 고대 인도인들의 원자 이해다. 현

25) '극미(極微 paramāṇu)'는 더 이상 나눌 수 없는 시각 대상의 최소 단위이다. 7극미를 미진(微塵)이라 하고 7미진을 금진(金塵), 7금진을 수진(水塵), 7수진을 토모진(兎毛塵), 7토모진을 양모진(羊毛塵), 7양모진을 우모진(牛毛塵), 7우모진을 극유진(隙遊塵)이라 한다. 금진(金塵)·수진(水塵)은 금이나 물속의 틈을 통과할 정도로 미세하다는 뜻이고 토모진(兎毛塵)·양모진(羊毛塵)·우모진(牛毛塵)은 토끼와 양과 소의 털끝 정도의 크기라는 뜻이다. 극유진(隙遊塵)은 틈새로 들어오는 햇빛에 떠다니는 먼지 정도의 크기라는 뜻이다.

26) 『구사론(具舍論)』, 有對色中寂後細分, 更不可析名曰極微(유대색을 최후까지 세

대 물리학자들의 측정에 따르면 원자핵의 직경은 10^{-13}~10^{-12} 센티미터이고, 핵외전자(extranuclear electron)[27]는 10^{-12}~10^{-9} 센티미터에서 돌고 있다. 쌍방을 비교하면, 우리는 고대 인도인의 지혜에 놀라지 않을 수 없다.

불교에서는 세계가 지(地, 땅), 수(水, 물), 화(火, 불), 풍(風, 바람)등 4대 극미, 즉 원자들로 이루어져 있다고 생각하는데, 이것은 매우 심각한 사상이다. 자연을 관찰하고 생산 활동을 하는 선민(選民)의 소박한 유물주의를 반영한다.

인도 불교에서 일상적으로 사용하는 일반적인 길이의 단위와 그 환산 관계는 다음과 같다.

3 절(節) = 1 지(指)
24 지(指) = 1 지(胝)
4 지(胝) = 1 궁(弓)
500 궁(弓) = 1 구로사(俱盧舍)
8 구로사(俱盧舍) = 1 유순(由旬)

이상에서 알 수 있듯이, 일상에서 사용하는 일반적인 길이의 단위, 예를 들면 절(節), 지(指), 지(胝), 궁(弓) 등은 기본적으로 일상에서 나온다는 것을 알 수 있다. 그중 "유순(由旬)"은 매우 실용적인 단위로,

---

분하여 더 이상 쪼갤 수 없는 것을 일컬어 극미라고 한다.) 謂此極微更不可以, 餘色覺慧分析爲多(이러한 극미는 또 다른 색이라는 관념으로써 분석되어 다수가 될 수 없는 것으로,) 此卽說爲色之極少, 更無分故立極少名(이를 설하여 색의 극소라고 한다. 더 이상 부분을 갖지 않기 때문에 '극소'라는 명칭을 설정하게 된 것이다.) 如一刹那名時極少, 更不可析爲半刹那(이는 마치 시간의 극소라고 일컬어지는 일찰나를 더 이상 반으로 나눌 수 없는 것과 같다.)

27) 전자각에 배치되어 있으며 원자핵의 둘레에 있는 궤도전자.

불경에서 자주 언급된다. 『대당서역기(大唐西域記)』는 고대 제왕이 하루 행군하던 노정이라고 표현했다. 대체로 당나라 제정의 30리에 해당한다. 현장(玄奘, 602~664)은 자신의 여정 및 각국의 강역과 거리를 기술할 때도 종종 이 길이의 단위를 사용한다.

(2) 불교 공간의 성질

석가모니 시대에 인도의 학술적 분위기는 마치 중국 춘추전국시대의 '백가쟁명(百家爭鳴)'처럼 매우 활발하였다. 당시 토론의 주요 문제 중의 하나는 세계가 끝이 있느냐 아니면 끝이 없느냐 하는 것이었다. 이것은 실제로 공간의 성질 문제에 관련된다. 붓다는 이 같은 질문에 모두 대답을 회피했다고 한다[避而不答]. 대답을 회피한다고 해서 관점이 없는 것은 아니다. 그렇다면 불교의 주장은 무엇인가?

불교에서는 세상의 모든 것을 크게 두 가지로 나눌 수 있다고 생각한다. 한 가지는 존재할 수 있고 발전할 수 있는데 모두 일정한 조건, 즉 다른 사물의 지지와 도움에 의지하는 것이다. 예를 들어 씨앗 하나가 큰 나무로 자랄 수 있다면 반드시 토양, 햇빛, 수분에 있어야 한다. 진흙 덩어리가 질항아리가 될 수 있다면 반드시 사람들이 먼저 그것을 질그릇으로 만든 후, 다시 방에 놓아 불로 구워야 한다. 이런 조건이 없으면 씨앗은 큰 나무가 될 수 없고, 흙은 질항아리가 될 수 없다. 불교에서는 일정한 조건에 의해서만 생겨날 수 있는 이 모든 것은 영원히 존재할 수 없다고 생각한다. 왜냐하면 모든 사물은 생(生)이 있으면 멸(滅)이 있기 때문이다. 큰 나무는 죽기 마련이고, 질항아리는 깨지기 마련이다. 큰 나무가 죽는다고 생각하는 것은 이해할 수 있다. 그런데 질그릇이 꼭 깨지는 것은 아니다. 사람들이 그것을 아끼기만 한다면 영원히 사용할 수 있다. 설령 깨지지 않는다 하더라도 질그릇은 그대로 영원히 존재할 수 없다는 것이 불교의 판단이다. 시간이 지나면 질항아리를 이루던 극미가 와해(瓦解)되어 먼지가 되기 때문이다. 어떤 사람은 고고학이 발굴해 낸 몇천 년, 몇만 년 전의 토기는 여전히 멀쩡하지 않은가 반박한다. 불교에서는 몇천 년, 몇만 년, 이것은 실로 너무 짧아서 근본적으로 셈할 수 없다고 여긴다. 아승지수를 지나면 세상은 모두 멸망한다. 아무리 단단한 암석이라도 모두 지수화풍 4대의 극미로 변하는데, 그때도 질그릇이 존재할 수 있을까? 여기에서 우리는 불교가 천문학적인 숫자를 창조한 묘용(妙用)을 볼 수 있다. 아승지수 이후의 세계가 어떻게 될지 누구도 예측할 수 없기 때문이다. 불교에서는 일정한 조건에 의해서만 존재할 수 있고, 또 생멸하는 것을 '유위법(有爲法)'이라고 한다. 유위법은 물질적인 것뿐만 아니라 정신적인 것도 포함한다. 예를 들면 사람의 사상·감정은 모두 유생(有生)·유멸(有滅)·변화(變化)가 있기 때문에 모두 유위법이다.

불교에서는 또 다른 것에 의존하지 않고 완전히 독립적으로 존재하는 것이 있다고 생각한다. 그것들은 다른 사물에 의존하지 않기 때문에 어떤 사물의 생멸은 그것들과 관계가 없으며, 그것들에 영향을 줄 수 없다. 이런 것들은 그 자체로 자생하는 것이지, 무엇에 의해서 만들어지거나 생겨나는 것이 아니다. 그것은 생겨나지 않았기 때문에, 영원히 없어지지 않을 것이다. 어떠한 것도 그것에 영향을 줄 수 없기 때문에, 그것은 영원히 원형을 유지하고, 영원히 변하지 않는다. 불교에서는 이런 불생(不生)·불멸(不滅)·불변(不變)의 것을 '무위법(無爲法)'이라고 부른다. 공간이란 이처럼 다른 것에 의존하지 않는 독립된 절대적인 존재로서 불생·불멸·불변의 무위법이다.

불교에서는 공간은 모든 사물이 생기고, 존재하고, 활동하는 장소이지만 공간 자체는 끝이 없고[無邊無際], 그 자체는 공허(空虛)하기 때문에 '허공(虛空)'이라고 부른다. 그것 자체가 공허하기 때문에 모든 사물을 수용할 수 있다. 현대 과학의 관점에서 말하면 공간도 실제 물질 존재의 한 형식이다. 공간과 물질은 불가분의 관계이다. 우주에는 그런 순수한 이론으로 아무것도 용납하지 않은 절대적인 순수 허공이란 존재하지 않는다. 불교의 허공이란 본질적으로 물질과 동떨어진 절대적인 허공이다.

위에서 소개한 것은 공간에 대한 불교의 통념이다. 그 외에 불교에는 또 '겨자납수미(芥子納須彌)'의 사상이 있는데, 겨자씨처럼 작은 공간에도 수미산과 같은 거대한 물질을 수용할 수 있다고 한다. 여기서 공간의 크기는 상대적이며, 공간도 변화할 수 있다. 불교에는 다음과 같은 고사가 있다. 여자와 남자가 바람을 피운다. 남자는 여자가 잠든 후에, 입에서 다른 여자를 토해내며 그녀와 즐긴다. 두 번째 여자는 그 남자가 잠든 후에 또 한 남자를 토해내며 즐긴다. 이 이야기는 중국으로 전해져 '양선서생(陽羨書生)'28)의 이야기로 변천하였다. 마

28) '양선서생'은 오균(吳均)의 『속제해기(續齊諧記)』에 실려 있는 풍자 소설이다. 작자는 등장인물의 외모를 변형시키거나 인물을 삼키고 토해내는 독특한 발상을 통해 이야기를 전개시킴으로써, 남녀 간의 사통(私通)을 완곡하고도 생생하게 묘사하면서 인간의 호색 음탕하면서도 허위에 찬 성격을 풍자하고 있다. 중국 소설사에서 풍자소설이라는 문학의 갈래는 노신(魯迅)이 『중국소설사략(中國小說史略)』에서 처음으로 언급하였다. 본래 풍자란 인류가 특정인이나 집단, 나아가 사회의 가치관에 불만을 갖게 되면서 생겨나는 것이다. 이러한 불만을 스스로는 해소할 능력이 없거나 단번에 개선할 수 없을 때, 적절한 표현수단을 사용해 불합리한 실상을 들춰내고 부각시켜 현실의 모순과 부조리를 대중에게 알리고, 그로써 사회를 개혁하려는 목적을 달성하려는 것이 풍자문학의 시작이다. 사회에 대한 불만의식을 예술화한 이들 풍자소설

찬가지로 공간은 변화할 수 있다는 생각을 반영한다.

요컨대, 일반적으로 불교에서는 공간이 무궁무진한 절대적인 허공이라고 생각한다. 그것 자체로 말하자면, 그것은 인연을 초월하여 영원히 변치 않는 무위법이다. 그러나 어떤 상황에서는, 그것은 또 변화할 수 있다. 이런 변화는 왕왕 신통 및 부처의 위력과 서로 연결되어 종교를 포교하는 한 방식이 된다. 불교에서는 이 무궁무진한 허공 자체가 상하 사우(四隅)의 구별이 없다고 본다. 다른 범주가 있는데, '방(方)'은 그것의 작용으로 사람들에게 상하 사우(四隅) 개념을 생기게 한다. 현대 과학도 공간 자체에는 방향이 없다고 생각하며, 방향은 사람들 스스로 자신의 필요와 습관에 따라 정해진다. 여기서 고대 불교와 현대 과학은 또 서로 교차한다.

(3) 겁변(劫變) 이론

우리가 사는 세상은 영원히 지금과 같은 모습일까? 생겨난 적이 있을까? 멸망할 때가 있을까? 매일 태양이 동쪽에서 떠서 서쪽으로 지고, 매년 봄·여름·가을·겨울의 순서를 두고 있다. 기왕 이렇게 된 이상, 우리의 세계도 이와 유사한 주기가 있을까?

자주 발생하는 대홍수는 어디에서 발생한 것일까? 공포의 유행성 암역은 어디에서 온 것인가? 명명백백한 징벌인가? 아니면 다른 어

은, 소설을 의식적으로 창작하지 않았던 선진(先秦)시대 이래의 각종 사상서들에서도 그 뿌리를 찾을 수 있다. 그 보기로 『장자(莊子)』의 "조삼모사(朝三暮四)", 『한비자(韓非子)』의 "수주대토(守株待兎)", 『여씨춘추(呂氏春秋)』의 "각주구검(刻舟求劍)", 『전국책(戰國策)』의 "화사첨족(畵蛇添足)"과 "호가호위(狐假虎威)" 등의 문장은 의인화된 동물이나 혹은 허구의 인물, 또는 잘 알려진 저명인사의 언행을 빌려서 해학적인 필치로 짤막한 문장 속에 주제를 함축하고 있다.

떤 힘이 작괴(作怪)하고 있는 것인가? 이러한 문제들은 겁변(劫變)과 재변(災變)으로 요약할 수 있다. 인류가 있은 이래로 이 문제들은 끊임없이 사람들을 곤혹스럽게 하고 있다. 사람들은 여러 각도에서 이 문제들을 사색하여 그것을 해결하려고 힘쓴다. 불교는 자연스럽게 이런 문제를 자신의 종교 체계에 포함시켰다.

'겁(劫)'의 산스크리트어는 kalpa인데, 음역하여 '겁파(劫波)', 간단히 '겁(劫)'이라고 한다. 세계가 성립되어 존속하고 파괴되어 공무(空無)가 되는 하나하나의 시기를 말하며, 측정할 수 없는 시간, 즉 몇 억만 년이나 되는 극대한 시간의 한계를 가리킨다. 힌두교에서 1칼파는 43억 2천만 년이다. 시간의 단위로 가장 길고 영원하며, 무한한 시간이 '겁'이다. 겁의 원래 의미는 이처럼 매우 오래된 시기를 가리킨다. 이후에는 세계 발전의 일종의 순환 사이클을 의미하게 되었다.

그 길이를 『잡아함경(雜阿含經)』에서는 다음과 같이 묘사한다, 사방과 상하로 1유순(由旬: 약15km)이나 되는 철성(鐵城) 안에 겨자씨를 가득 채우고 100년마다 겨자씨 한 알씩을 꺼낸다. 이렇게 겨자씨 전부를 다 꺼내어도 겁은 끝나지 않는다. 또, 사방이 1유순이나 되는 큰 반석(盤石)을 100년마다 한 번씩 흰 천으로 닦는다. 그렇게 해서 그 돌이 다 마멸되어도 겁은 끝나지 않는다고 말한다. 『대비바사론(大毘婆娑論)』, 『대지도론(大智度論)』 등에도 같은 내용의 비유가 있다. 앞의 것을 겨자겁(芥子劫), 뒤의 것을 반석겁(盤石劫)이라고 한다.

겁을 소(小)·중(中)·대(大)로 나누어 이 세계의 성(成)·주(住)·괴(壞)·공(空)이 진행되는 기간을 일대겁(一大劫)이라고 하기도 한다. 석가가 발심해서 성불할 때까지 수행에 소요된 시간을 삼아승기겁(三阿僧祇劫), 백대겁(百大劫)이라고 한다. 아승기(asamkhya)는 무수(無數)라고 옮기며 헤아릴 수 없다는 의미이다.

다사계절설(多四季節說)은 다사계가 생기는 원인으로 지구와 지구가 참여하는 우주 간의 각종 주기적인 운동을 꼽는다. 그러면 어떤 힘이 불교의 겁변을 불러왔을까? 예를 들면, 왜 사람의 수명은 끊임없이 감소하고, 또 끊임없이 증가할까? 『중아함경(中阿含經)』에 고사가 있다.

> 겁(劫) 초기에는 전륜성왕(轉輪聖王)이 통치하였는데, 천하가 태평하고 백성이 행복하여 사람의 수명이 8만 세였다. 당시 만약 국내에 곤란한 사람이 있었다면 국왕은 보시를 했을 것이다. 이후에 국왕의 보시(布施)가 뜸해지자, 나라의 가난한 사람들이 많아지기 시작했다. 어떤 사람은 생활이 정말 어렵기 때문에 남의 물건을 훔쳤다. 물주는 도둑을 붙잡아 국왕에게로 보냈다. 왕이 도둑에게 물었다. 도둑이 자백을 했다. "맞습니다. 나는 그의 물건을 훔쳤습니다. 나는 정말 너무 가난해서 훔치지 않으면 살 방법이 없습니다"고 말했다. 왕은 곧 재보(財寶)를 꺼내 도둑에게 주며 "앞으로 다시는 남의 물건을 훔치지 말라"고 가르쳤다. 이 일이 널리 알려지면서 적지 않은 가난한 사람들이 모두 "우리 모두 가서 물건을 훔쳐도 된다"고 생각했다. 그러자 물건을 훔치는 사람이 많아졌다. 모두 자신은 정말 너무 가난해서 도둑질을 하지 않으면 살 수 없다고 말한다. 이렇게 사람들의 악업이 쌓일수록 사람들의 수명은 끊임없이 감소하기 시작하고 용모도 추하게 변하기 시작했다. 점점 사람의 수명이 4만 세밖에 되지 않았다. 4만 세가 되자 물건을 훔치는 사람이 더욱 많아졌다. 이때 국왕은 "이렇게 많은 사람들이 물건을 훔치는데, 창고를 전부 꺼내어 보시해도 부족하다. 보아하니 방법을 바꾸려고 한다. 이후에 누군가 물건을 훔치다 붙잡히면 다시는 보시를 하지 않을 것이다. 철

도(鐵刀)를 준비해서 훔친 사람을 죽인다"고 말했다. 그래서 집행을 명령했다. 그러나 물건을 훔친 사람이 도둑질을 그대로 할 뿐만 아니라, 심지어는 칼부림까지 했다. 나쁜 업을 더 많이 지으면 수명도 더 짧아지고, 용모도 자연히 더 나빠진다. 지금의 사람은 장수하더라도 겨우 백 살이다. 대부분의 사람들은 백 살도 못 산다.29)

『중아함경』은 또

"사람들이 집착하여 깨닫지 못하고 계속 나쁜 일을 하기 때문에 사람의 수명은 더 줄어든다. 결국 열 살로 줄어들 것이다. 그때가 되면 여자 아이는 5개월에 출가한다. 그때 가장 맛있는 것은 돌피〔稗子〕인데, 오늘날의 음식은 그때 가서는 비길 데 없는 식품으로 꼽히고 버터, 소금, 꿀, 사탕수수 등은 모두 없어질 것이다.

---

29) 『中阿含經』 券十五, "比丘！父壽八萬歲, 子壽四萬歲. 比丘！彼人四萬歲時, 有人便行盜他財物, 其主捕伺收縛, 送詣刹利頂生王, 白曰：'天王！此人盜我物, 願天王治.' 刹利頂生王問彼人曰：'汝實盜耶？'彼人白曰：'天王！我實偸盜. 所以者何？以貧困故, 若不盜者, 便無以自濟.' 刹利頂生王聞已, 便作是念：'若我國中有盜他物, 更出財物盡給與者, 如是唐空竭國藏, 盜遂滋甚. 我今寧可作極利刀, 若我國中有偸盜者, 便收捕取, 坐高標下, 斬截其頭.' 於是, 刹利頂生王後便勅令, 作極利刀：'若國中有盜他物者, 卽勅捕取, 坐高標下, 斬截其頭.' 國中人民聞刹利頂生王勅作利刀, 若國中有盜他物者, 便捕取, 坐高標下, 斬截其頭. .... 比丘！父壽八萬歲, 子壽四萬歲. 比丘！彼人壽四萬歲時, 有人便行盜他財物, 其主捕伺收縛, 送詣刹利頂生王, 白曰：'天王！此人盜我物, 願天王治.' 刹利頂生王問彼人曰：'汝實盜耶?' 彼人白曰：'天王！我實偸盜. 所以者何？以貧困故, 若不盜者, 便無以自濟.' 刹利頂生王聞已, 便作是念：'若我國中有盜他物, 更出財物盡給與者, 如是唐空竭國藏, 盜遂滋甚. 我今寧可作極利刀,若我國中有偸盜者, 便收捕取, 坐高標下, 斬截其頭.' 於是, 刹利頂生王後便勅令, 作極利刀：'若國中有盜他物者, 卽勅捕取, 坐高標下, 斬截其頭.' 國中人民聞刹利頂生王勅作利刀, 若國中有盜他物者, 卽便捕取, 坐高標下, 斬截其頭. 梵志, 不行順事, 不作福業, 不見後世罪故, 比丘！父壽五百歲, 子壽或二百五十、或二百歲. 比丘！今若有長壽, 或壽百歲, 或不啻者."

> 사람마다 나쁜 짓을 하고, 선행을 하는 사람이 없다. 나쁜 짓을 한 사람이 오히려 존경을 받는다. 어머니는 아들에게 악의를 품고, 아들은 어머니에게 악의를 품는다. 부자, 형제, 자매, 친족은 서로 상처를 주고받는다. 마치 사냥꾼이 사슴을 보고 죽이려 하는 것과 같다. 그때가 되면 칠일마다 전쟁하는 재난이 닥칠 것이다. 7일마다 전쟁 중에 풀대를 들면 풀뿌리가 칼이 되고, 나무막대를 들면 칼이 된다. 서로 칼을 들고 서로 벤다."고 한다.[30]

그러나 사물은 극에 달하면 반드시 반전되기 마련인데, 그때가 되면 누군가는 부끄러움, 수치심, 혐오심이 생기기도 한다. 이렇게 사람들은 끊임없이 자신의 결점을 고치고, 자신의 인격을 보완하며, 자신의 품행을 향상시키고, 자신의 공덕을 쌓는다. 사람의 수명도 끊임없이 증가하고, 용모도 끊임없이 아름다워져서 결국에는 또 팔만 세까지 장수하게 된다.

그때가 되면 천하가 태평하고, 장수하고, 풍년이 든다. 마을과 마을 사이의 간격이 겨우 몇 걸음 떨어져 있어 닭 한 마리가 모두 날아갈 수 있다. 여자 아이는 오백 살이 되어서야 출가한다. 그때의 사람

---

30) 『中阿含經』 券十五, 佛復告曰："比丘！未來久遠時，人壽十歲. 比丘！人壽十歲時, 女生五月, 卽便出嫁. 比丘！人壽十歲時, 有穀名稗子, 爲第一美食, 猶如今人, 粳糧爲上饌. 比丘！如是人壽十歲時, 有穀名稗子, 爲第一美食. 比丘！人壽十歲時, 若今日所有美味, 酥油、鹽、蜜、甘蔗、糖, 彼一切盡沒. 比丘！人壽十歲時, 若行十惡業道者, 彼便爲人所敬重, 猶如今日若行十善業道者, 彼便爲人所敬重. 比丘！人壽十歲時亦復如是, 若行十惡業道者, 彼便爲人之所敬重. 比丘！人壽十歲時都無有善名, 況復有行十善業道？ 比丘！人壽十歲時, 有人名彈罰, 周行遍往, 家家彈罰. 比丘！人壽十歲時, 母於其子極有害心, 子亦於母, 極有害心, 父子、兄弟、姊妹、親屬、展轉相向, 有賊害心, 猶如獵師見彼鹿已, 極有害心. 比丘！人壽十歲時亦復如是, 母於其子極有害心, 子亦於母極有害心, 父子、兄弟、姊妹、親屬, 展轉相向, 有賊害心. 比丘！人壽十歲時, 當有七日刀兵劫, 彼若捉草, 卽化成刀. 若捉樵木, 亦化成刀, 彼以此刀各各相殺, 彼於七日刀兵劫, 過七日便止."

은 냉·열·배고픔·갈증·대변·소변·음욕·노사의 일곱 가지 방면에서 아직 자주적으로 할 수 없다는 것 외에 더 이상 걱정할 것이 없다. 모두가 행복하며, 사람마다 기뻐한다.

여기서 불교는 겁변이 발생하는 원인을 완전히 인류 자신으로 돌린다. 인류는 온갖 악행을 저지르고 또 악행을 저지른다. 집단 악업의 작용 하에 인류 자신과 인류 생활의 환경이 갈수록 나빠진다. 일단 인류가 개과천선(改過遷善)하고 덕을 쌓으면 집단 선업의 작용 하에 인류 자신과 그 생활의 환경도 번영하게 된다. 우리는 인류가 발전하는 과정 중에 확실히 자신의 행동으로 인간 자신을 개조하고 있으며, 또한 주위의 환경에도 영향을 미치고 있다고 생각한다. 현재 존재하는 생태 균형 문제가 한 예다. 하지만 세상의 일은 복잡하고, 사물의 인과 관계도 간단한 단선적인 관계가 아니다. 하지만 불교는 모든 것을 인간의 도덕 수양의 힘이라고 귀결한다.

앞에서 언급했듯이 불교의 겁변 이론에는 세계의 주기적인 성멸(成滅), 중생 수명의 주기적인 증감(增減) 외에도 인류는 주기적으로 각종 재변에 시달린다는 재변 설명이 있다. 이 재변들은 삼소재(三小災)와 삼대재(三大災)를 포함한다. 삼소재는 질역재(疾疫災), 도병재(刀兵災), 기근재(饑饉災)이다. 주목할 만한 것은 불교가 여기에서 모든 재난은 실제적으로 인류 자신이 일으킨 것이며, 인류 스스로 악업을 일으킨 결과라고 강조한다는 것이다. 인류가 개과천선(改過遷善)만 할 수 있다면 인류의 생존 환경도 따라서 개선될 것이다. 자연과 사회의 고난의 근원을 완전히 인류의 자기 도덕의 완비로 귀결시키는 것이다. 만약 우리가 여기에 내포되어 있는 종교적 색채를 버리고 인간과 자연의 관계 관점에서만 본다면, 현대 인류의 생존 환경 악화는 확실히 인류 자신의 행동이 초래한 것이라고 할 것이다. 생태 균형이라는 이 문제 역시 인류 스스로 자신의 관념을 변화시키고 자신의 행위를 변화시켜야만 비로소 잘 해결할 수 있을 것이다.

불교에서는 질병, 전쟁, 기아 등의 소재(小災)는 세계의 겁변(劫變) 과정에서 규칙적으로 반드시 순차적으로 발생할 수 있는 일이고, 삼소재의 선후는 모두 일정하다고 여긴다. 이 삼소재의 순서가 도대체 어떻게 배열되었는지에 대해서는 경전에 따라 설법이 서로 다르다. 그렇다면, 사람들은 아무런 방법도 없이 세 가지 재난의 고통을 감내할 수밖에 없지 않을까? 불교에서는 만약 하루아침에 불살계(不殺戒)를 할 수 있다면 영원히 칼질을 당하지 않으리라는 보장이 있고, 만일 누가 불교 승려(僧侶)를 정성으로 한 가지 과일이라도 베풀 수 있다면 영원히 질병을 당하지 않을 것이라는 보장이 있으며, 만약 음식으로 보시하는 정을 베풀 수 있다면 영원히 굶주림을 당하지 않을 것이라는 보장이 있다.

세계(世界)는 어떻게 끊임없이 성(成)·주(住)·괴(壞)·공(空) 등 네 가지 중 겁(劫)의 형태로 순환하는 것일까? 불교의 관점에 따르면 성겁(成劫)은 세계가 형성되는 과정이다. 주겁(住劫)은 세계가 비교적 안정된 시기이다. 주겁 중에 세계는 끊임없이 감겁(減劫)과 증겁(增劫)의 형식으로 변화하며, 또한 주기적으로 세 가지 작은 재난이 발생한다. 괴겁(壞劫)은 세계가 파멸하는 과정이다. 공겁(空劫)의 세상은 이미 거의 존재하지 않고 다만 텅 비어 있을 뿐이다.

4. 불교의 우주론과 생태 이해

1) 삼계(三界)와 삼계 중생

불교는 통상 "삼계가 편안하지 않아 마치 불타는 집과 같다(三界無安, 猶如火宅)"(『법화경』)라 하고, 또 "삼계 밖으로 벗어나 오행 가운데 있지 않다(跳出三界外, 不在五行中)"고 말한다. 여기서 '삼계(三界)'는 욕계(欲界, kama - dhatu)·색계(色界, rupa - dhatu)·무색계(無色界, arupya - dhatu)의 총칭으로, 즉 불교의 세계에 대한 기본적인 구분이다.

불교에서는 세계의 모든 정식(情識)이 있는 생명체를 '중생(衆生)'이라고도 하고, '유정(有情)'이라고도 한다. 중생의 범위는 매우 광범위하므로 인류는 말할 것도 없고 돼지, 양, 소, 개, 모기, 파리, 이(蝨), 뱀 등도 모두 중생에 속한다. 뿐만 아니라 천신(天神), 마왕(魔王), 야차(夜叉), 아귀(餓鬼)도 모두 중생에 속한다. 불교에서는 처음에 중생을 천신(天神), 인간(人間), 축생(畜生), 지옥(地獄, 죄로 지옥에 사는 중생), 아귀(餓鬼, 죄로 죽은 후 항상 굶주림에 시달리는 중생)로 다섯 종류로 분류했다. 후에 또 다른 부류로 비천(非天, 또 아수라 혹은 마신이라 부르고 항상 천신과 대작 된다)을 추가하여 이전과 합하여 '육도중생(六道衆生, 지옥·아귀·축생·아수라·인간·천상)'이라고 부른다. 이 육도중생은 모두 삼계에서 생활한다.

삼계는 위아래로 배열되어 있고, 맨 위는 무색계이다. 그다음에는 색계이고, 맨 아래는 욕계이다. '색(色)'은 물질이라는 뜻이다. '무색계(無色界)'란 이 지역이 더 이상 물질의 구속을 받지 않고 정신적 존재라는 것을 가리킨다. '색계'는 당연히 여전히 물질적인 것에 속하지만, 불교에서는 이곳에 사는 중생이 이미 상당히 물질적인 유혹을 극복한 고차원적인 존재라고 여긴다.

'욕계(欲界)'는 삼계 중 가장 저급한 곳이다. 이곳에서 생활하는 중생들은 모두 식욕, 성욕 등의 기본적인 본능과 각종 저속한 욕구와 요구를 벗어나지 못하기 때문에 '욕계'라고 부른다. 삼계 중 욕계와 인류의 관계가 가장 큰데, 왜냐하면 인류는 바로 이곳에서 생활하기 때문이다. 욕계는 아래로부터 위로 세 부분으로 나눌 수 있는데, 첫째는 땅과 지하, 둘째는 하늘을 떠받치고 서 있는 수미산, 셋째는 수미산 이상의 천계이다. 불교에서는 욕계의 제1부를 대체로 원주형으로 본다. 그것은 또 다섯 개 층으로 나눌 수 있는데, 최하층은 공(空), 즉 끝없는 허공이다. 허공은 최하층일 뿐만 아니라, 사방팔방에서 우리 세계를 포용하고 있다. 허공 위로는 바람이 불고, 이 바람은 매우 강하여, 위 세계를 감싸고 도는 것으로, 금강이 뚫어도 뚫을 수 없을 정도로 튼튼하다고 한다. 바람의 깊이는 160만 유순이며 지름과 둘레는 측정할 수 없다. 바람 위는 물이고 수심은 80만 유순, 원주는 361만 2050 유순이다. 물 위는 금 또는 경석이라 하여 대지의 연토와 마주 보고 있다. 깊이는 32만 유순, 원주 위는 바람과 같다. 가장 위쪽은 연토이며, 깊이는 8만 유순, 둥근 둘레는 바람과 물과 같다. 그 안에 여러 가지 지옥이 숨어 있다. 연토의 표면은 바로 지면인데 위에는 고산, 바다, 대륙 등등이 있다. 지면의 중심은 수미산으로 지면보다 8만 유순 높고 지하 깊숙이 8만 유순이며, 그것의 지름에 대해서는 전적마다 설법이 다르다. 일곱 개의 고리 모양의 바다와 일곱 개의 고리 모양의 산맥은 수미산을 원심으로 하여 겹겹이 서로 얽혀 하나의 원을 이루며 차례로 펼쳐진다. 이 일곱 산맥은 모두 윤위산이라고 하는데, 원심에 가까운 자가 가장 높고 바깥으로 점차 낮아진다. 폭도 줄어든다. 각 산 사이의 일곱 개의 환상(環狀)의 바다는 깊이가 8만 유순에 이르고 너비는 윤위산처럼 차례로 줄어든다. 7층 고리산 바깥쪽에는 '대함해(大咸海)'라는 이름의 고리 모양의 바다가 있다. 넓이는 32만 2천 유순으로 원심과 가까운 곳이 가장 깊으며, 625유순으로 바깥으로 점점 얕아진다.

대함해의 사방에는 각각 대륙이 하나씩 있는데, '사대부주(四大部洲)'라고 합칭하며, 각각 동승신주(東勝身洲), 남섬부주(南贍部洲), 서우하주(西牛賀洲), 북구로주(北俱盧洲)라고 부른다. 그중 동승신주는 사다리꼴로 삼변의 길이가 각각 2천 유순이고 가장 짧은 한 변은 350 유순이다. 남섬부주는 역삼각형이며, 삼변은 모두 2천 유순이다. 서우하주는 원형이고 지름은 2500유순이다. 북구로주는 정사각형이고, 한 변의 길이는 이천 유순이다. 사대부주의 양측에는 각각 두 개의 소주가 있다. 함해의 바깥쪽은 또 환상산맥으로 이름은 '철위산(鐵圍山)'이며, 높이 312유순 반이다. 이것이 바로 우리 세상의 가장자리라고 할 수 있다. 북경 옹화궁 내에 동제 욕계 모형이 진열되어 있으니 참고할 수 있다. 불교에서는 모든 중생의 공통된 업력으로 인해 이 세계가 응결되어 형성되었다고 생각한다. 일단 업력이 사라지면 세계도 멸망하게 된다.

만약 위에서 소개한 욕계 제1부의 설명을 현재 지구에 대한 우리의 지식과 비교한다면 놀랍도록 비슷하다. 위에서 말한 공(空)은 지구의 바깥 공간이라고 이해하면 된다. 바람은 지구를 둘러싸고 있는 대기권 아닌가? 물은 분명 지구 표면의 70% 이상을 차지하는 해양을 가리킨다. 2천 년 전의 옛사람들은 어떻게 이런 지식을 이해하였을까? 욕계의 두 번째 부분은 수미산이다. 그것의 크기는 이미 소개하였는데, 그것의 형상은 "工"자형으로 상하 양 끝은 크고 가운데는 움

푹(凹) 들어갔다. 일월성신이 수미산을 에워싸고 운행한다. 태양이 남쪽으로 돌았을 때, 남섬부주(南贍部洲)는 한낮이고, 햇볕이 수미산에 의해 가려지기 때문에, 북구로주(北俱盧洲)는 바로 밤이다. 동승신주(東勝神洲), 서우하주(西牛賀州)는 이른 아침, 늦은 저녁이다. 일월성신이 끊임없이 운행하면, 사대부주의 낮과 밤도 끊임없이 순환하게 된다. 수미산은 산허리에서 시작하여 곧 하늘의 신이 머무는 곳이다. 산허리에 사는 것은 4대 천왕이고, 산꼭대기에 사는 것은 33천(天)이다. 욕계의 제3부에는 완전히 천신들이 거주하는데, 여기에는 모두 네 층으로 나뉘어 있으며, 야마천 등 네 종류의 천신이 살고 있다.

색계(色界)는 천신이 사는 곳이다. 이 천신들은 이미 식욕, 성욕과 같은 이런 저속한 욕망을 가지고 있지 않지만, 그들은 아직 자신의 물질적인 육체에서 벗어나지 못했고, 여전히 물질의 속박을 받고 있으며, 또한 섬세하고 정밀한 욕망도 가지고 있다. 그들이 물질을 벗어나는 정도에 따라, 또 받는 대우가 다르기 때문에 그들은 모두 크게 네 부류로 나뉘어 사선천(四禪天)이라고 하며 각각 색계의 네 층위에서 거주한다. 각각의 큰 천신은 또 약간의 작은 종류로 나눌 수 있는데 총계는 모두 17 작은 종류로 나뉘는데 통칭하여 '색계 17천(天)'이라고 부른다.

무색계(無色界)도 신이 사는 곳이다. 이런 천신들은 이미 물질의 속박에서 벗어났기 때문에 물질적인 형체도 없고 물질적인 궁실이나 용구와 향유도 필요 없다. 순수한 정신적인 존재로 그들의 정신상태의 고하에 따라 다르며, 또 네 등급으로 나뉘어 네 개의 다른 차원 위에 따로 거주한다. 이를 통틀어 '무색계 4천(天)'이라고 한다. 이상에서 소개한 삼계는 불경 중에서 비교적 흔하고 보편적인 것이다. 이

밖에도 서로 다른 경전 중에서 삼계 중 각계의 구분, 특히 색계의 구분에 대해서는 여러 가지 다른 설이 있다. 예를 들어 어떤 경전은 색계를 16천으로 나눌 수 있다고 하고, 또 다른 경전은 색계를 18천으로 나눌 수 있다고 한다. 각각의 천(天) 명칭에 대해 경전의 설법도 같지 않다.

불교는 세계를 논할 때 일반적으로 세계를 두 개의 큰 부분으로 나누는데 일부는 이 세계에서 생활하는 중생이고 다른 일부는 이 중생들을 수용할 수 있는 삼계이다. 이런 분류법은 주체와 객체를 남김없이 포함한다. 이 분류법을 채택할 때 불교에서는 중생을 중생세간(衆生世間)이라고 불렀고 삼계는 중생을 하나의 그릇처럼 모두 담을 수 있다고 해서 기세간(器世間)이라고 불렀다.

중생세간은 육도중생이다. 이 가운데 '천(天)'을 보면, '욕계육천(欲界六天)'은 사천왕천(四天王天), 삼십삼천(三十三天), 야마천(夜摩天), 도솔천(兜率天), 낙변화천(樂變化天), 타화자재천(他化自在天)이고 '색계 4선천'은 초선천(初禪天), 이선천(二禪天), 삼선천(三禪天), 사선천(四禪天)이다. 무색계는 네 가지로 구분되는데 공무변처천(空無邊處天), 식무변처천(識無邊處天), 무소유처천(無所有處天), 비상비비상처천(非想非非想處天)이다.

2) 삼천대천세계(三千大千世界)

불교에서는 삼계가 현재 우리가 살고 있는 세계일 뿐이고 '사바세계(娑婆世界)'라고 부른다. '사바'는 '견디다〔堪忍〕'는 뜻으로 중생의 죄업이 중하기 때문에 그들의 세상은 참을 수 없는 고통으로 가득 차 있다는 뜻이다. 우리의 이러한 삼계는 단지 하나의 작은 세계일 뿐이며, 망망한 우주에는 이와 같은 많은 삼계가 있다.

불교에서는 우주 속의 다른 세계의 구조가 우리 사바세계와 비슷하다고 여기는데, 또한 모두 삼계를 가지고 있으며, 모두 수미산이 있으며, 해와 달이 수미산 주위를 돌며 사대부주를 비추고 있다. 무릇 이런 세계를 하나의 작은 세계라고 부른다. 천 개의 이런 소세계가 공동으로 하나의 소천세계(小千世界)를 형성한다. 천 개의 이런 소천세계가 공동으로 하나의 중천세계(中千世界)를 형성한다. 천개의 이런 중천세계가 공동으로 하나의 대천세계(大千世界)를 형성한다. 대천세계는 대, 중, 소 세 가지 단계의 천세계를 포함하고 있기 때문에, 총칭하여 '삼천대천세계(三千大千世界)', 즉 우주의 총체라고 한다. 불교의 이런 세계 구조 모델을 어떻게 평가할까?

3개의 1천을 서로 곱하면 10억이다. 불교의 삼천대천세계에는 모두 십억 개의 우리 같은 소세계가 있다. 만약 우리가 하나의 작은 세계를 우리의 지구와 동일시 한다면, 전 우주는 이렇게 10억 개의 지구로 이루어져 있는 것이란 말인가? 이로부터, 우리는 이러한 구상은 완전히 터무니없고, 종교인들의 공상이라고 말할 수 있다. 그러나 만약 우리가 너무 세부에 얽매이지 않고 큰 틀의 관점에서, 사고방식의 관점에서 불교의 이러한 사상을 고찰하면 우

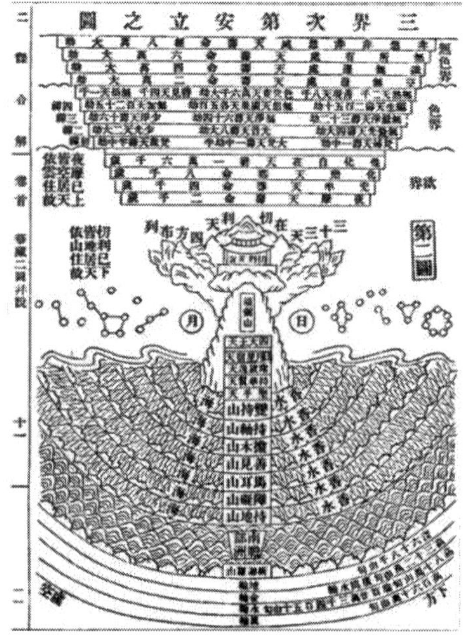

리는 고대 불교도들의 지혜에 놀라지 않을 수 없다.[31)]

불교의 이러한 세계 모델은 현재 우리가 살고 있는 세계는 우주에 하나의 작은 각색(各色)일 뿐이며, 이와 유사한 각색들이 우주에 매우 많다고 생각한다. 이것은 현대 천문학의 결론과 완전히 같은 것 아닌가? 우리 지구는 단지 우주의 매우 일반적인 행성일 뿐, 이와 유사한 별들이 우주에서 어찌 수천수만에 그칠 수 있겠는가는 하느님이 특별히 인류를 위해 창조하신 것이다. 이 세계는 바로 우주의 중심이다. 기독교는 기원전 1세기에 생겨났는데, 불교보다 400년 정도 늦다. 쌍방은 서로 대조적으로 불교 세계 양식이 보다 선진적이고 과학에 부합하는 것이 뚜렷하지 않은가? 불교가 중국에 전래되기 전에 중국인의 통념은 천원지방(天圓地方)이었다. 하늘이 삿갓처럼 대지를 덮고 있다. 우리들의 이 세계 말고 또 이와 유사한 다른 세계가 있는가? 고대의 전적은 지금까지 이를 말한 적이 없는 것으로 보아 고대 중국인들은 근본적으로 이 문제를 고려한 적이 없는 것 같다. 이것도 역시 중국인의 사고 습관에 부합한다. "삶을 모르는데 어찌 죽음을 알겠는가?"[32)] "공자는 괴력난신을 말하지 않았다."[33)] 이런 끝없이 넓은 문제에 대해 중국인들은 그다지 흥미를 느끼지 않는다. 중국인 역시 인도인의 사상이 심오함에 감복하지 않을 수 없었다. 뿐만 아니라 불교의 세계 모델은 또한 우리에게 불교도들이 우주의 이런 작은 세계가 난마처럼 뒤죽박죽 되어 있는 것이 아니라고 생각한다는 것을 알려준다. 그것들은 일정한 집단을 구성하여 일정한 계층을 이룬

31) 熊琬, 『宋代理學與佛學之探討』, 第四章 朱子闢佛之研討에 있는 내용과 그림을 참조하여 설명한 것이다.
32) 『論語·先進』, "未知生, 焉知死?"
33) 『論語·述而』, "子不語怪力亂神"

다. 매 천 개의 소세계가 하나의 소천세계를 이루고, 매 천 개의 소천세계가 하나의 중천세계를 이룬다 등등. 만약 우리가 '천(千)'이라는 숫자에 얽매이지 않고 큰 것에서 착안한다면, 불교가 여기에서 서술한 것은 바로 현대 천문학이 우리에게 알려준 다음과 같은 지식이다. 우주는 수많은 별들이 일정한 규칙에 따라 조합되어 형성되어 있다. 예를 들면 지구는 몇몇 행성 및 태양과 함께 태양계를 구성하고 있다. 수천수만 개의 태양계가 은하계를 구성하고 있다. 수천수만의 은하계가 또 총 성계(星界)를 구성하고 있다. 현재 우리 인류의 지식은 단지 총 성계까지이다. 큰 틀로 말하자면 2천년 전의 불교도와 큰 차이가 없다. 물론 세부적으로 말한다면 우리는 이미 고대의 불교도를 훨씬 넘어 나선형으로 상승하는 과정에서 전에 없던 새로운 고도에 도달했다.

그렇다면, 2천년 전의 불교도들은 어떻게 이러한 현대 과학과 이렇게 부합하는 지식을 얻었을까? 우리가 계속 모색해야 할 문제다.

Ⅲ. 결론

우주론 철학은 실천철학 체계에서 현상세계 지식의 위치를 결정하는 부분으로 현상세계를 생활세계의 장으로 삼기 때문에 삶의 가치 표적을 결정하는 것이다. 현상의 세계는 모두 경험이 도달한 세계이어야 하지만, 중국 철학의 우주론 토론에서 도불(道佛) 양교의 우주론 지식은 일반인이 가지고 있는 경험이 미칠 수 없는 세계를 언급하기 때문에 문제가 복잡해졌다. 하지만 여전히 경험적인 지식에 속하는 것으로 봐야 하고, 특히 도불 양교의 철학 이론은 우주론적 지식에 기초하여 성립되는 것이다.

우주론에는 우주 도식, 우주 시원, 우주 발생 과정, 근본 존재 원소, 존재자 분류, 생사 문제, 인체 우주학, 우주론 진로의 법칙 등 관련 의제에 대하여 유불도의 관점에서 살펴보았다. 유불도의 우주론 관점을 이해하고 시간과 공간에 대한 개념들을 살펴봄으로써 생태와 연결하고 근본적인 해결 방안을 찾고자 하였다. 불교적 치유와 해법으로 친자연적, 친환경적, 친생태적인 방법들을 불교 경전의 교리를 통하여 도출하고자 한 것은 첫째, 단순한 인과의 문제가 아닌 우주적인 연기론적 세계관이다.[34] 둘째, 자연과 인간은 상호의존하고 공존하여 생명중심의 인식이 필요하다.[35] 셋째, 주체성과 책임감으로 주인의식을 갖고 도덕수양을 하는 의식의 전환이 필요하다는 것이다.[36]

종교는 자연의 생태계를 회복하고 인간 중심이 아니라, 자연 중심의 질서를 새롭게 만들어 가는 일에 앞장서야 한다.[37] 불교에서는

---

34) 『雜阿含經』 券十, “此有故彼有 此生故彼生. 此無故彼無 此滅故彼滅”〔이것이 있으므로 저것이 있고 이것이 생기므로 저것이 생긴다. 이것이 없으므로 저것이 없고 이것이 멸하므로 저것이 멸한다.〕

35) 『華嚴經』「夜摩宮中偈讚品」第二十, “若人欲了知 三世一切佛, 應觀法界性, 一切唯心造”〔만약 사람들이 과거 현재 미래의 모든 부처를 알고 싶거든 마땅히 법계의 성품을 비추어 관할지니 “일체 모든 것은 마음으로 지어졌음”이라!〕

36) 『長阿含經』 券一, “天上天下 唯我爲尊 要度衆生 生老病死” 장아함경을 보면 붓다는 태어나자마자 일곱 걸음을 걸은 후 이렇게 말했다고 한다.〔“하늘 위 하늘 아래 오직 내가 존귀하다. 요컨대 나는 중생들을 생로병사에서 건질 것이다.”〕

37) 이명권, “포스트 코로나 시대의 한국 종교 협력”, 『포스트 코로나 시대의 새 종교 지평』, (서울: 열린서원, 2020), pp.34-36.

삼라만상이 상호의존성에 입각하여 연기로 이루어진 것이 아님이 없고, 그 개별적 실체는 없는 것이지만, 상호 의존적인 만큼이나 상호 존중되어야 하는 것임을 깨닫는 것이 불교 생태철학의 기본 이념이다.[38] 유교와 한국의 토착적인 종교도 자연에 대한 조화를 강조한다. 그것은 유교가 천지인(天地人)[39] 삼재(三才)의 도(道) 사상을 통한 조화를 말하듯이 한국의 민속종교도 천지인의 조화로운 삶을 강조하고 있다. 천지(天地)와 인간(人間)의 조화로운 삶은 모든 생태철학이 지향하는 공통의 목표이기도 하다. 생태계의 위기를 극복하는 일은 더 이상 내일로 미룰 수 있는 성질이 아니다.

오늘날의 환경오염과 생태위기는 어리석음과 탐욕으로부터 인간중심적 개발과 남용에서 시작되었다. 도덕적 수양과 끊임없는 자아 성찰을 통해서 자정(自淨)되고 치유(治癒)되도록 하여야 한다.

---

38) 김종욱, 『불교생태철학』, (서울: 동국대학교출판부, 2004), 불교생태철학에 관한 저술로 생태계의 위기와 관련하여 생태철학의 기초를 사성제(四聖諦)에 두고 불교생태철학의 전개 과정을 농업과 산업의 생명을 불교 생태학적 생명의 문제로 다루고, 자연과 인간의 조화에 따른 불교생태학을 논한다. 동시에 근대성에 대한 불교생태학적 비판을 가하고 상호의존성에 입각한 불교생태학을 전개한다.

39) 『주역(周易)』에는 천지인 삼재의 도가 분명하게 제시되어 있다. 「계사하」에서는 “역이라는 책은 넓고 커서 모두 갖추어 있으니, 거기에는 천도가 있고, 인도가 있으며, 지도가 있다. 삼재를 겸하여 두 번 하므로 여섯이니, 여섯이란 다른게 아니라 삼재의 도이다〔易之爲書也, 廣大悉備, 有天道焉, 有人道焉, 有地道焉. 兼三才而兩之, 故六, 六者非它也, 三才之道也〕

참고문헌

『俱舍論記』, 『俱舍論疏』 , 大正藏 41
『起世經』 , 『起世因本經』 , 大正藏 1
『老子』, 『莊子』, 漢文大系本
『大方廣佛華嚴經』 , 大正藏 9 · 1
『山海經』
『阿毘達磨俱舍論』, 大正藏 27
『雜阿含經』 , 大正藏 13
『長阿含經』 , 大正藏 1
『金剛般若波羅密經』, 대한불교조계종 교육원 편역, 조계종출판사, 2009.
王充 著, 『論衡』
李學勤 主編, 『論語注疏』
熊琬, 『宋代理學與佛學之探討』, 台北: 文津出版社, 民國 74.
조원일, 『고대 중국의 천인관계론』, 전남대학교출판문화원, 2020.
펑유란 지음, 정인재 옮김, 『간명한 중국철학사』, 서울: 마루비, 2018.
김기윤, 「생태학과 환경론에서 인간의 위치」, 철학논총, 제65집 제3권, 새한철학회, 2011, pp.75-95.
염중섭, 「불교 숫자의 상징성 고찰」, 宗教研究, 제55집, 한국종교학회, 2009, pp.223-260
윤용택, 「환경철학에서 확장된 인간중심주의에 대한 고찰」, 범한철학, 제38집, 범한철학회, 2005, pp.91-119.
이동연, 「동물과 인간 사이, 그 철학적 질문들과 문화적 실천」, 문화/과학, 통권76호, 문화과학사, 2013, pp.23-51.
황갑연, 「유가 환경윤리 정립의 기본 원칙과 방법론에 관한 시탐」, 유학연구, 제29집, 충남대학교 유학연구소, 2013, pp.423-448.

김영주, "王充의 비판유학에 관한 연구", 동국대학교 박사학위논문, 2021.
박성구, "王充의 宇宙論과 命定論의 研究", 公州大學校 석사학위논문, 2016.

식물에 대한 의식 변화와 불교의 생태 담론이 만나면 지구를 구할 수 있을 것인가?

민 태 영

식물에 대한 의식 변화와 불교의 생태 담론이 만나면 지구를 구할 수 있을 것인가?

민 태 영 동국대학교 인문학술연구교수, 한국불교식물연구원 원장

Ⅰ. 서 론

세계 곳곳에서 일어나고 있는 자연재해들, 이상 기온과 생물 다양성의 감소 등 전 세계가 아우성을 치고 있다. 무엇이 잘못되었던 것일까? 무엇을 잘못하고 있었던 것일까? 이 현실을 타개할 방안은 있는 것일까? 어떤 대안을 제시할 수 있을까?

너무 늦었을 수 있다. 이미 걷잡을 수 없을 만큼 자연이 인간들을 향해 경고하고 절규하고 있기 때문이다. 자연을 사랑하는 마음만으로 꽃을 노래하고 예찬하는 것 그것으로는 충분하지 않다.

빌 게이츠는 『기후 재앙을 피하는 법』(2016)에서 기후변화 문제를 해결하기 위해 혁신의 공급과 수요를 늘려야 한다고 주장한다. 그리고 이 혁신 공급의 주체는 기업이고 혁신 수요의 주체는 정부이기 때문에 정부가 적절한 유인책으로 기업이 혁신을 많이 만들어내도록 유도해야 한다는 현실적인 대안을 제시하기도 하였다.

타일러 라쉬는 그의 저서 『두 번째 지구는 없다』(2020)에서 환경 문제야말로 경제 문제라고 말한다. 기후위기는 부동산, 증시 등 경제 시스템을 무너뜨릴 가장 큰 위험요소라는 것이다. 그리고 단순히 날이 덥고 혹은 너무 춥다는 등 '이상해졌다'라는 단순한 위기 의식만으로는 극복할 수 없다는 의미일 것이다. 이제 여러 생태적 문제들은 이 지구에서 인류의 지속적 생존 가능성까지 의심받고 있다.

한편 그간 제 문제들은 단순히 과학과 산업의 발달에 기인한다고 여겨져 왔다. 그러나 시간이 지나면서 생태와 환경의 문제는 인간의 문명 진보 뿐 아니라 좀 더 다양한 원인에서 비롯됨을 인식하기 시작하였으며 문제의 본질은 인간의 삶과 자연에 대한 태도(attitude)라고 보았다.

흔히 식물학 등 자연과학은 절대적 진리를 찾는 학문이지만 생태학을 다루는 영역만큼은 조금 다르다. 그 요소가 비록 자연과 식물(그리고 동물) 등이라 해도 생태계를 이해한다는 것은 과학적 지식 그 너머의 것 즉 삶을 대하는 자세의 다양성까지 담아내야 하는 과정이다.

그리고 그 첫 걸음은 늦었으나마 호모 사피엔스가 지배하고 있다고 생각하는 이 지구 바이오매스[1)]의 거의 대부분은 사실은 식물이라는 점을 깨닫는 것이다.

왜냐하면 인류가 인간이라는 자존심을 세우지 않고 겸허한 자세로

---

1) "(1) 생태학적 의미의 바이오매스(biomass)는 특정 시간에 특정 지역에 존재하는 식물, 동물, 미생물 등 모든 생물체의 질량을 의미한다. (2) 재생 에너지와 관련된 산업적 의미의 바이오매스는 연소나 화학적 생화학적 전환을 통해 에너지를 얻을 수 있는 식물 유래 산물을 주로 의미하는데 광합성 생물의 연소과정에서 발생하는 이산화탄소는 다시 광합성을 통한 바이오매스 생성에 사용되므로 바이오매스는 전통적인 연료인 석유나 석탄보다 이산화탄소 배출을 절감할 수 있고 친환경적인 에너지원으로 여겨지고 있다.", 한국미생물학회. http://www.msk.or.kr.

식물이라는 존재에 대해 배려하고 바르게 이해하려는 태도로 임할 때 비로소 인류가 처한 이 문제 해결의 첫 실마리를 풀 수 있기 때문이다.

본 논의에서는 이러한 자연과학적 논의를 바탕으로 하여 환경과 생태, 종교와 생태를 논하고자 한다. 식물에 대한 이해와 종교에서의 식물 이해가 동시에 이루어질 수 있는 것은 종교와 생태 담론 모두 인간의 삶과 그를 둘러싼 환경에 관한 관심에서 출발하기 때문이다.

현재 인류가 처해 있는 위기를 몇 가지 사례로써 정리하는 작업을 필두로 하여 생태와 불교를 함께 얘기할 때면 언제나 제시되는 몇 가지 불교 이론들이 체감 가능한 실질적 대안이 되기까지의 조건에 대해서도 정리해보고자 한다.

II. 인류가 마주한 생태 위기

1. 꿀벌의 실종

꿀벌 집단이 갑자기 실종되는 '군집붕괴현상'은 2006년 미국에서 처음 보고됐다. 미국 환경보호국(EPA)은 응애류와 같은 해충, 농약, 새로운 병원균 등이 복합적으로 작용한 결과로 분석했다. 미국과 유럽 등 세계 여러 지역에서는 2010년대 들어 꿀벌의 30~40%가 사라진 것으로 분석되었다.

인간이 재배하는 1,500종 작물 중 30%의 수분을 책임지는 꿀벌의 실종은 인간의 식단뿐 아니라 모든 생태계에 영향을 미친다. 유엔

식량농업기구(FAO)에 따르면 꿀벌은 세계 식량의 90%를 차지하는 100대 주요 작물 중 71종의 수분을 돕는다.

꿀벌은 생태계와 아주 밀접한 관계가 있다. 수분이 이뤄지지 않아 열매를 수확하지 못하여 식량난이 발생하는데 열매를 수확하지 못한다는 것은 식물 또한 번식하지 못한다는 의미이기도 하다. 생태계의 속성상 식물 개체 수 감소는 초식동물의 수를 감소시키며 이들을 먹이로 하는 육식동물도 감소하여 결국 인간에게도 영향을 미친다.

한국에서 양봉업계가 위기감을 느낄 정도로 꿀벌이 사라진 것은 2010년 낭충봉아부패병으로 토종벌 65% 이상이 실종된 이후 두 번째로 해외 사례처럼 복합적 원인이 겹친 현상으로 분석되었다.[2)]

꿀벌응애류 발생과 방재, 말벌류에 의한 폐사가 원인이지만 갈수록 심화하는 기후변화의 영향이 폐사와 복합적으로 작용하는 양상을 보였다.[3)] 즉 저온 현상이 발생해 꿀벌 발육이 제대로 되지 않은 상태에서 11~12월 고온으로 꽃이 이른 시기에 개화하면서 꿀벌이 화분 채집을 나섰다가 체력이 소진되며 벌통으로 돌아오지 못하는 현상이 나타난 것이다. 실제로도 기온이 높은 전남과 경남, 제주 지역의 피해가 다른 도에 비해 상대적으로 큰 것으로 나타났다.

2. 파키스탄의 대홍수

2022년 파키스탄에는 강렬한 불볕더위가 이어졌다. 2022년 4월

---

2) 농림축산 검역본부, https://www.qia.go.kr 『꿀벌낭충봉아부패병 진단과 예방』, 2021.
3) 농촌진흥청, https://www.rda.go.kr, 『전국 양봉농가 월동 꿀벌 피해 민관 합동 조사』, 2022.

과 5월에는 대부분의 파키스탄 도시들은 장기간 예년보다 더운 40°C 이상에 달했으며 자코바바드(Jacobabad)시의 기온은 51°C에 달했다. 기온 1°C가 상승하면 대기는 약 7%씩 습기를 머금게 되고, 비로 쏟아진다.

결국 파키스탄 대홍수는 몬순이 예정보다 일찍 시작되면서 예상보다 훨씬 오랫동안 더 넓은 지역에서 더 습한 기후를 보인데다 3월~5월에 걸친 남아시아 지역의 오랜 폭염의 영향으로 예년의 2~3배에 달하는 기록적인 양의 비가 쏟아졌고 파키스탄 북동부의 센트럴 카라코룸산의 빙하까지 녹으면서 파키스탄은 국가의 3분의 1이 이상이 물에 잠기는 대재앙을 겪게 되었다.

파키스탄을 강타한 대홍수 피해액은 세계은행(WB)의 추산 결과 약 400억 달러(약 57조 4000억원)에 달할 것으로 전망되었는데 파키스탄은 기후변화에 취약한 10대 국가(8위)이지만 1959년 이래 배출한 이산화탄소의 양은 1%에도 못 미친다는 점에서 불평등의 문제가 다시 대두되었다.4)

3. 강원도 양구산 사과가 대세

기후변화는 국내 농산물 주산지 지도를 크게 바꿔놓고 있다. 사과, 포도, 복숭아 등 주요 과일의 주산지와 북방한계선이 충북, 강원 지역으로 북상했다.

양구지역에서 사과가 본격 재배되기 시작한 것은 1995년이며 양구지역 사과 재배면적은 2005년 15㏊에서 2018년 150㏊로 급격히

4) 미국 24.6%로 세계 최다배출국이며 EU가 2위(17.1%), 중국이 3위(13.9%)이다.

늘어나고 있다.

사과는 연평균 기온 12도대의 서늘한 기후를 찾아 강원 산간지역으로 북상한 것인데 영월의 사과재배 면적은 1970년 26.9㏊에서 2015년 1542.7㏊로, 정선은 같은 기간 3.7㏊에서 141.8㏊로 각각 57배, 38배 넓어졌다. 21세기 말에는 강원도 일부 지역에서만 재배가 가능할 것이라는 분석이 나왔다.

그뿐만 아니라 1970년과 2015년 주요 소비 작물(사과·복숭아·포도·단감·감귤·인삼)의 지역별 재배면적을 비교한 결과 주산지가 모두 북상하였다. 전 세계적으로 지구 온난화가 심화된 결과인데 1981년부터 2010년까지 한반도의 전국 연 평균 기온은 1.22도가 올라 전 세계 평균 기온 상승치의 1.5배에 달하고 있다.

그리고 강원도 산간을 제외한 남한 대부분이 21세기 후반에 아열대 기후로 변경된다고 전망했다.

1973년과 2017년의 연평균 기온 증감을 권역별로 살펴본 결과 국내에선 제주 지역 상승 폭(1.14도)이 가장 높았다. 수도권(0.91도), 강원권(0.90도)이 뒤를 이었다.5)

5) 통계청, 『기후변화에 따른 주요 농작물 주산지 이동현황』, 사회통계국 농어업동향과, 2018.

Ⅲ. 식물에 대한 바른 이해

1. 식물은 생물이다.

식물이 생명이나 영혼을 가진 존재인가에 관한 논란은 기원전 수세기부터 이어져 왔다. 아리스토텔레스(BC384~322)와 추종자들은 식물의 무생물론을 주장하였던 반면 데모크리토스(BC460~360)는 식물을 인간과 거의 동등한 존재로 평가하였다. 아리스토텔레스는 왜 식물을 무생물로 치부해 버렸을까? 아리스토텔레스가 그의 저서『영혼론』에서 말하는 '영혼'(psychē)은, 우리가 통상적으로 말하는 그것과 달리, 생명을 가진 것들로 하여금 그러한 것들이게 하는 어떤 무엇을 뜻한다.

즉 생명을 가진 것이 살아 있는 까닭은 그것에 이른바 영혼이 깃들어 있기 때문이라는 것이다.6)

아리스토텔레스는 영혼의 보유 여부를 판가름하는 요소를 운동(movement)과 감각(sensation)의 두 가지로 정의하였다. 이 정의에 따라 식물은 무생물일 수밖에 없었으나 번식이 가능한 식물을 무생물로 단정하기는 어려웠다.

이에 그는 영혼의 종류를 세 가지로 구분하였고 그 가운데 식물에 적용되는 영혼 즉 식물영혼(plant soul, vegetative soul) 또는 저급영혼(low-level soul)은 섭생(vegetation), 성장(growth), 그리고 생산(reproduction)의 가능태를 갖는 영혼으로 구분하였다.

---

6) 한석환,「아리스토텔레스 영혼 정의의 몇 가지 문제」,『인문학연구』47집, 숭실대 인문학연구소, 2018, p.142.

그리고 식물의 영혼이 가진 모든 가능태에 더해서 외적 감각(outer sense, 오감)과 내적 감각(inner sense, 낮은 수준의 기억력과 상상력)을 갖는 동물의 영혼(sensitive soul)으로, 식물의 영혼과 동물의 영혼이 가진 모든 가능태에 더해 합리적(rational)판단 능력과 덕(virtue)을 수행할 수 있는 도덕적 의지를 지닌 사람의 영혼(rational soul)으로 구분하였다.

영혼에 관한 아리스토텔레스의 이러한 사고는 수 세기 동안 서구 문화에 영향을 미쳤으며 특히 계몽주의 시대 이전의 식물학에 미친 영향은 막대하였다.[7]

이러한 상황에서 철학자들이 움직이지 못하는 식물에 대해 아주 오랜 기간 생물로 인정할 가치가 없다고 여겼던 것은 어쩌면 필연적인 결과였다.

반면 데모크리토스는 모든 사물이 원자로 구성되어 있으면서 끊임없이 움직인다는 설을 내세우며 움직이지 않는 식물 또한 예외가 아니라는 주장을 펼쳤다. 식물은 뇌와 영혼을 보유하고 있으며 설사 하등식물이라도 외부 스트레스를 느끼고 반응할 수 있다는 것이었다. 이후 플라톤, 린네(Carl von Linné)와 페히너(Gustav Theodor Fechner)[8]에서 다윈에 이르기까지, 역사상 최고의 지성들이 식물의 지능을 옹호해왔다. 그러나 여전히 '식물은 무척추동물보다 열등하고 덜 진화했으며 진화적 관점에서 보면 무생물보다 나을 것이 없다.' 는 고정관념은 늘 상존하고 있다.

---

7) Stefano Mancuso·Alessandra Viola, 양병찬 역, 『매혹하는 식물의 뇌(Verde Brillante)』, 서울: ㈜행성B이오스, 2016.

8) 페히너(1801~1887)는 독일의 물리학자이며 철학자, 정신물리학 및 실험심리학의 개척자

2. 연구의 발상 전환이 필요하다.

생물을 배우는 학문의 한 예로 생물학을 들면, 생물학에서는 생체 분자에 대한 장황한 설명에서 출발하여 분자생물학, 세포생물학 등을 다룬다.

그리고 유전과 진화, 분류를 거쳐 동물 생리, 식물 생리를 다루고 생태로 마무리하는 것이 기본 과정이다. 반면 동물생리학은 호르몬, 소화, 감각, 신경, 운동 등으로 교육과정이 좀 더 세분화되어 있다.

그 이유는 동물에 비해 식물에 대해 알아야 할 내용이 적다기보다는 '관점' 좀 더 엄밀히 얘기하면 '편견' 때문이라고 할 수 있다.

식물은 토양에 뿌리를 내리고 사는 존재로 움직일 수 없다. 따라서 이동이 자유로운 다른 생명체와는 다른 생존 방식을 택할 수밖에 없을 거란 예측이 가능하다. 식물은 잎이 뜯어 먹혀도 다시 잎이 자라고 식물의 생명을 유지할 수 있는데 그것이 가능한 이유는 식물은 인간이나 동물처럼 각 감각기관이 모두 따로 있는 것이 아니라 모듈식의 구조(Module, 구성품과 같은 구조)를 이루고 있어 상호작용을 하거나 각자 자율적으로 생존할 수 있기 때문이다. 따라서 식물은 인간이나 동물과는 달리 '개체' 보다는 '군집'의 개념이 더 어울린다.

그런데도 심장이 없다고 해서 순환계가 없고 폐가 없으니 숨을 쉬는 게 아니라고 할 수는 없지 않은가? 입이 없으니 먹지 않는다고 할 수도 없는 일이다.

그러니 인간과 동물을 파악하는 방식으로 식물을 이해하려 하는 시도는 애초부터 잘못된 것이 아닐 수 없다. 따라서 식물 연구에서 간과하지 말아야 하는 것은 '방식은 같지만 구조 자체가 다르다' 라는 점을 이해해야 한다는 것이다.

특히 뇌가 없다는 이유로 지적 능력이 없다고도 할 수 없을 것인가? 인간이나 동물이 뇌가 있어 인식과 사유, 판단 능력 등 여러 가지 지적 능력이 있으나 식물은 뇌가 없어서 그런 능력이 없다고 한다면 그 '인식과 사유, 판단이 필요한 지적 능력'이란 무엇을 의미하는 것인가? 그 정의에 대해 생각해 볼 필요가 있다.

단지 지능지수(IQ, intelligence quotient)만을 의미하는 것은 아닐 것이다. 오히려 논리성을 갖고 사유하고 판단하며 관계성을 인식하는 감성지수(EQ, emotional quotient)나 상대방의 감정을 잘 이해하고 타인과 잘 어울리는 사회성 지수(SQ, social quotient)의 의미에 더 가까운 것은 아닐까?

나무는 땅 속 뿌리의 박테리아와 균류를 통해 정보를 전달하고 잎과 줄기에서 내뿜는 화학적 물질을 통해 소통하며 관계를 형성한다. 식물에서 보이는 타자와의 적절한 관계 설정과 상호의존성은 식물에게도 지능 이상의 '방식이 다른 여러 가지 지적 능력'이 있는 것에 다름 아님을 인정해야 한다는 것이다.

찰스 다윈은 그의 논문 『식물의 운동력』에서 "식물의 뿌리에는 하등동물의 뇌와 비슷한 것이 있다. 이것은 운동을 제어하는 지휘본부와 같다"라고 언급하였다. 여기서 말하는 '뇌와 비슷한 것'이란 바로 식물의 근단을 의미하는 것이다.

식물 뿌리에는 수천 개의 근단(root tip)이 있고 이것은 뇌와 같은 기능을 하고 있다.[9]고 주장한 바 있다.

이 부분에서 환경 저널리스트 마이클 폴란(Michael Pollan)과 세계

---

9) 앞의 책, P.40.

적 식물생리학자 스테파노 만쿠소(Stefano Mancuso)의 연구에 주목할 필요가 있다. 마이클 폴란은 『욕망의 식물학』이라는 저서를 통해, 스테파노 만쿠소는 『매혹하는 식물의 뇌-식물의 지능과 감각의 비밀을 풀다』를 통해 식물도 지능을 가지고 있음을 다양한 관점과 사례를 통해 소개하고 있다.

'광합성을 위해 빛을 감지하여 성장하고, 휘발성 유기화합물과 반응하는 수용체를 가지고 있으며, 토양 속 무기염류와 화학적 기울기의 위치를 알아내 뿌리를 뻗는 것' 등을 '빛과 냄새, 맛, 감촉, 소리 등을 감지하는 능력'을 소유하고 있는 것이라는 포용적 관점으로 본다면 식물의 감각이 존재한다는 것을 입증할 수 있다고 그들은 주장한다.

그리고 이와 함께 식물의 오감, 상호작용에 대해서 식물의 관점에서 설명하고 있는데 특히 스테파노 만쿠소의 경우 '식물지능학'(Plant intelligence)이라는 신생 분야를 개척하고 자연과 식물에 대한 고정관념을 벗어나 '식물의 감각과 지성' 에 대해 연구하는 과학자로 주목받고 있다.

반려식물의 시대, 식물도 감각을 가진 생명체이고 지능이 있는 개체이기 때문에 소중하게 생각해야 한다는 인식의 대전환이 요구되는 시점이다.

생태학을 논하면서 우리는 식물을 포함한 인간 이외의 존재에 대한 평등성을 인정하고 포용하려는 시도를 한다. 그리고 그 첫 출발점으로서 식물에 대한 이해와 바른 인식은 인간 이외의 존재에 대해 그 개별 능력을 자연과학의 관점에서 '사심 과 편견 없이 정확하게' 인정하는 것이라고 할 수 있다.

3) 식물을 살려야 생태계가 산다.

생태계에서 식물은 광합성을 통해 산소를 공급하여 인간과 동물의 생존을 근본적으로 가능하게 하는 존재이다.

다나카 오사무는 그의 저서에서 "식물의 조그만 잎사귀 하나가 매일 태양 빛을 받아 행하는 반응 정도는 간단히 흉내낼 수 있을 것이라고 생각하기 쉽다. 그러나 비용이 많이 들더라도 물과 이산화탄소를 원료로 태양 빛을 사용해 녹말을 생산하는 공장을 만들어 달라는 의뢰를 받아도 그것이 가능한 사람은 존재하지 않는다. 식물의 조그만 잎사귀 하나의 일상적인 반응을 우리 인간은 흉내내지 못한다."[10]라고 주장하고 있다.

여기서 다나카 오사무가 얘기한 '물과 이산화탄소를 원료로 태양 빛을 사용해 녹말을 생산하는 공장'은 '광합성(Photosynthesis)을 의미한다.

광합성은 식물이 빛을 이용해 양분을 스스로 만드는 과정으로, 물과 이산화탄소를 재료로 포도당과 산소를 생성하는 과정이며 일부 생물을 제외하면 지구로 유입되는 막대한 양의 태양에너지를 생태계에 공급해 주는 거의 유일무이한 수단이다.

식물이 공기 중의 이산화탄소를 흡수하여 광합성을 통해 유기물을 만들고 동물이 그 유기물을 섭취하여 자신의 몸을 만들며 호흡을 통해 이산화탄소를 공기 중으로 내보내는 과정을 탄소의 순환이라고 하며 이 과정을 통해 공기 중에 늘 적정한 이산화탄소 농도가 유지된다.

식물이 광합성을 하지 않으면 스스로 양분을 만들 수 없는 생물은

---

10) 다나카 오사무(田中 修, Osamu Tanaka, たなか おさむ), 남지연 역, 『식물은 대단하다-생존을 위한 구조와 지혜』(植物はすごい- 生き殘りをかけたしくみと工夫), AK커뮤니케이션즈, 2016, p.4.

살아갈 수가 없다. 그러니 광합성은 절대적인 지구의 생명 유지 장치라고 할 수 있다.

그러나 현대 산업 문명이 발달하면서 인류는 땅속에 묻혀 있던 화석 연료를 캐내어 대규모로 태우면서 공기 중의 이산화탄소 균형을 깨뜨리고 있다.

그리고 대기에 남은 이산화탄소는 온실가스가 되어 지구 온난화를 초래하고 있는 구조이니 결국 지구 온난화의 주범인 온실가스를 줄이려면 숲의 파괴를 막고 많은 나무를 심어 대기 중의 이산화탄소를 흡수하는 광합성이 많이 일어나도록 해야만 한다는 결론에 도달하게 된다.11)

그러나 지구 생명체의 절반 이상이 서식하고 있고 육지 식생에 있는 모든 탄소의 절반 이상을 포함하고 있는 열대우림이 최근에 들어와 급속히 사라지고 있다.

2021년 7월 미국 항공우주국(NASA)의 보고서에 의하면 세계 3대 열대우림 지역 가운데 아마존 열대우림은 기후변화와 인간의 토지 이용으로, 아프리카의 콩고 열대우림은 주로 온난화 및 건조 경향 등 기후변화로 인해, 아시아 열대우림은 주로 농업을 하기 위한 토지 전환으로 인해 사라진다는 소식을 전하고 있다.12)

그 가운데 '지구의 허파'라고 부르는 아마존 열대우림의 경우 전 지구의 산소 20% 이상을 생산하는 지역이지만 이 아마존 숲은 1초당 나무 18그루가 사라지고 있다. 2019년부터 2021년까지 산림 파괴 지역의 97.8%가 농업·목축업을 위해 개간한 곳이었으며 광업과

11) science Times, https://www.sciencetimes.co.kr, 2020.02.14
12) 〈한겨레신문〉 5.24, https://www.hani.co.kr

도시 확장으로 산림 파괴는 점점 가속화되고 있다.

또한 열대우림의 고사율이 증가하고 있어 탄소 흡수원을 약화시키고 있는 것으로 나타났다. 지구 온난화에 의해 발생한 대기 건조화 능력의 상승을 주요 원인으로 지목된다.

즉 대기가 따뜻해지면 수목에서 좀 더 많은 수분을 배출하며 이로 인해 나무의 수분 스트레스가 증가해 고사율이 높아진다는 것이다.

나무의 고사 위험이 지속적으로 두 배 증가하면 나무에 저장된 탄소가 대기 중으로 반환되는 속도도 두 배 더 빨라진다. 열대우림이 머지않아 오히려 탄소 배출원이 될 수도 있다는 의미이다.

식물, 나무에 대한 생각을 바꾸는 것이 선택이 아닌 필수이며 의무인 시대에 우리는 살고 있다.

Ⅳ. 불교에 담긴 생태 담론의 해석 방법

전 장에서는 생태위기의 매듭을 풀기 위한 첫 단계로서 식물을 '편견 없이 있는 그대로' 보아야 하는 이유에 대해 자연과학적 관점에서 살펴보았다. 이를 통해 생태계의 복구를 위해서 생태계 대부분의 요소인 식물을 바르게 이해하는 것은 필수 요건이라는 점 또한 인지할 수 있었다.

이 장에서는 이러한 이해를 바탕으로 하여 불교에 담긴 친생태적 요소들을 재탐색하고 문제를 실질적으로 해결하기 위한 선행 조건에 대해 정리해 볼 것이다.

일반적으로 불교의 자연생태관은 생태주의자 네스(Arne Naess)가 정립한 이론 또는 사상인 심층생태학(Deep Ecology)과도 폭넓은 공감대를 가질 수 있는 것으로 인식되고 있다.

그 이유는 무엇보다도 불교의 핵심적인 가르침인 비폭력과 자비심 및 생명존중 사상 등이 심층생태학의 기본원칙들과 사실상 일치하는 것으로 보이기 때문이다.[13)]

불교 생태 담론에는 필연적으로 불교의 어떤 특정 사상을 문제 해결을 위해 차용하면서 적용 교리의 적절성 여부에 대해 논란이 있었다. 그러나 생태담론에 있어 불교의 본원적 사고들이 생태철학의 키워드와 일치한다는 사실은 많은 학자들의 연구를 통해 정리된 바 있다.

따라서 여기서는 기존의 생태불교 담론에 대해 정리하고 이후 해석과 활용 방식에 대해 살펴볼 것이다.

1. 불교의 생태주의 이론들

1) 살생하지 말라.

불살생은 살아있는 생명을 죽이거나 고통을 주는 행위를 금하는 윤리 규범이다. 불교에서는 출가자 뿐 아니라 재가자들이 지켜야 할 윤리적 규범의 첫째가 불살생이다.

생명이 있는 것에 대한 외경심은 『빨리율』 제 4바라이(波羅夷) 살계(殺戒)에서 살계를 범한다면 이는 불공주(不共住, asamvasa)라 하여 이

13) 허남결, 『불교생태학의 인간주의적 실천모색』, 윤리연구 83호, 한국윤리학회, 2011, p.78. 각주1) 재인용: 송명규, 『현대생태사상의 이해』(서울: 도서출판 따님, 2004), p.116.

자는 교단에서 영원히 추방되어 비구로서 자격을 박탈한다고 명시하고 있다.

『불설사미십계의칙경』(佛說沙彌十戒儀則經)에는 이른 아침에 물을 길어서는 안을 잘 살펴보아야 하며 항아리나 발우 등에 크고 작은 물벌레가 있을지 지극한 마음으로 잘 살펴 먹고 마시는 데도 사랑하고 연민히 여기는 마음을 가져 작은 미물까지도 함부로 죽이는 일 없도록 하라고 명시하는 등 율장과 계율은 물론 경전 속의 설화 등에도 생명존중과 불살생의 흔적은 셀 수 없이 많다.14)

다만 불교의 불살생의 원칙은 주로 동물에 관련되며 직접 살생하지 않고 의도하지 않았으면 그 책임으로부터도 자유로웠다. 물론 길 위의 풀조차 함부로 밟거나 깔고 앉지 말라는 논의도 보이기는 하나 식물의 생물 여부에 대한 부정적 인식도 있었다. 윤회의 대상도 아니었던 것이 식물이었다.

그런데 오늘날 생태문제의 많은 부분은 지구 바이오매스의 90% 이상을 점하고 있는 식물에 대한 파괴에서 비롯된다. 그런 이유로 불교의 근본 윤리라 하기에는 우리가 처한 문제의 해결 논지와 적확하게 들어맞지 않는 측면도 없지 않다.

---

14) (1) 『法句經』129. "살아있는 생명이라면 어떤 것이든 동물이든 식물이든 남김없이 기다란 것이든 커다란 것이든 중간이든 짧든 미세하든 거칠든 보이는 것이나 보이지 않은 것이나 멀리 살든 가까이 살든 이미 생겨난 것이든 생길 것이든 모든 생명은 행복하여지이다…모든 것은 폭력을 두려워하고 죽음을 두려워한다. 이 이치를 자기의 몸에 견주어 남을 죽이거나 죽게 하지 마라."

(2) 『法句經』130, "모든 생명들은 비록 형태를 달리한다고해도 모두 고통을 싫어하고 행복을 추구하므로 함부로 살생하거나 해하지 말아야 한다."

(3) 『佛說沙彌十戒儀則經』 卷1(『大正藏』24, 計七十二頌), "早晨觀水內，中後時亦然，甕器盂鉢等. 水蟲有大小，志心恒觀照. 以羅淨濾水，審觀而可用.食飲懷慈愍，勿令殺害蟲."

그러나 그 생명의 영역에서 식물이 제외되었든 그렇지 않았든 모든 생명의 본원적 평등성과 상호의존성을 충분히 이해하여 생명에 대한 관심과 배려를 아끼지 않았던 태도는 불교의 중심 가치로 존재하였다.

특히 대승불교의 관점에서 보면 단지 단순히 살생이나 살아 있는 생물(자기 자신을 포함)을 해치는 행위를 피하는 것은 소극적인 면으로 보고 더 나아가 자기 자신을 포함한 다른 사람 그리고 모든 중생들에 대해 자비를 실천하여 불교의 윤리적 삶으로까지 확대 실천하도록 하는 것을 적극적인 의미에서의 불살생이라고 본다.

현대적 관점에서도 살생을 하지 말라는 단순한 소극적 금지에 그치지 않고 지혜로운 자비와 보호, 돌봄과 치유가 더해질 필요가 있다.

그러나 일방적인 자비는 근거 없는 동정이 되거나 현실과 동떨어질 수 있다. 따라서 자비의 대상을 확대하는 것 못지않게 과학적 지식으로 논증하여 보완하는 작업이 동시에 이뤄져야 할 것이다.

'불살생이나 자비의 종교적 개념이 구체적이며 실천적인 생태학적 개념으로 전환되기 위해서는 불교 윤리 담론의 한 특징인 '초세속성'이 탈색되어야 함은 물론 그 구체성과 일상적 실천성이 전제되어야 한다.'[15]는 주장에 귀 기울일 필요가 있다.

2) 모두 관계 속에서만 존재한다.

생명의 질서 속에서 인간만 존재하지는 않는다. 따라서 인간이 그들과 관련되지 않고 삶을 영위해 나가기란 사실상 불가능하다.

---

15) 조성택, 『불교와 생태학: 그 가능성과 한계』, 철학연구 29, 고려대학교 철학연구소, 2005 ,p.306.

불교에서는 모든 것들이 시간적이고 공간적인 연기(緣起)의 그물 속에서 서로 의지하고 서로 관계 맺으며 존재한다고 가르친다.

이 연기설이 함축하고 있는 모든 존재의 상호연관성, 상호의존성의 사유는 자연이 인간에 의해 바뀌거나 훼손될 수 없는 고유한 존재라는 점을 인정하는 관점이라고도 한다.

이러한 공존과 포용의 자연관은 화엄불교에서 이 세계가 인다라망과 같이 모든 존재가 서로 의존하며 존재한다고 표현되고 있다.[16)]

연기설에 따라 모든 존재는 다양한 인연이 모여서 존재하게 되는 것일 뿐 본래부터 혼자 독립적으로 존재하는 것이 아니므로 실체가 없으며 불교에서는 이를 일러 무상하며 무아라고 표현한다. 무상과 무아는 나와 내 것에 대한 집착으로부터 나오는 인간의 한없는 욕망을 억제할 수 있는 이론으로 정립되었다.

불교에서는 승가의 삶은 물론 기본적으로 소욕지족의 삶을 강조하였으며 이러한 생활 태도는 자연과 조화를 이루는 생태적 삶을 위한 필요조건이기도 하다 .

상호연관성을 강조한다는 면에서 이론의 출발점인 연기론이 생태 담론에 적확한 이론인 점은 부정하기 어렵다. 하지만 생태의 영어식 표현인 에코시스템(eco-system)이란 용어 자체가 '상호연관성'이라는 의미를 내포하고 있으니 상호연관성의 논리를 불교만의 고유 이론으로 내세우기는 어렵다.

그러나 위에서 거론했듯 연기에서 공으로 그리고 무상과 무아로 이어져 온 인식이 불교의 소욕 지족하는 삶의 태도로 정립될 수 있었

16) 『華嚴經探玄記』 卷1(『大正藏』35,p.0115c), "五圓教中所說 唯是無盡法界 性海圓融 緣起無礙 相即相入 如因陀羅網 重重無際 微細相容 主伴無盡."

던 점을 생각해 보면 과용과 탐욕에서 비롯되는 과잉 개발, 남획 등 환경 파괴의 문제에 해결할 수 있는 상호 배려적 인식에 있어 긍정적인 이론적 토대가 된다는 점은 부인할 수 없다.

3) 초목에도 불성이 있다.

불교가 모든 존재에 대해 무한 포용하는 인식은 그들에게 부여된 가치 평가에서도 찾아볼 수 있다. 고전적 의미에서의 영성(靈性)이 궁극적 가치를 향한 자기 초월의 능력 또는 자기 초월을 위한 노력의 체험이라고 할 때 불교에서 영성에 대응되는 것이 '불성(佛性)' 개념이라고 할 수 있다.[17]

불교는 '불성'이라는 단어 속에 각 개체의 내재적 가치를 담고 있다. 불성이란 부처가 될 수 있는 성품이고 깨달음의 가능성이다. 불성은 중생과 붓다가 공유하는 형이상학적 실체로서 깨달음 자체이기도 하며 모든 중생의 궁극적인 깨달음을 보장하는 초월적 실체이기도 하다.

인간은 물론 동물·식물에 이르는 모든 존재에 불성이 내재되어 있다는 이론은 모든 존재에 대한 존엄성을 확보하는 것이다. 불성론은 불교사상의 발전과 더불어 지속적으로 발전해 왔는데 이 가운데서도 '초목성불론'은 공(空)이라는 절대적 입장에서 볼 때 중생과 초목은 둘이 아닌 하나라는데 핵심이 있다. 그러므로 중생이 성불하면 초목도 성불한다는 논리이다. 모든 존재 사이의 차별은 없는데 내 마음에 가치 기준에 의한 차별이 있을 뿐이고 사물 그 자체에는 차별이 없다

---

17) 하유진,「열반경의 불성 개념에 대한 영성적 이해」, 『인도철학』 제41집, 인도철학회, 2014, pp.72~73.

는 논리이다.

『열반경』에서는 '일체중생 실유불성(一切衆生 悉有佛性)'이라고 하여 일체의 중생 모두에게 불성이 있다고 설하며 「가섭품」에서 다음과 같이 설하고 있다.

> 선남자야! 열반이 아닌 것을 위해 열반이라고 하고, 여래가 아닌 것을 위해 여래라고 하고, 불성이 아닌 것을 위해 불성이라고 한다....비불성은 소위 일체의 담장, 벽, 기와, 돌과 같은 무정물이니, 이와 같은 여러 무정물을 떠난 것을 불성이라고 한다.[18]

그리고 초목성불론이 주창된 것은 『대승현론』이며[19] 『대승현론』에서는 제3권 「불성의십문」(佛性義十門)에서 불성에 관하여 10가지 논의의 틀을 제시하고 있다.[20]

그 가운데 제7 「내외유무문」(內外有無門)에서 초목의 성불을 언급하고 있으며 여기서 유정과 무정 불성 무차별을 주장하면서 '허망하게 생멸하는 사물의 각도에서 중생도 산천초목도 모두 무불성이라는 것'이라고 수록하고 있는데 '불생멸 본성(悟, 전체적)의 입장에서 보면

---

18) 『涅槃經』 卷37(『大正藏』12, p.0581a), "佛言 : 「善男子 ! 為非涅槃名為涅槃 , 為非如來名為如來 , 為非佛性名為佛性....非佛性者 , 所謂一切牆壁 瓦石 無情之物 , 離如是等無情之物 , 是名佛性. 善男子 ! 一切世間 , 無非虛空對於虛空."

19) 조윤경,「『大乘玄論』 길장 찬술에 대한 재고찰-「二諦義」를 중심으로」, 『선문화연구』 16, 한국불교선리연구원, 2014, p. 321."제1권 「이제의(二諦義)」의 경우 편찬과정에서 『大乘四論玄義記』(대승사론현의기) 제5권 「이제의」의 구조를 참조하여 전체적인 틀을 세웠고, 길장의 『이제의』, 『중관론소』(中觀論疏), 『정명현론』(浄名玄論)과 혜균의 『대승사론현의기』「이제의」, 「팔불의」의 문장을 부분적으로 차용하여 편집되었다."

20) 『大乘玄論』 卷3(『大正藏』45, p.0035b), "一大意門 二明異釋門 三尋經門 四簡正因門 五釋名門六本有始有門 七內外有無門 八見性門 九會教門 十料簡門."

중생에게 불성이 있고 초목도 또한 불성이 있다'라고 분명하게 설하고 있다.[21]

논의 자체에 대한 교학적, 문헌학적 논란이 적지 않으나 이를 차치하고서라도 이 이론은 문화 사회학적 관점에서 재해석되면서 인류가 공히 직면하고 있는 생태적 환경의 당면 과제를 풀어나가는 유용한 논지로서 자리할 가능성은 적지 않다.

더 나아가 초목으로 이름 지어진 모든 식물들에 대해 생물학과 생명공학을 포함한 자연과학적 관점의 생명관 등 생물로서의 초목 자체에 관한 체계적인 이론이 덧붙여진다면 일방적인 설득이 아니라 과학적 논증을 통한 객관화 된 학문 영역으로서의 가능성도 열릴 수 있을 것이다.

4) 별업(別業) 그리고 공업(共業)

생태문제의 설명과 문제의 해결에 업 특히 별업의 개념을 도입할 때 한 개인 내 행위의 도덕적 책임을 묻는 업의 본래 의미와 생태문제의 원인 제공자로서의 개인 책임론이 상충될 수 있다. 왜냐하면 개인의 마음(의도)과 그 행위에서 성립된 업의 개념이 '의도되지 않은' 생태문제의 발생을 설명하기 쉽지 않다는 의미이다.

별업은 개별적 인간의 실존적 모습이며 모든 업의 근원은 생각이며 한 개인적 성향이나 습관의 집적체이기 때문이다.

그럼에도 불구하고 업설과 생태담론과의 관계를 유의미하다고 보

---

21) 『大乘玄論』 卷3(『大正藏』45, p.0040a), "辨內外有無第七 今辨佛性內外有無義此重最難解. 或可 理外有佛性理內無佛性. 或可理內有佛性理外無佛性....衆生尚無佛性 何況草木 以此證知 不但草木無佛性衆生亦無佛性也...衆生有佛性則 草木有佛性 以此義故 不但衆生有佛性 草木亦有佛性也."

는 부분은 바로 공업론이다. '업'에는 윤회를 통해 개인적인 행위의 결과를 그 자신이 받는 '별업(別業)'과 일정한 단위의 공동체가 특정한 업을 함께 받게 되는 '공업(共業)'이 있다.

『화엄경』에서는 「보현삼매품」모든 세계가 생명의 업력에 따라 생긴 것임을 밝히고 있으며[22] 공업에 관해서는 『아비담심론경』(阿毘曇心論經)[23]과 『대승아비달마집론』(大乘阿毘達磨集論)에서 설명하고 있다.[24]

공업과 생태론 간의 관계를 논할 때 가장 잘 알려진 문구로는 『열반경』「교진여품」을 들 수 있다.

> 그대가 만일 말하기를, '중생이 괴로움과 즐거움을 받는 것이 결단코 과거의 본래 업의 인연으로 말미암는다.' 라고 하면, 그 이치는 그렇지 않다. 왜냐하면 그대여, 마치 어떤 사람이 왕을 위하여 원수를 없애고, 그 인연으로 재물을 많이 받았다면 이 재물로 인하여 현재의 즐거움을 받는 것과 같다. 이런 사람은 현재에 즐거운 인을 짓고 현재에 즐거운 과보를 받는 것이다. 또 어떤 사람이 왕의 사랑하는 아들을 죽이고 그 인연으로 목숨을 잃는다면, 이 사람은 현재에 괴로운 인을 짓고 현재에 괴로운 과보를 받는 것이다. 그대여, 모든 중생들이 현재에 사대(四大)[25]와 시절과

---

22) 『華嚴經』 卷7(『大正藏』10,p.0038b), "一切諸國土 皆隨業力生, 모든 세계가 생명의 업력에 따라 생긴 것이다"

23) 『阿毘曇心論經』 卷2(『大正藏』28,p.0839c), "不共者 各各衆生業增上生 共者 一切衆生業 增上生, 불공업(不共業)이란 중생 개개인의 업이 쌓여서 이루어진 업이고, 공업(共業)이란 일체중생의 업이 쌓여 이루어진 업이다"

24) 『大乘阿毘達磨集論』 卷4(『大正藏』31,p.0679b), "云何共業若業能令 諸器世間種種差別, 공업이란 여러 기세간의 갖가지 차별을 초래하는 업이다."

25) 자연 사물을 구성하는 궁극적 요소들로 흙·물·불·공기의 네 가지. 불교에서는 그것을 사대(四大)라고 표현했다. 대상의 특성을 형성하는 네 가지 요소로

> 토지와 인민들로 인하여 괴로움을 받고 즐거움을 받으므로 내가 말하기를 '온갖 중생이 모두 과거의 본업만으로 인하여 괴로움과 즐거움을 받는 것이 아니다'라고 말하였다.[26)]

「교진여품」의 의미를 현대적으로 재해석하면, 불공업이 개인적인 업이고 기세간을 이루게 하는 업이라고 할 때 인간의 행위는 사회제도와 문화에 의해 크게 영향을 받게 되기 때문에 모든 인류가 함께 지어놓은 공업(共業)의 과보(果報)라는 의미일 것이다.

실제로도 인간의 행동이 자연에 미치는 영향은 절대적이어서 인간의 행위가 주변 환경을 뒤바꿀 가능성이 충분하며 「교진여품」은 그러한 인과 관계에 대해 자연 사물의 구성 요소인 사대(四大)를 통해 설한 것으로 볼 수 있다.

2. 생태론을 담은 불교가 할 일

1항에서 다룬 네 가지 이론은 별개의 이론이라기보다는 서로 유기적인 관계이다. 불교 사상을 생태론에 접목하기 위해 이론을 확립하고 실제적 행위 규범을 확립하기 위하여 많은 불교의 교리들이 인용된다.

지대(地大)는 견고한 성질, 수대(水大)는 축축한 성질, 화대(火大)는 따뜻한 성질, 풍대(風大)는 움직이는 성질이다.

26) 『涅槃經』 卷40(『大正藏』12,p.0602b), "仁者！若說眾生 受苦受樂, 定由過去本業因緣 是事不然.受何以故？ 仁者！譬如有人為王除怨, 以是因緣多得財寶, 因是財寶受現在樂. 如是之人現作樂因 現樂報. 譬如有人 殺王愛子, 以是因緣 喪失身命, 如是之人 現作苦因現受苦報 一切衆生 現在因於四大時節土地人民 受苦受樂是故 我說 一切衆生 不必盡因過去 本業受苦樂也."

그러나 인용된 교리 자체에 천착하지 않고 종교의 교리가 아닌 현실 세계에 접목시켜 생활의 한 방식으로 전환시키려는 노력이 수반될 때 생태문제 해결자로서 불교의 역할이 제 역할을 수행할 수 있을 것이다. 또한 인간이 가지고 있는 보편적 이기성을 감안하되 대승적인 이타행을 강조하는 것도 생태의 문제를 개인의 윤리에만 원인을 두지 않는 현실적인 불교로 정립하는 길이다.

불교의 생태담론은 '불교의 재해석을 통한 전통과 현대 사이의 간극 메꾸기'보다는 단순히 불교의 어떤 특정 사상을 문제 해결을 위해 차용하면서 교리 적용의 적절성 여부에 대한 논의는 계속 이어져 왔다.

이러한 논의와 함께 세속의 일반적인 진리가 궁극적으로 불교의 근원적 이치를 지향할 때 비로소 온전한 의미를 부여받게 되는 것은 사실이지만 본래 불교에서는 진속(眞俗)을 따로 구분하지 않고 윤리는 원칙적으로 속제의 영역에 속하는 개념이라고 볼 수 있는데 전통적인 불교 문법에 익숙한 불교학자들은 흔히 진제를 너무 앞세우는 나머지 속제에 관한 논의 자체를 어렵게 만든다[27]는 주장도 이어져 왔다.

중요한 것은 기본적으로 불교의 논지 속에는 이미 불살생, 연기론, 불성론 등 생태 담론을 대변할 만한 불교 고유의 문제의식이 배태되어 있으므로 이런 교리들이 생태 철학의 바탕이 되기 위해서 현대적 또는 현대화의 맥락에서의 재해석해나가는 연구 태도가 필요하다는 것이다.

처음부터 불교의 논지에서 완전히 벗어나지 않는다면 소위 개개인

---

27) 김성철, 『'생명조작'에 대한 토론문』, 「불교생명윤리 정립을 위한 공개 심포지움 자료집」, 조계종 총무원 편, 2005, pp.233~234

의 '근기'에 맞게 불교의 이론을 현대화할 수 있는 유연성이 필요하다는 것이다. 불교적인 유토피아를 현실에 적용시킨다는 것은 사실상 불가능에 가깝다. 우리 모두 다시 과거로 돌아가야만 가능하기 때문이다.

그리고 생태와 환경의 문제를 단순히 개인의 윤리적 행위에서 문제를 찾는 것이 아니라 과학의 문제라는 점 또한 인식해야 한다.

결국 과학적인 관점에서의 문제 제기가 요구되는데 이러한 점에서 식물, 생태 등에 대한 지식과 바른 이해가 불교적 윤리에 더해져야 한다.

생태학과 종교철학이 인간의 삶과 환경에 대한 관심에서 출발한다는 공통점을 갖고 있다 해도 문제를 파악하는 방식은 관심 그 이상의 더 현실적이며 분석적인 방식이어야 한다는 의미이다.

불교가 교학적인 측면에서 뿐만 아니라 일상적 의미의 실천방안을 끊임없이 제시하지 못하면 더는 대중적 관심과 설득력을 확보하지 못할 것[28]이라는 경고 또한 귀 기울여야 한다.

또 불교는 타 종교와 마찬가지로 숲과 꽃, 나무를 비롯한 자연을 다양하게 상징화하는 종교이다. 불교에서 자연물의 하나인 초목은 사유와 깨달음의 조력자로서 심적 환경을 구성하는 요소이기도 하다. 불교가 깨달음의 원리와 과정을 중시하는 종교인만큼 그 과정의 조력자로서의 식물을 통해 찾을 수 있는 생태학적 논의에 대해서도 좀 더 관심을 가질 필요가 있다.

---

28) 허남결, 위의 글, p.93.

V. 결론

생명체의 목적은 성장, 발전, 생존, 번식이며 모든 생명은 이러한 동일한 방향과 목표를 가지고 살아가는 존재이다. 생명 중심적 사고는 바로 그 자체로 고유의 선을 지닌다는 관점이며 생태 담론을 다룰 때 선행되어야 할 조건이기도 하다.

본론에서는 생명체인 식물에 대한 편견 없는 과학적 이해로부터 문제 해결의 실마리는 상당 부분 풀릴 수 있다는 관점에서 식물에 대한 이해와 이를 바탕으로 한 불교가 할 수 있는 일들을 뒷받침해줄 제 이론에 관해 점검해보았다.

생태계의 기본 요소인 식물에 대한 제대로 된 이해와 인식의 변화는 물론 불교가 가진 관련 이론을 현실에 맞게 재해석하는 일, 생태적인 행동 규칙을 생활화하는 일 모두 생태계의 복구를 위해 우리가 먼저 해야 할 일이라고 판단되기 때문이다.

생태계를 복원시킬 수 있는 삶이란 생명이 있는 그대로의 모습으로 자연스럽게 살아가는 것이다. 그리고 외부로부터 과도한 에너지나 물질을 들여오는 인위성을 배제하고 주변에 있는 소박한 것들로 삶을 영위하는 삶을 생태적인 삶이라 할 수 있다.

지구 생명체의 생존에 절대적 역할을 하는 식물에 대한 겸손한 자세를 견지하며 그들의 가치와 역할을 감성이 아니라 눈에 보이는 과학으로 인정하는 자세, 막연한 애정과 사랑이 아니라 행동 규칙으로 정하여 생태적으로 생활하려는 자세가 문제 해결의 출발점이다.

한편 불교에서의 생태학적 관점은 본문에서 정리된 몇 가지 본원적 이론의 틀에서 다뤄져 왔다. 불교적 생태담론에서 인간과 자연의 생명공동체 의식, 불성이라는 이름의 평등한 가치 판단, 소욕 지족하는 삶, 공업설의 개념 등 인간이 가진 자연에 대한 사고와 태도를 불교의 관점에서 재고찰해야 할 당위성은 충분하지만 소위 '관점의 현대적 해석'은 분명 필요해 보인다.

그리고 자신을 포함한 세계를 하나의 환경으로 생각하고 이러한 환경을 이루는 각 요소 간의 관계성을 통찰하는 자세에서 불교의 친자연적 인식을 쉽게 찾을 수 있으나 불교의 자연관이 이렇듯 생명 중시와 평등을 근간으로 하고 있음에도 불구하고 생명의 본질적 구조, 생명과 자연환경과의 관계에 대한 논의는 거의 없는 점은 풀어나가야 할 과제 중 하나이다.

따라서 수행, 명상 등 현대인들에게도 익숙한 덕목들이 불교 속에 있는 만큼 향후 불교 이론의 재해석과 현대적 해석을 통해 생태 담론을 체득하고 생활화하는 길 또한 모색할 필요가 있다.

이러한 과정은 불교학 연구의 확장성이라는 관점에서도 긍정적이다. 불교 연구가 문헌학 연구에서 문화 사회학적 연구로 전환되어 간다는 점은 불교가 기존에 등한시하였던 것들에 주목하면서 불교학 연구의 불완전함과 부족한 부분을 채워나가는 일련의 과정이기 때문이다.

결론적으로, 기후위기와 생태위기 속에서 문제의식과 대안이 쏟아지고 있지만 결국 기본은 인간의 마음과 행동이다. 모든 생명의 소중함을 알고 제대로 인식하며 겸손한 자세를 견지할 때 현재의 삶과 미래의 삶은 보다 긍정적일 수 있으며 인류가 공통적으로 추구하는 미래 가치를 자연과 생태, 환경의 안녕으로 본다면 불교 철학은 인류의 미래에 긍정적인 주요 키워드를 제시할 수 있을 것이다.

특히 불교를 포함한 종교가 어떤 형식으로든 한 사회를 지배하는 세계관과 윤리관을 형성하는데 중요한 역할을 하고 자연에 대한 사람들의 태도를 결정짓도록 이끌기 때문에 종교적 관점에서 자연을 재고찰하는 것은 매우 의미 있는 일이다.

그러므로 인류가 인간이라는 자존심을 세우려 하는 대신 겸허한 자세로 식물이라는 자연적 존재에 대해 배려하고 바르게 이해하려는 자세를 가지면서 불교 속에 담긴 생태 담론을 교학 너머의 현실적이며 체감 가능한 이론으로 승화시키려 할 때 지구는 되살릴 수 있다.

참고문헌

『大乘玄論』 卷3(『大正藏』45)
『華嚴經探玄記』 卷1(『大正藏』35)
『涅槃經』 卷37(『大正藏』12)
『華嚴經』 卷7(『大正藏』10)
『阿毘曇心論經』 卷2(『大正藏』28)
『大乘阿毘達磨集論』 卷4(『大正藏』31)
김성철, 『생명조작에 대한 토론문』, 불교생명윤리 정립을 위한 공개 심포지움, 조계종총무원, 2005. pp.233-234
민태영, 『佛教 經典에 나타난 植物 研究- 乘佛典의 植物觀을 중심으로-』, 박사학위논문, 동국대학교, 2017.
이영노, 『한국식물도감』, 서울: 교학사, 2002.
조성택, 『불교와 생태학: 그 가능성과 한계』, 철학연구 29, 고려대학교 철학연구소, 2005.
한석환, 「아리스토텔레스 영혼 정의의 몇 가지 문제」, 『인문학연구』47집, 숭실대 인문학연구소, 2018.
허남결, 『불교생태학의 인간주의적 실천모색』, 윤리연구 83호, 한국윤리학회, 2011.
Tyler Rasch, 『두 번째 지구는 없다』, 서울: 알에이치코리아, 2020.
Bill Gates, 김민주 역, 『기후 재앙을 피하는 법, 우리가 가진 솔루션과 우리에게 필요한 돌파구』, 경기:김영사, 2021.
田中 修(Osamu Tanaka, たなか おさむ), 남지연 역, 『식물은 대단하다- 생존을 위한 구조와 지혜』(植物はすごい- 生き殘りをかけたしくみと工夫), 서울: AK커뮤니케이션즈, 2016.
Danial A.Chamovits, 이지윤 역, 『식물은 알고 있다』, 서울 : 다른, 2013.
Stefano Mancuso·Alessandra Viola, 양병찬 옮김, 『매혹하는 식물의 뇌(Verde Brillante)』, 서울: (주)행성B이오스, 2016.
Michael Pollan, 이창신 역, 『욕망의 식물학(Botany of desire)』, 서울:

서울문화사, 2002.

Perer Scott, 김명원 역, 『식물생리학-식물의 삶과 행동』, 서울: (주)라이프 사이언스, 2012.

Peter Tompkins외, 황금용.황정민 역, 『식물의 정신세계』, 서울: 정신세계사, 2015. David Roy, 『과학이 우리를 구원하지 못할 때 불교가 할 수 있는 것』, 서울: 불광출판사, 2020.

Michael Pollan, 이창신 역, 『욕망의 식물학』, 서울: 서울문화사, 2002.

David Kinsley., Ecology and Religion: Ecological Spirituality in Cross-Cultural Perspective, Englewood Cliffs, N.J. : Prentice Hall, 1995.

국립수목원 국가생물종지식정보시스템 http://www.nature.go.kr/kbi/plant

농촌진흥청 국립특작과학원 온난화대응농업연구소 http://www.nihhs.go.kr

농림축산 검역본부 https://www.qia.go.kr/animal

동아 사이언스 https://www.dongascience.com

사이언스 타임즈 https://www.sciencetimes.co.kr

조선일보 https://biz.chosun.com/international

중앙일보 https://www.joongang.co.kr

통계청 사회통계국 「농어업 동향과 보도자료」 https://kostat.go.kr/portal/korea/index.action

한국미생물학회 http://www.msk.or.kr

한겨레신문 https://www.hani.co.kr

노자의 생명철학

이 명 권

노자의 생명철학

이 명 권 코리안아쉬람 대표, 중국철학박사

I. 서론

노자의 도(道) 사상에 입각한 '생명철학'의 몇 가지 주안점을 고찰해 보고자 한다. 도가(道家)의 생명 사상은 '자연(自然)' 사상에서 구체화 된다. 인간은 작은 생명체로 태어나지만, 변화를 통한 성장과 도약을 거쳐 자연 전체와 결합함으로써 생명의 최고의 경지에 이른다. 반면에 유가(儒家)의 생명 정신은 인간의 성장과 더불어 역사문화의 진화를 꾀하는 인문 정신의 발휘에 주력한다. 도가의 자연적 생명철학과는 다른 점이다. 노자가 '스스로 그러함'의 원리에 모든 것을 내어 맡기고 천도(天道)의 운행을 따라 살아가는 삶을 추구한다면 공자는 뜻을 세워 천명(天命)을 알고, 역사발전에 주력하는 인도(人道)의 길을 제시하는 일에 비중을 두었다고 할 수 있다.

노자의 사상을 계승 발전시킨 장자는 "진인이 있은 이후에 참된 지혜가 있다(眞人而後有眞知)"〈대종사〉고 했다. 그가 말하는 '진인'(眞人)은 '천인(天人), 지인(至人), 신인(神人), 성인(聖人)'과 함께 모두 생명의 존엄과 가치를 실현하는 사람들이다. 장자는 노자의 천도(天道) 사상을 인간의 내면적 생명의 가치로 승화시킨다. 이는 장자가 〈소요유(逍遙遊)〉편에서, 물고기 '곤(鯤)'이 변하여 '대붕(大鵬)'이라는 새가 되는(化而爲鳥) 과정을 우화적으로 묘사하면서 생명의 단계적 도약을 말하는 데서도 알 수 있다. 노자의 생명철학이 장자로 계승발전 되는 것이 사실이지만, 노자의 『도덕경』 전반에 나타난 생명철학을 우주적 생성원리로서의 도와 인간 생명존중의 차원에서 살펴보는 것도 의미 있는 일일 것이다.

Ⅱ. 본론

1. 우주 생성원리로서의 도

『노자』 42장에는 우주 생성원리에 대한 언급이 있다. "도가 하나를 존재하게 하고, 하나는 둘을 존재하게 하며, 둘은 셋을 존재하게 하고, 셋은 만물을 존재하게 한다. 만물은 음을 등에 지고 양을 안아서 충기(沖氣)로써 조화를 이룬다"[1] 여기서 "도가 '하나'를 존재하게

1) 『노자』 42장 본문에서 "道生一, 一生二, 二生三, 三生萬物. 萬物負陰而抱陽, 沖氣以爲和"라고 할 때, '생(生)'의 문제에 대한 해석은 두 가지가 있다. 하나는 '생산', 혹은 '출생'의 의미가 있다. 또 하나는 '생존', '존재'로서 영어의 'being'에 해당한다. 노자 42장의 본문에서는 후자의 의미로 '생존'이나 '존재'의 의미가 옳다는 주장이 있다. 필자도 이러한 견해를 따르고자 한다. 도 자체는 그 존재 상태가 전체로서의 '하나'이기 때문이다. 그리하여 '도'는 1장의 '무(無)'와 4장의 '충(沖)'의 의미와 상통한다. cf. 羅義俊, 撰, 『老子譯註』, (上海: 上海古籍出版社, 2012) p.100.

한다."고 했을 때, '하나(一)'가 무엇인가 하는 문제가 있고, 하나에서 둘과 셋으로 이어지는 과정에 대해서는 학자마다 해석이 다양해진다. '하나'에 대해 『장자·천하』 편에서는 노자를 해석하면서 '태일(太一)'이라고 설명하고, "텅 비어 있어서 만물의 실질을 훼손하지 않는다."고 한다.[2] 천지 본체의 근원으로서 '태일'이라는 말로 대신하는 것이다. 이는 노자의 '하나'에 대한 기본 취지를 거스르는 것이 아니다.[3]

'하나'에 대한 다른 해석도 있다. 여억(余臆)은 '하나'를 '기(氣)'로 해석하면서, '기'를 '도'라고 하는데 이는 모두 노자의 근본취지와는 조금 다른 해석이다. 물론 여기서 노자가 '하나'를 말하는 것은 수학적 의미의 하나는 더욱 아니고, 철학적 의미로서의 '하나의 순일(純一)'한 상태다. 전체로서의 '하나'요, 절대적 의미의 '하나'다. 42장이 본문에서의 '하나'는 39장에서도 언급되는 '하나(一)'와 같다. 『노자』 39장에서는 '하나를 얻다.'는 '득일(得一)'에 대해 다음과 같이 언급하고 있다.

> "자고이래 일(一)을 얻은 것은 다음과 같으니, 하늘이 일(一)을 얻어서 맑아지고, 땅은 일(一)을 얻어서 안정되며, 신(神)은 일(一)을 얻어서 영험하게 되고, 계곡은 일(一)을 얻어서 차오르며, 만물은 일(一)을 얻어서 생장하고, 후왕(侯王)은 일(一)을 얻어서 천하의 준칙이 된다."[4]

---

2) [宋] 林希逸, 『莊子鬳齋口義校注』, (北京: 中華書局, 2009), p.502. "主之以太一, … 以空虛不毁萬物爲實"

3) 羅義俊, 撰, 앞의 책, p.99.

4) 『노자』 39장. "昔之得一者, 天得一以淸, 地得一以寧, 神得一以靈, 谷得一以盈, 萬物得一以生, 侯王得一以爲天下正."

이 본문에 의하면, 노자의 '일'은 하늘, 땅, 신, 계곡, 만물, 인간(왕)에게 각기 적용되어 각각의 제 기능을 정상적으로 발휘하게 한다. 만일 이 도(道)로서의 '일'을 잃어버리면 천지, 만물 등의 모든 존재가 제 길을 얻지 못한다고 말하고 있다. 여기서 각기 '일'을 얻는다고 할 때, '득일(得一)'에서 '득(得)'은 고대에 '덕(德)'으로 통용된 글자라는 것을 주목할 필요가 있다. 『노자』 38장에서 '상덕(上德)'에 관하여 논할 때도 '득(得)'은 덕(德)을 뜻한다. 그러므로 39장에서도 덕과 도의 관계를 논하고 있는 셈이다. 이른바 도인 일(一)을 얻음으로써, 비로소 덕이 있게 되는 것이다. 육덕명(陸德明)은 "도가 만물을 생성시킴으로써, 얻음이 있다. 그러므로 이를 덕이라 한다."고 했다.

『노자』에서 일(一)은 만물을 생장시키고 만물의 정신세계를 지배하는 도(道)와 원시적 혼돈(混沌) 미분(未分) 상태의 기(氣)로 해석되기도 한다. 그런데 39장의 본문에서 '일'은 '도'를 뜻한다. 『노자』 14장에서는 '합하여 하나로 여겨지는 것'(混而爲一)을 도라고 했다. 세계 만물이 혼돈 속에 돌아가는 것 같지만 결국 '하나'의 원리인 도로 귀결된다.

고형(高亨)에 따르면, 『노자』에서 일(一)은 세 가지의 뜻이 있다. 첫째, 신체(身)를 지칭할 때의 일(一)이다. 이는 『노자』 10장에서 보는 바와 같이, '혼백이 하나를 품고'(載營魄抱一)라고 할 때의 '일'이다. 둘째, 우주의 본원으로서 음양이 배합된 상태의 '태극(太極)'을 뜻한다. 이는 42장에서 나오는바 '도가 일(一)을 존재하게 하고(道生一)' 할 때의 일(一)이다. 셋째, 도(道)로서의 '일(一)'이다.[5] 이는 『노자』 14장에서 말하는 '합하여 하나가 된다(混而爲一)'는 뜻과 같다. 이처럼 고형은

5) 高亨, 『老子正詁』, (北京: 淸華大學, 2011), pp.64-65. "〈老子〉書中之一, 厥義有三. 一曰者身也, 說見十章. 二曰一者太極也, 說見四十二章. 三曰一者道也."

노자의 '하나'를 크게 세 가지 관점으로 분류하여 설명하는데, 인간의 영혼이 지니는 '일', 우주적 음양이 혼합된 상태의 '일', 그리고 '도' 그 자체로서의 상징적 기호로서의 '일'이다. 본 39장에서의 일(一)은 도의 또 다른 별명으로서 상징적 기호로서의 '일'과 같다. 상징적으로 기호로 나타낸 것이지만, 일(一)은 도(道)로서, 만물을 움직이며 생장하고 변화하게 한다. 만물이 지닌 잠재적 능력을 활동시켜서 스스로 자연스러운 법칙에 따라 운행하게 하는 것이다. 초횡(焦竑)은 『노자익』(老子翼)에서 여길보(呂吉甫)의 글을 인용하면서 다음과 같이 말한다. "도는 천하에서 그와 더불어 짝을 이룰만한 것이 없다. 그러므로 일(一)이다."[6]

'도'가 '하나'를 존재하게 한다는 해석에 이어, '하나'가 '둘(二)'을 존재하게 한다는 것에 대한 해석이 다양하다. 예컨대, '둘'을 음양(陰陽)으로 혹은 '천지(天地)'로 해석한다. 하지만 이러한 해석과는 달리 여억(余臆)은 '유(有)'와 '무(無)'의 병합을 가리킨다고 주장한다. 그는 '일(一)'을 '무(無)'라고 보면서, 『노자』 1장에 나타난 "무를 이름 하여 천지의 시작이라 한다(無名, 天地之始)"고 할 때의 '시(始)'라고 해석한다. 따라서 '도'로서의 '일'은 '무'이자 '시'이다.

이러한 '도'로서의 '일'은 '이(二)'의 존재를 가능하게 한다. '일'이 '무'와 '시'를 가리키는 데 비해, '이'는 '유(有)'로서 "유를 이름하여 만물의 어머니라 한다(有名, 萬物之母)"고 할 때의 '모(母)'다. 이러한 '유와 무'를 합한 것이 '이'다. 앞에서 언급한 "하나는 둘을 존재하게 한다(一生二)"라고 할 때의 '둘'이 이렇게 형성된다. 『노자』 40장에서 말

---

6) "道之在天下, 莫與之偶者, 則一而已矣." cf. 羅義俊, 撰, 『老子譯註』, p.99.

하는 '유는 무로부터 나온다(有生於無)'는 것과 상통한다.

이어서 '삼(三)'에 대한 해석에서도 '천(天), 지(地), 인(人)'으로 보기도 하는 하는데 이는 무리한 해석이다. 이에 비해 여억은 '유'와 '무' 그리고 '현(玄)'의 세 가지를 합한 것이라고 해석한다. 도는 '하나'이기에 유와 무를 합친 상태의 하나로서 이를 『노자』 1장에서는 "한 가지로 이름 하여 '현(玄)'이라 한다(同謂之玄)."고 했다. 이는 "항상 무욕(無欲)으로 그 신묘함을 보고, 늘 유욕(有欲)으로는 그 순행함(徼)을 보라. 무욕과 유욕은 한 곳에서 나왔지만 이름이 다를 뿐, 한 가지로 일러 현묘함(玄)이라 한다."[7]고 했던 데서 이른 말이다.

'현(玄)'에 대하여 왕필은 "현이라고 하는 것은 어둡고 그윽함(冥)이다. 잠잠하여 말이 없고(默然) 텅 빈 것이다. 이름을 지을 수가 없으니, 같이 '현'이라고도 할 수 없으나 '한가지로 이름 하여 현'이라 한다. 또한 '현이라고 이름 하는 것(謂之玄)'은 그 이름을 어찌 얻을 수 없음을 일컬은 것이다."[8]라고 했다. 이러한 '현'에 대해 마일부(馬一浮)는 "생각으로 논할 수 없는 경지(不思議境)이므로, 이름 지어 현이라 한다(名之爲玄)"[9]고 했다. '현'은 인간의 이성으로 판단하여 논의 할 수 없는 경지다. '현(玄)'의 원 뜻이 '검은 색(黑色)', '음의 색(陰色)', '물색(水色)'을 뜻하고, 광활하고 끝이 없는(浩瀚無涯) 우주천지의 색이다. 이러한 취지에서 그윽하다(幽), 유적(幽寂)하다, 깊고 은밀하며(深隱) 정미(精微)하고 깊어서 측량하기 어려운 경지의 뜻을 지닌다. 노자는 이러한 '현'의 용어를 채용하여 '도'의 혼동유무(混同有無)를 형용하는 형이

---

7) 『노자』 1장, "常無欲, 以觀其妙; 常有欲, 以觀其徼. 此兩者, 同出而異名; 同謂之玄"

8) [魏] 王弼, 『老子道德經注』, (北京: 中華書局, 2011), "玄者, 冥也. 默然無有也. 不可得而名, 故不言,'同名曰玄', 而言'謂之玄'者, 取其不可得而謂之然也." p.2.

9) 羅義俊, 撰, 앞의 책, p.6.

상학적 표현을 사용하고 있다. 한 마디로 노자는 유와 무를 합친 한 가지, '동(同)'을 '현'으로 지칭하고 있는 것이다. 그리하여 노자의 도는 유와 무를 겸하지만 유와 무의 이름만 다른 것이다. 이 유와 무가 같은 도에서 나오는 것을 일러 '동출(同出)'이라고 표현했다. 이로써 '현'은 '도'의 별칭이다. 이러한 우주생성원리로서의 도는 현상적으로 우리가 볼 수 있는 천지 만물 이전에 이미 있었다. 이 점에 대하여 노자는 25장에서 다음과 같이 말한다.

> "천지가 생겨나기 전에 무엇인가 혼성되어 있었다. ... 두루 주행하지만 위태롭지 않아 천하의 어미라 할 수 있다."[10]

본문 가운데 천지가 생겨나기 전에 '무엇인가 혼성되어 있었다'고 할 때의 '유물(有物)'에 대한 해석을 살펴 볼 필요가 있다. '물(物)'은 곽점(郭店) 죽간본(竹簡本)에서는 '상(狀)'으로 표기되어 있다. 통행본에서의 이 '물(物)'은 『노자』 21장에서 말하는 "도라고 하는 이 '물'(道之爲物)은 오직 황홀(恍惚)하다"고 할 때의 '물'이다. 도를 '황홀'하다고 하는 것은 은밀하여 마치 '있는 듯, 없는 듯(似有似無)'한 것을 말한다. 이에 대해 『노자』 14장에서도 '도'를 '황홀'하다고 비유한 것과 같다. 왕필은 이 '황홀'에 대해, "형태가 없어서 묶을 수 없음을 탄(嘆)"하는 것이라고 해석했다. 14장의 본문에서 노자가 '도'를 형용하기를, "그 이상 밝지도 않고, 그 이하로 어둡지 않다. 면면히 이어지고 또 이어지니 가히 이름 붙일 수 없다. 다시 아무 것도 없는 상태로 돌아가니 이를 일러 모양 없는 모양이라고 한다."[11]고 할 때, '모양 없

---

10) 『노자』 25장, "有物混成, 先天地生. ... 周行而不殆, 可以爲天下母."

는 모양(無狀之狀)'의 '상(狀)'이 곧 앞서 말한 '유물혼성'의 '물(物)'이요 '도'의 형상 없는 형상이다. 이처럼 노자의 '도'는 모양 없는 모양의 황홀한 '어머니'의 역할을 하면서 천지 만물에 앞서 만물을 존재하게 하는 우주생성의 원리로서의 도가 된다. 이제 이러한 우주생성의 원리로서의 도는 인간과 자연의 생명과 관련하여 어떤 기능을 하고 있는지 살펴보자.

2. 대도(大道)에 입각한 인간 생명(道法自然)

1) 인간 생명의 존엄성

인간 생명의 고귀함과 그 존엄성은 어디서 오는 것인가? 노자는 인간의 존엄성을 '도'와 천지 그리고 인간 모두 공히 크고 존엄하다고 한다. 『노자』 25장에서 다음과 같이 말하고 있다.

> "도가 크고, 하늘이 크고, 땅도 크고, 왕(사람)도 크다. 우주에 네 가지 큰 것이 있으니, 왕도 그 가운데 하나다. 사람은 땅을 본받고, 땅은 하늘을 본받으며, 하늘은 도를 본받고, 도는 자연을 본받는다."[12)]

이 본문에서 도와 천지를 언급하면서 인간의 대표 격으로 왕을 표현하고 있는데, '통행본'과 '백서본(帛書本)', 또는 '죽간본(竹簡本)에서

---

11) 『노자』 14장, "其上不皦, 其下不昧. 繩繩不可名. 復歸於無物, 是謂無狀之狀, 無物之狀, 是謂恍惚."

12) 이명권, 『노자왈 예수 가라사대』, (서울: 열린서원, 2017), pp.179-181. "道大, 天大, 地大, 王亦大. 域中有四大 而王居其一焉. 人法地 地法天 天法道 道法自然.

는 '왕'으로 표기하지만, 부혁본(傅奕本)이나 범본(范本)에서는 '인(人)'으로 표기 된다. 방동미(方東美)도 이르기를 "왕이라는 글자는 갑골문이나 종정(鍾鼎)의 문양에 나타난 형상에서 하늘을 떠받치고 땅위에 우뚝 선 하나의 인간을 대표한다. 그러므로 '사람 또한 크다(人亦大)'라고 한다."고 했다.13) 난희병(蘭喜幷)은 노자가 '왕'이라고 지칭한 것에 대해서는 '성인(聖人)'의 차원을 언급한 것이라고 했다.14) 이는 인간을 대표하는 최고 권위와 그에 따른 책임적 위치를 표현하는 상징적 의미가 크다 할 것이다. 한편 인간과 자연과의 생태적 측면과 노자의 양생(養生) 사상을 발전시킨 노자 해설서인 『노자상이주(老子想尒注)』에서는 '왕' 대신에 '생(生)'이라는 글자를 대체한다. 이른바, '왕역대(王亦大)' 대신에 '생역대(生亦大)'를 강조함으로써, 천지와 더불어 인간을 포함한 모든 자연계의 '생명'을 그만큼 중시하는 사상을 엿볼 수 있다.

이처럼 대도에 입각한 인간의 존엄과 생명 사상은 우주와 천지 그리고 자연계와 더불어 대등한 위치를 지니고 있다는 것이 노자의 기본적인 사상이지만, 반면에 인간이 그러한 위치의 자리를 버리고 스스로 도의 길을 떠나는 행위를 하게 될 때, 그만큼 생명의 가치는 떨어질 뿐 아니라, 생명의 위협도 동시에 받게 된다는 것을 경고한다.

13) 羅義俊, 撰, 앞의 책, p.60. "王字在甲骨文, 鍾鼎文中的形象, 就是代表一頂天立地的人, 故又曰: '人亦大.'"(方東美先生演講集), p.207.
14) 蘭喜幷, 『老子解讀』, (北京: 中華書局, 2005), p.97.

2) 반전 평화와 생명존중

(1) 도가 무너진 시대의 참상, 군사 통치

인간의 존엄성과 생명의 가치가 중요함에도 불구하고 도가 무너진 춘추전국과 같은 시대의 전쟁과 살육에 대한 참상에 대하여 노자는 30장에서 다음과 같이 말한다.[15)]

> "도를 가지고 임금을 보좌하려는 자(以道佐人主者)는 무력으로 천하를 강압하지 않는다. 무력을 사용하는 일은 곧장 대가가 되돌아온다(其事好還)."라고 하면서, '도'에 입각한 통치와 '무력'에 의한 통치의 두 가지 차이점을 노자는 말하고 있다. 결국 전쟁의 병기와 같은 무력을 사용함으로써 얻어지는 대가는 황폐함과 흉년이다. 군대가 머문 자리(師之所處)에는 농사를 지을 수가 없어서 가시가 돋아나는 형국이다. 그러므로 큰 전쟁을 치르고 나면 반드시 흉년이 온다는 것이다. 그러므로 "훌륭한 사람(통치를 잘 하는 사람)은 성과[16)]를 얻되 그만 둘 줄 알고(善者果而已), 감히 강압적으로 행세하지 않는다." 이처럼 도에 입각한 통치는 전쟁을 일으키지 않을 뿐 아니라, 공로를 얻는다 해도 자랑하거나 교만하지 않고 물러설 줄 안다. 또한 "성과를 이루되 강압하지 않고, 무엇이든 (억지로 강하게)장성하면 곧 노쇠하게 된다."는 것

15) 『노자』 30장, "以道佐人主者, 不以兵强天下. 其事好還. 師之所處, 荊棘生焉, 大軍之後, 必有凶年.
善者果而已, 不敢以取强. 果而勿矜, 果而勿伐, 果而勿驕, 果而不得已, 果而勿强.
物壯則老, 是謂不道. 不道早已."

16) 『易』에 의하면, '과(果)'는 '성과의 행동은 덕을 기르는 것이다(果行育德)'라고 했다. cf. [宋] 林希逸, 『老子鬳齋口義』, (上海: 華東師範大學, 2009), p.33.

> 을 안다. 그리하여 노자는 "도가 아닌 것은 조기에 끝나버린다(不道早已)."고 경고한다.

인간의 존엄한 생명을 가장 위협하는 것은 전쟁이다. 그래서 노자는 31장에서 "병기는 상서로운 것이 못된다(兵者不祥之器). 그러므로 도의 사람은 이런 것을 취하지 않는다(有道者不處)."고 했다. 과연 흉기는 살인의 무기로 사용됨으로써 상서로운 것이 못된다. 상대를 죽이고자 하면 상대는 또 보복을 하게 된다. 그리하여 전쟁은 악순환이 된다. 전쟁용 군사를 일으킨다는 것은 천지의 평화로운 기운, 즉 화기(和氣)를 해치는 행위다. 이처럼 인간 생명의 존엄성은 도에 입각한 것이고, 도를 거스르는 일체의 행위와 생명은 조기에 끝난다. 노자는 인간이 도에 입각한 삶을 살지 못하는 여러 가지 병폐 중에서 임금의 무력에 의한 군사적 통치야말로 도를 떠난 삶이라고 경고하고 있다. 노자는 46장에서 이렇게 말한다.[17)]

> "천하에 도가 있으면(天下有道) 전쟁의 군마를 되돌려 밭의 분뇨를 끌게 하고, 천하에 도가 없으면(天下無道) 전쟁의 군마가 성 밖에 북적거린다."

---

17) 『노자』 46장, "天下有道, 却走馬以糞, 天下無道, 戎馬生於郊. 禍莫大於不知足, 咎莫大於欲得, 故知足之足常足矣." 이 본문에서 "생어교(生於郊)"는 글자 그대로 하면, 암말이 망아지를 격전지의 외곽 벌판에서 낳는 것이다. 본문에서의 '생(生)'은 '흥(興)'의 의미가 더 강하다. 전시마가 전시 외곽에서 크게 흥하여 일어나는 기세를 말한다. 병사가 크게 흥해져서 전쟁의 징후가 짙게 드리운 상태를 묘사한다. '각주마(却走馬)'에 대한 상대적 대구로서 '흥융마(興戎馬)'인 셈이다. cf. 陳鼓應, 『老子註譯及平介』, (北京: 中華書局, 2008), p.238.

노자는 천하에 도가 행해지는 상황과 도가 행해지지 않는 상황에 대해 '전쟁과 평화'라는 두 가지 상황으로 구분하여 설명한다. 도가 행해지는 평화로운 사회는 전쟁을 중단하고 전쟁무기로 사용했던 군마를 되돌려 분뇨를 나르고 밭을 갈게 하는 농기구로 삼는다. 도가 없는 경우에는 전쟁을 일삼고 군마들이 전시 외곽에서 북적거린다. 이러한 전쟁의 소용돌이와 참사는 만족할 줄 모르는 인간의 탐욕이 그 원인임을 지적한다.

> "화는 만족할 줄 모르는 것보다 큰 것이 없고(禍莫大於不知足), 허물은 탐욕을 일으키는 것보다 큰 것이 없다. 그러므로 만족할 줄 알아서 얻는 만족이 항상 만족스런 것이다(知足之足常足矣)."

인간이 살아가면서 맞이하는 두 가지 길이 있다면, 하나는 고통스런 재난의 길이요 하나는 평화의 길이다. 이 두 가지 길에서 재난의 길은 대부분 탐욕이 불러일으키는 고통의 길이라면, 평화의 길은 탐욕을 제거하고 만족할 줄 아는 데서 오는 길이다. 노자도 '만족 할 줄 아는 것이 항상 만족한 것'이라고 말한다. 욕심을 줄이는 구체적인 방법이 '지족(知足)'이다. 노자는 이 '지족'의 중요성을 여러 본문에서 강조한다. '지족'의 여부에 따라 인간의 영욕, 생존, 화복이 결정된다는 것이다. 따라서 "만족할 줄 아는 자는 부요한 자다(知足者富). 부요함은 만족을 아는 것 보다 더 큰 것이 없다(富莫大於知足)"18)라는 말이 성립된다.

만족 할 줄 모르는 인간의 탐욕은 경쟁을 부추기고 더 아나가서는

---

18) 陳鼓應, 앞의 책, p.239.

도적과 살인을 행하게 된다. 노자는 31장에서 다음과 같이 말한다.[19)]

> "고요하고 맑은 것을 으뜸으로 삼고, 승리하지만 좋아하지 않는다. 승리한다고 좋아하는 사람은 살인을 즐기는 것이다. 대저 살인을 좋아하는 사람은 천하에 뜻을 펼 수 없다."

'고요하고 맑은 것을 으뜸으로 삼는다(恬淡爲上)'고 할 때의 '념(恬)'은 『설문해자』에 의하면 '안(安)'이다. 중국 고대의 옛 『방언(方言)』에는 '정(靜)'을 뜻했다.[20)] 평안하고 고요함을 으뜸으로 삼는 것이 도의 사람이 취할 생명의 길이라는 뜻이다. 하지만 오히려 전쟁을 통해 승리하는 것을 좋아 하는 자는 살인을 즐기는 자로서 그러한 사람은 천하에 뜻을 펴지 못한다고 한다. "많은 사람을 살상(殺傷)하면 애도로써 슬퍼해야 할 것이며, 전쟁에서 승리하더라도 상례로 예를 갖추어야 한다."는 것이 노자의 반전 평화의 생명 존중사상이다.

(2) 욕망의 포로가 되면 생명의 위협을 받는다.

『노자』 12장에서는 인간의 욕망이 가져오는 해악을 지적하고 무엇을 피하고 무엇을 취하며 살아야 하는지 성인(聖人)의 도리를 밝히며 다음과 같이 언급하고 있다.

> "다섯 가지 색은 사람의 눈을 어둡게 하고, 다섯 가지 음은 사

---

19) 『노자』 31장, "恬淡爲上. 勝而不美 而美之者, 是樂殺人. 夫樂殺人者, 則不可得志於天下矣. … 殺人之衆, 以哀悲泣之, 勝以喪禮處之."

20) 劉康德, 『老子』, (上海: 上海辭書出版社, 2018), p.89.

람의 귀를 멀게 하며, 다섯 가지 맛은 사람의 입을 버리게 한다. 말달리며 사냥하는 것은 마음을 발광하게 하고, 얻기 어려운 재화는 사람의 행실을 방해한다. 그러므로 성인은 배(腹)를 위하되 눈(目)을 위하지 않으므로 전자를 취하되 후자를 버린다."21)

인간이 본래의 생명에 충실하기 위해서는 오색(五色: 黃青赤白黑), 오음(五音: 宮商角徵羽), 오미(五味: 酸, 甛, 苦, 辣, 咸)와 같은 5가지에 치우쳐서는 안 된다. 이들은 모두 눈을 어둡게(盲) 하고, 귀를 멀게 하며(聾), 입을 상하게(爽, 傷) 한다. 여기서 한 걸음 더 나아가서 말달리며 사냥하는 행위는 마음을 발광하게 한다. 마음을 발광(發狂)하게 한다는 것은 마음을 방탕(放蕩)하게 한다는 뜻과 결부된다. 인간의 마음을 더욱 바르게 하지 못하게 방해 하는 큰 요소는 얻기 어려운 재화를 탐하는 것이다. 이러한 일련의 모든 빗나간 욕망은 인간 생명을 위협하는 요소다. 일차적으로는 육체적 건강을 해칠 뿐만 아니라, 정신적인 마음도 황폐하게 만든다. 특별히 현대 산업사회에서의 소비 욕망은 눈과 귀를 멀게 할 뿐만 아니라, 입도 상하게 하여 각종 성인병과 같은 큰 병을 유발한다. 따라서 노자는 생명 활동에 가장 모범적인 성인(聖人)의 삶의 방식을 제시한다. 그것은 "배(腹)를 위하되 눈(目)을 위하지 않는다."는 생활철학이다. 이 점에 대하여 왕필은 다음과 같이 해석한다. "배를 위한다는 것은 사물로 자기 자신을 기른다는 뜻이고, 눈을 위한다는 것은 사물에 의해자기 자신이 부림을 당한다는 뜻이다."22) 한마디로 눈의 이목을 따라 사는 것은 사물의 노예가 되는 삶이

21) 『노자』 12장, "五色令人目盲, 五音令人耳聾, 五味令人口爽. 馳騁畋獵, 令人心發狂, 難得之貨, 令人行妨. 是以聖人爲腹不爲目, 故去彼取此."

22) [魏] 王弼, 『老子道德經注』, (北京: 中華書局, 2011), p.31. "爲腹者以物養己,

지만, 배를 위한 삶은 사물을 통해 자양분을 얻어 자기 자신의 생명을 충실하게 한다는 뜻이다.

『노자』 44장에서는 건강과 재물 그리고 명예욕에 대하여 생명의 우선성을 말하고 있다. "명예와 몸 중에서 어느 것이 친숙한가(名與身孰親)? 몸과 재물 중에서 어느 것이 중요한가(身與貨孰多)? 얻음과 잃음에서 어느 것이 병인가(得與亡孰病)?"[23]라고 묻고 있는 것이다. 여기서 '몸(身)'은 '생명'을 뜻한다. 이 생명은 명예와 재물보다 중요하다. '얻음(得)'은 명리(名利)를 추구하는 것이고, 잃음(亡)은 '자아를 상실하는 것'이며, '병(病)'은 우려를 뜻한다. 명리를 추구하다가 자아를 상실한다면 그는 생명을 잃는 것이나 다름없다. 현대인에게 소중한 교훈이 아닐 수 없다. 북송시대의 문인 소철(蘇轍, 1039-1112)은 『노자해(老子解)』에서 이 구절을 다음과 같이 해석한다.

> "얻지 못한 자는 잃어버리는 것으로 걱정하고, 이미 얻게 되면 잃어버릴 것을 근심한다. 그런 즉 걱정이 또한 잃어버린 자에게 더욱 심하니, 오직 있는 것과 없는 것에 여일하고 얻고 잃음에도 고르게 대한다면 그런 연후에는 걱정이 없으리라."[24]

소철의 노자 해석에서도 알 수 있듯이, 생명의 소중성은 이해득실이나 명예욕 등에 있는 것이 아니라, 오직 얻고 잃음에 대해 초연한

爲目者以物役已."

23) 『노자』 44장, "名與身孰親, 身與貨孰多, 得與亡孰病" 이 본문에서 '身'은 '生命', '多'는 '貴重'을 의미한다. 『說文解字』: '多, 重也'. cf. 劉康德, 앞의 책, p.125.

24) 蘭喜幷, 『老子解讀』, p.164. "不得者以亡爲病, 及其旣得而患失, 則病于有甚于亡者, 惟齊有無, 均得喪, 而後無病也.0"

자세로 살아가는 것이 중요하다는 것을 말해주고 있다.

(3) 가혹한 형벌의 반대와 생명존중

노자는 생명을 존중하는 사상을 강조하면서 특별히 통치자에 대한 생명 중시사상을 경고하고 있다. 『노자』 75장에서 '백성이 목숨을 버리며 죽음을 경시하는 까닭(民之輕死)'에 대해 언급한다.

> "백성이 굶주리게 되는 것(民之饑)은 위에 있는 자들이 세금을 과도하게 거두기에(以其上食稅之多), 그래서 굶주린다. 백성을 다스리기 힘든 까닭은(民之難治) 통치자가 망령된 행위를 행하기 때문이다(以其上之有爲). 그래서 다스리기 어렵다. 백성이 죽음을 가벼이 여기는 것은 통치자가 과분한 생활을 탐욕하기 때문이다. 그래서 죽음을 가벼이 여긴다."[25]

백성이 생명의 위협을 느끼도록 굶주리게 되는 이유에 대해서 노자는 위에서 통치하는 자들이 세금을 과도하게 거두어 가기 때문이라고 단언한다. 여기서 '위에 있는 자(其上)'는 통치자로서 임금을 뜻한다. 과도한 세금을 부과하여 백성이 굶주리게 하는 억압의 통치 외에도 임금이 '망령된 행위(有爲)'를 하기에 백성들이 곤경에 처하여 심지어 죽음을 가벼이 여기고 자살을 하는 것도 서슴지 않는다는 뜻이다. 여기서 통치자의 망령된 행위인 '유위'에 대해 임희일은 "통치자가 지나치게 꾀를 부린다"고 해석하고, 진고응은 "정치적 명령이 번거롭고 가혹하며, 강제적으로 허망한 행위를 하게 하는 것"라고

25) 『노자』 75장, "民之饑, 以其上食稅之多, 是以饑. 民之難治, 以其上之有爲, 是以難治. 民之輕死, 以其上求生之厚, 是以輕死."

해석한다.[26] 백성들이 곤경에 처하고 죽음도 가볍게 여길 정도였으니 당시대의 통치상이 얼마나 가혹했는지를 알 수 있게 한다.

이러한 백성의 비극은 이미 『노자』 74장에서도 잘 드러나고 있다. 백성이 죽음을 두려워하지 않는 까닭(民不畏死)에 대해서 노자는 고발하고 있다. "백성이 죽음을 겁내지 않는데, 어찌 죽음으로 그들을 두려워하게 할 수 있겠는가?(民不畏死, 奈何以死懼之)" 이 장은 노자의 정치관을 잘 보여 주는 것이지만, 여전히 백성의 생명을 존중하는 노자의 생명철학이 동시에 담겨 있다. 예컨대, 노자의 정치절학은 노자의 생명철학과 밀접한 관계를 지니고 있는 것이다. 이제 노자가 말하는 생명철학을 향해 나가는 방법에 대해서 고찰해 보자.

3. 생명으로 가는 길

1) 허정(虛靜): 비고 빈 마음으로 고요한 뿌리로 돌아간다.

노자는 생명에 이르는 길, 그 첫 출발을 '허정(虛靜)'으로 삼는다. 고요하고 욕심 없는 텅 빈 마음을 중시하라는 노자의 '허정'사상은 그의 『도덕경』 전반에 흐르는 기조다. 그는 16장에서 다음과 같이 말한다.

> "비움의 지극함에 이르고 고요함을 독실이 지켜라. 만물이 무성하게 자라지만, 각기 그 뿌리로 되돌아간다. 뿌리로 돌아가는 것을 고요함이라 한다. 이를 일러 생명을 회복하는 것이라 한다. 생명을 회복하는 것을 항상 그러함이라 한다. 항상 그러함을 아는 것을 밝음이라 한다."[27]

---

26) 林希逸, "有爲, 言爲治者過用智術也." 陳鼓應, "有爲, 政令煩苛, 强作妄爲." cf. 劉康德, 앞의 글, p.196.

“비움의 지극함에 이르라(致虛極)”는 이 말에 대해 하상공(河上公)은 “도인은 정욕을 버리고 오장(五藏)을 청정하게 함으로써, 비움의 지극함에 이른다.”고 했고, “고요함을 돈독히 지키는 것(守靜篤)”도 “청정함을 간직하라”는 것으로 해석한다.[28] 이처럼 ‘허(虛)’는 마음을 깨끗하게 비우고 밝게 하는 무욕의 정신이며, ‘정(靜)’은 무욕의 정신 상태를 고요히 안정시키는 ‘무위(無爲)의 상태를 말한다. 이 두 글자를 한 마디로 요약하면 ’깨끗하고 고요한 무욕의 빈 마음‘이다. 이러한 상태를 유지하는 것이 생명에 이르는 첩경이라는 것이다.

“만물이 무성하게 자라지만 결국은 그 뿌리로 돌아가는데, 그 뿌리로 돌아감을 고요함(歸根曰靜)”이라고 노자는 비유하여 말을 하고 있다. 뿌리로 돌아간다는 것은 본원으로 회귀하는 것이다. 인간의 생명도 무성하고 왕성한 시절을 지나면 ‘흙에서 왔다가 다시 흙으로’ 돌아간다. ‘생장염장(生長斂藏)’의 순환이다. 노자도 만물이 “되돌아가는 것이 도의 움직임(反者道之動, 40장)”이라고 했고, “늘 욕심을 일으킬 때는 그 돌아감을 보라(常有欲,以觀其徼, 1장)”라고 했다. 노자는 이러한 뿌리로 돌아감을 ‘고요함’에 비유하면서, 이것이 바로 ‘생명의 회복’ 즉 ‘복명(復命)’이라고 명칭 했다. ‘복명’은 곧, ‘본성의 회복’이기도 하다. 노자의 생명 회복 사상이 ‘허정’에서 시작하여 ‘귀근(歸根)’의 ‘복명’으로 이어지는 것이다. 그런데 이러한 생명의 회복을 ‘항상 그러한 이치’(常)라 하고 이것을 알아차리는 것을 ‘밝음(明)’이라 했던 것이다.

---

27) 『노자』 16장, “致虛極, 守靜篤, 夫物芸芸, 各復歸其根. 歸根曰靜, 是謂復命. 復命曰常, 知常曰明.

28) [漢] 河上公, 『道德經集釋』(上冊), (北京: 中華書局, 2015), p.21.

2) 유약(柔弱): 부드럽고 유약한 정신으로 강하고 단단한 것을 극복한다.

노자에게서 생명에 이르는 길은 '허정'에 이어 '유약(柔弱)'이다. 이른바, 부드럽고 약함의 비결이다. 노자가 '되돌아가는 것이 도의 움직임'이라고 하면서, '약한 것이 도의 작용이라(弱者, 道之用, 40장)'고 했다. 여기서 '약(弱)'은 부드럽고 약한 '유약(柔弱)'을 뜻한다. 고형(高亨)에 의하면, "도는 만물을 잘 이롭게 하지만 다투지 않는다. 이것은 약함을 그 작용으로 하는 것이다."[29]라고 했다. 이는 노자가 '상선약수(上善若水, 8장)에서 말하는 도의 작용을 물에 비유했던 것처럼, 고형도 '물의 부드러움과 그 이로움'을 비유하여 '유약'이 생명력의 힘이라고 해석하고 있다.

노자가 강조하는 생명의 길인 유약함은 '갓난아기의 비유'에서 더욱 두드러진다. 『노자』 10장에서 이렇게 말하고 있다. "기를 전일하게 하여 능히 갓난아이 같을 수 있겠는가?(專氣致柔, 能嬰兒乎?)." 갓난아이의 부드러움이 지극한 경우를 노자는 강조하고 있다. 여기서 "기를 전일하게 한다(專氣)"는 것은 '정기(精氣)'를 결집시키는 것이다.[30] 이때의 '기(氣)'는 '원기(元氣), 진기(眞氣)를 뜻하기도 한다.[31] 고대 중국인들은 사람이 천지의 원기를 얻을 때 비로소 생명이 있다고 했다. 그리하여 원기를 손상시켜서는 안 된다고 했다. 하상공도 이 부분의 해석에 대해서 "정기를 오로지 간직하여 어지럽지 않게 함으로써, 형체가 능히 응하여 유순하게 된다."[32]고 해석한다. 이처럼 기를 오

---

29) 高亨, 『老子正詁』, (北京: 清華大學出版社, 2011), p.67. "道善利萬物而不爭, 是以弱爲用也."
30) 劉康德, 앞의 책, p.32.
31) 馬恒君, 『老子正宗』, (北京: 華夏出版社, 2014), p.28.

로지 간직하고 부드럽게 하는 것이 양생(養生)의 기본이 될 뿐 아니라, 인간관계에 있어서도 소중한 생명력을 간직하는 중요한 요소가 된다.

노자가 말하는 생명력의 '유약'은 무엇보다 물의 비유에서 잘 강조되고 있다. 78장에서 이렇게 말한다. "천하에 물보다 부드러운 것이 없지만, 단단하고 강한 것을 공격하는 데는 이보다 나은 것이 없다"33) 물의 부드러움이 강철보다 강하다는 것이다. 이는 노자가 '부드럽고 약한 것이 강하고 단단한 것을 이긴다(柔弱勝剛强)'고 했던 데서도 잘 알 수 있다. 이것이 노자가 도를 물에 비유한 이치다.

3) 현통(玄通): 미묘한 도의 정신으로 현묘한 이치에 통달한다(夷希微).

노자의 생명철학을 말해 주는 부분은 '허정'과 '유약' 외에도 많다. 그것을 한 마디로 요약하면 '현통(玄通)'이다. 현묘한데 통한다는 뜻이다. 이 '현통' 속에는 허정도 유약도 포함된다. 노자는 15장에서 이렇게 말한다.

> "예부터 훌륭한 도인은(古之善爲士者) 미묘하여 그윽이 통하니, 그 깊이를 알 수 없다"34)

여기서 미묘(微妙)하다고 하는 것은 무위(無爲)의 정신으로 그윽한 것에 통달한다는 것이다. 그리하여 현통(玄通)은 무불위(無不爲)가 된다.

---

32) [漢] 河上公, 『道德經集釋』(上冊), p.13. "專守精氣使不亂, 則形體能應之而柔順矣"
33) 『노자』 78장, "天下莫柔弱於水, 而攻堅强者, 莫之能勝."
34) 『노자』 15장, "古之善爲士者, 微妙玄通, 深不可識."

하상공은 '현통'이라 할 때의 '현'을 '천(天)'으로 해석한다. 그리하여 '현통'은 현묘하게 '정(精)'과 '천(天)'이 통하는 것이라 했다.[35] 이렇게 보면 '현통'은 '천통'이요, '천통'은 천지인의 '도통'이 되는 셈이다. 이처럼 도에 입각한 사람은 천도(天道)에 '현통'할 뿐 아니라, 지도(地道)와 인도(人道)에 밝아질 때 노자가 말하는 무위의 도인이 되는 것이다. 앞에서 보았듯이 "사람은 땅을 본받고, 땅은 하늘을 본받으며, 하늘은 도를 본받고, 도는 스스로 그러함을 본받는다."고 했을 때, 결국 사람은 '스스로 그러한' 자연의 법칙을 알고 실천하는 길이 생명을 얻고 더욱 풍성한 삶을 누리는 비결이 될 것이다. 이러한 방식 가운데 노자는 소박한 삶의 길을 제시한다. 『노자』 19장에서 '포박(抱樸)'을 말하면서, 소박함을 껴안고 진실한 삶을 사는 것을 통나무에 비유하고 있다.

> "있는 그대로를 드러내고 순박한 것을 껴안으라(見素抱樸), 사사로운 일을 줄이고 욕심을 적게 한다"[36]

이 본문에서 '있는 그대로를 드러낸다.'고 할 때, '현소(現素)'의 '소(素)'는 그 뜻이 가리키듯 염색하지 않는 순수한 그대로의 실(絲)을 의미한다. 마치 어린아이와 같은 순수한 해맑은 웃음에 비유 할 수 있을 것이다. 또한 '순박한 것을 껴안는다.'고 할 때의 '박(樸)'은 가공하지 않은 통나무를 뜻한다. 이처럼 하얀 실과 같이 혹은 가공하지 않은 통나무 같이 순수한 세계를 항상 지향하고 그러한 순수를 드러내

35) [漢] 河上公, 『道德經集釋』(上冊), p.20.
36) 『노자』 19장, "見素抱樸, 少私寡欲."

며 품고 사는 삶이야 말로 생명에 충실한 것이고, 미묘한 '현통'의 삶을 사는 것이라 할 수 있다. 이러한 '현통'의 정신으로 인간 생명을 충분히 고양 발전시키는 양생(養生)의 차원을 하나의 수련법으로 삼아도 좋을 것이다. 양생의 수련법[37]에 대해서는 다음 기회가 있을 때 구체적으로 알아보기로 하고 이상의 고찰로 여기서 노자의 생명 철학의 대략을 마치고자 한다.

Ⅲ. 결론

노자의 '생명론'은 동서양의 모든 종교와 마찬가지로 우주론과 인간론에 결부되어 있다. 우주론적 보편적 도의 세계와 관련된 인간 덕성의 함양이 주어진 생명력을 잘 보존하고 충실하게 하는 관건이다. 도가 사상에서 도는 '우주적 보편성으로서의 도'이지만, 이 도의 작용 원리는 '스스로 그러한' 원리로서의 '자연(自然)'을 본받는 것이 우선 원칙이 된다. 이른바 '도법자연(道法自然)'이다. 이것이 도가 사상의 우주론적 제일 원칙이 된다.

우주와 대별 되고 우주 속의 존재로서의 인간은 바로 이러한 우주 법칙으로서의 도를 본받아 사는 것이 우주 제일 법칙에 순응하는 셈이다. 이러한 상태를 일러 '무위자연(無爲自然)'이라 할 수 있고, 인간

37) 면면약존(綿綿若存)의 도의 원리에 입각한 양생지도(養生之道)를 몇 가지 참고하면 다음과 같다. 1) 박명리(薄名利): 명예와 이익을 경계함. 2) 금성색(禁聲色): 노래와 여색에 빠지지 않음. 3) 염재화(廉財貨): 재화에 청렴함. 4) 손자미(損滋味): 맛에 탐닉하지 않음. 5) 병허망(屛虛妄): 허망한 것을 멀리함. 6) 제질투(除疾妒): 질투를 버림.

행위의 측면에서는 제일 법칙에 해당하는 '무위이무불위(無爲而無不爲)'가 된다. 이러한 '무위이무불위' 즉 인위적인 행함이 없어도 이루지 못함도 없는 경지의 삶은 인간의 수명을 온전하게 하고 천수를 누리는 양생의 길을 걷게 된다. 주어진 생명의 길을 온전히 사는 방법으로, 허정, 유약, 현통을 들었다. 그것을 구체화하는 '면면약존'의 양생법이 있을 수 있다. 이 모든 것이 도에 입각한 순응의 원리로서 덕성을 함양하는 일과 관계된다.

대도에 입각한 인간의 생명은 '역중유사대(域中有四大)'라는 언급에서도 알 수 있듯이, 도와 더불어 천지와 인간이 동일하게 크다는 노자의 논리를 찾아보게 된다. 이러한 존엄한 생명을 지닌 인간은 도와 더불어 살 때는 존엄한 가치를 지니지만, 도가 무너진 상태에서는 전쟁과 같은 참사가 끊이지 않는다. 전쟁의 원인도 노자는 인간의 탐욕에서 비롯되는 것으로 진단한다. 뿐만 아니라 인간의 탐욕은 스스로의 생명을 단축하거나 위협하는 일차적인 요소다. 노자는 특히 백성들을 고통에 몰아넣는 통치자의 탐욕을 경고하면서, 진정한 생명에 이르는 길을 몇 가지로 제시한다. 그것이 '허정'의 비움과 고요함이며, '유약'의 부드럽고 약함의 미덕이며, 신묘한 도의 이치를 깨닫는 '현통'의 사상이다. 그 길은 물과 같이 부드럽고 겸손하며 다투지 않고, 갓난아이 같이 그 기(氣)가 부드럽고 순수하며 유약하고, 통나무 같이 소박한 순수하고 삶이다. 이것이 노자의 생명철학이다.

참고문헌

高亨, 『老子正詁』, (北京: 清華大學, 2011)
蘭喜幷, 『老子解讀』 , (北京: 中華書局, 2005)
羅義俊, 撰, 『老子譯註』, (上海: 上海古籍出版社, 2012)
馬恒君, 『老子正宗』, (北京: 華夏出版社, 2014)
[宋] 林希逸, 『莊子鬳齋口義校注』, (北京: 中華書局, 2009)
[魏] 王弼, 『老子道德經注』, (北京: 中華書局, 2011)
劉康德, 『老子』, (上海: 上海辭書出版社, 2018)
陳鼓應, 『老子註譯及平介』, (北京: 中華書局, 2008)
[漢] 河上公, 『道德經集釋』(上冊), (北京: 中華書局, 2015)
이명권, 『노자왈 예수 가라사대』, (서울: 열린서원, 2017)

자연에 떠도는 정신의 생태 매개로서의 몸에 관한 고찰

강 응 섭

자연에 떠도는 정신의 생태 매개로서의 몸에 관한 고찰

강 응 섭 예명대학원대학교 조직신학-정신분석상담학 교수

글을 열면서

카알 뢰비트(Karl Lowith, 1897~1973)는 19세기 독일 정신사를 서술하는 〈서론〉에서 괴테(Johann Wolfgang von Goethe, 1749.8.28.~1832.3.22.)와 헤겔(Georg Wilhelm Friedrich Hegel, 1770.8.27.~1831.11.14.) 간의 30년 관계와 몇 편의 서신을 소개한다. 괴테가 스무 살 아래의 헤겔에게 호의적인 태도를 취한 것은 자재태(自在態)와 타재태(他在態)의 관계를 다루는 측면에 동의하기 때문이라고 뢰비트는 말한다. 즉, 셸링이 자연을, 피히테가 주관성을 강조하고 부각시켰던 것과는 달리, "헤겔은 주체와 객체의 중간에 몸을 두었다."[1] 『논리학』에서 『엔치클로페디』에 이르는 저작에서 헤겔은 주체와 객체, 자재태와 타재태, 내면성과 외면성 등 각 항의 중간을 찾는 작업을 했다. 헤겔에게

1) 카알 뢰비트, 강학철 옮김, 『헤겔에서 니체에로, 19세기 사상의 혁명적 결렬-마르크스와 키아케고어』(민음사, 1985), 20-21.

중간은 실체가 주체가 되고, 주체가 실제적인 것이 되는 매개이자 동일성을 얻는 동인(動因)이다. 19세기 서양의 정신사는 절대자를 자연 쪽에 둘지, 주관 쪽에 둘지를 놓고 팽팽한 논쟁을 하였는데, 헤겔과 그의 후임자들은 그 중간 지점에 서서 좌우를 관망하거나 좌나 우에 발을 들여 놓고 실천했다.

산업사회로 들어가는 시점에서 진행되었던 이런 논의는 두 세기가 지난 오늘날의 관점에서 볼 때, 시사하는 바가 크다. 단지 그런 논의는 관념론적(觀念論的) 논쟁이 아니라 생태학적(生態學的)인 논쟁이었음을 보게 된다. 생태학적인 관점에서 역사를 돌이켜 보건데, bce 5세기 그리스에서 있었던 논의도 ce 19세기 유럽에서 있었던 것과 유사하다. 그리스 자연철학에서 자연을 지칭하던 용어인 $\psi\upsilon\chi\eta$가 인간의 정신을 지칭하는 용어로 한정되면서 인문주의철학이 발전하였듯이, 19세기의 사상사에서도 자연에서 정신으로, 객체에서 주체로, 객관에서 주관으로 강조점 이동이 있었다. 뢰비트에 따르면, “괴테는 직관되어진 ‘자연’의 편에서, 헤겔은 ‘역사적 정신’의 편에서 통일을 파악하는 점에 두 사람이 가진 매개의 차이가 있게 된다. 헤겔이 ‘이성의 奸智’를, 괴테가 ‘자연의 간지’를 승인하는 것은 이것에 대응한다.”[2] 뢰비트의 저서 『헤겔에서 니체에로, 19세기 사상의 혁명적 결렬-마르크스와 키아케고어』가 1939년에 초판 발행되고 1949년에 재판 발행되었는데, 이 때는 관념론적인 논쟁이 세계를 휩쓸었지 생태학적인 관점은 반향이 적었다.

필자는 이 글의 제목을 〈자연에 떠도는 정신의 생태 매개로서의 몸에 관한 고찰〉로 정하였다. 헤겔의 관점으로 하자면 〈자연과 정신

2) 같은 책, 23.

의 중간 매개로서의 몸에 관한 고찰〉이 될 것이다. 헤겔의 시대는 자연과 정신의 중간 지점이 통합지점이라고 말할 수 있었던 시기였다. 하지만 두 세기가 지난 오늘, 자연과 정신 사이의 중간 지점은 있는가? 자연은 더 이상 정신에 대응하는 객체가 아니고, 그로 인해 정신 또한 자연에 대응하는 주체가 아니다. 자연과 정신은 서로 대응하는 관계가 아니게 되었다. 그럼에도 정신은 자연에 기초를 두어야 하는 관계이다. 이 글은 사람이 살아가면서 보이는 다양한 정신의 모습을 담은 몸을 그리기 위해 준비되었다. '생태'는 주로 자연을 말할 때 사용하는 단어지만 생물과 동물로서 인간의 몸을 표현할 때도 적합한 용어이다. 특히 자연 속에서 살아가는 인간의 몸을 표현할 때 정신의 생태 매개로서의 몸이라고 표현하는 것은 오늘날에도 시기적절해 보인다. 인류는 역사 속에서 바울과 아우구스티누스, 루터와 파스칼, 프로이트와 라깡 등을 통해 자연에 떠도는 정신의 생태 매개로서의 몸을 아주 세밀하게 다루어왔다. 본 글은 그들이 제시한 몇 개의 문헌을 살피면서 정신의 질서를 담은 몸이 자연과 맺는 관계를 살피면서 '자연에 떠도는 정신의 생태 매개로서의 몸,' '자연에 떠도는 정신의 생태 매개로서의 몸'에 관한 이야기를 하고자 한다.

1. 자연에 떠도는 정신의 생태 매개로서의 몸에 대한 바울의 견해

바울은 『로마서』(57-59년) 1장에서 서두에서 자신이 로마에 가고자 하는 의도를 밝힌다. 그 의도는 지금껏 그가 다른 지역에 있는 이들에게 복음을 전했듯이 로마에 있는 이들에게도 복음을 전하기 위한 것[3]이라고 제시한 후, 자신이 로마에 복음을 전하려는 이유를 세 가지로 설명한다.

> 내가 복음을 부끄러워하지 아니하노니 이 복음은 모든 믿는 자에게 구원을 주시는 하나님의 능력이 됨이라 복음에는 하나님의 의가 나타나서 믿음으로 믿음에 이르게 하나니 기록된바 오직 의인은 믿음으로 말미암아 살리라 함과 같으니라.(롬 1: 16, 17)

이 인용문의 한글 번역에는 나와 있지 않지만 헬라어 원문에는 세 개의 $\gamma\alpha\rho$(왜냐하면)가 나온다. 우선, 복음을 부끄러워하지 않기 때문이고, 두 번째로 복음이 모든 믿는 자에게 구원을 주시는 하나님의 능력이 되기 때문이고, 세 번째로 복음 안에 있는 하나님의 의가 믿음에서 믿음에까지 드러나기 때문이다. 이런 세 가지 이유로 바울은 로마에 있는 사람들을 방문하고자 한다.

18절에서 바울은 내용을 전환하여 '하나님의 진노'에 대하여 64개 구절을 통해 말하고(3:20절까지), 65번째 구절(3:21절)에 이르러서 다시 '하나님의 의'를 말한다.

> 이제는 율법 외에 하나님의 한 의가 나타났으니 율법과 선지자들에게 증거를 받은 것이라 곧 예수 그리스도를 믿음으로 말미암아 모든 믿는 자에게 미치는 하나님의 의니 차별이 없느니라.(롬 3:21, 22)

바울에 따르면, 율법은 심판을 염두에 두고 있다. 그렇기에 율법

---

3) "그러므로 나는 할 수 있는 대로 로마에 있는 너희에게도 복음 전하기를 원하노라."(롬1:15)

이행을 기준으로 삼는다면 의롭다고 평가받을 이가 없고, 다만 범죄 사실을 깨달을 뿐이라고 말한다.

> 우리가 알거니와 무릇 율법이 말하는 바는 율법 아래에 있는 자들에게 말하는 것이니 이는 모든 입을 막고 온 세상으로 하나님의 심판 아래에 있게 하려 함이라 그러므로 율법의 행위로 그의 앞에 의롭다 하심을 얻을 육체가 없나니 율법으로는 죄를 깨달음이니라.(롬 3: 19, 20)

바울은 아직 자신으로부터 직접 복음을 듣지 못한 이들에게 율법 아래 있는 것과 복음 아래 있는 것의 차이를 극명하게 설명한다. 이 차이를 알지 못하는 사람은 그 차이에 따른 마음의 상태를 알지 못하겠지만 일단 그 차이를 알게 되면 마음의 상태가 어떻게 달라지는지 알게 된다. 차이에 따른 상태를 바울은 구약성경을 풀어가면서 제시한다. 그 차이를 깨닫기 전에 가졌던 마음의 상태는 그 차이를 깨닫고 난 후에는 완전히 다른 마음에 이른다.

> 전에 율법을 깨닫지 못했을 때에는 내가 살았더니 계명이 이르매 죄는 살아나고 나는 죽었도다. 생명에 이르게 할 그 계명이 내게 대하여 도리어 사망에 이르게 하는 것이 되었도다.(롬 7:9, 10)

바울의 설명을 도식으로 그려보자면, 우선 율법을 깨닫기 전의 상태와 율법을 깨닫고 난 후의 상태로 구분하는 것이 가능해 보인다. 이때 상태는 자연과 정신의 매개인 몸의 상태라고 보는 것이 통전적인 사유일 듯하다.

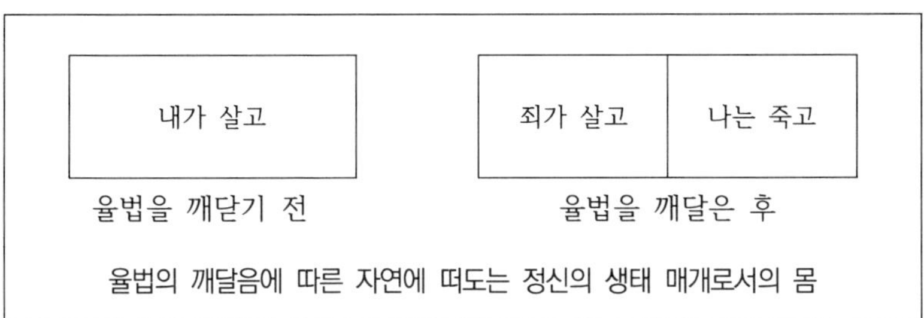

7장 9절에서 보듯이, 살았다는 말은 죄에 대해 산 것이기 때문에 실상은 죽은 것의 다른 표현이다. 10절의 "생명에 이르게 할 그 계명"이 나를 사망에 이르게 하는 것은 계명 자체가 사망에 이르게 하는 것이 아니라 '죄가 죄로 드러나게 하기 위'(7:13)함이다. 율법 자체가 문제가 아니라 율법을 깨닫는 방식이 문제다. 왜냐하면 시편 19편에서 "여호와의 율법은 완전하여 영혼을 소성시키며"(시 19:7)라고 이미 언급했듯이 "율법은 거룩하고 계명도 거룩하고 의로우며 선하"(7:12)기 때문이다. 다시 말해, 내가 율법이 원하지 않는 것을 행한다면 그것은 내가 아니라 내 안의 죄라고 말한다. 이 말을 바울은 "선을 행하기 원하는 나에게 악이 함께 있는 것이로다.(7:21)라고 말한다. 선과 악이 내 안에 함께 있다는 것을 깨달은 바울은 "그러므로 내가 한 법을 깨달았노니"(7:21)라고 적고 있다. 바울은 이 말을 좀 더 풀어서 설명한다. 즉 '선을 행하기 원하는 나'와 '악이 함께 있는 것'을 구체적으로 풀이한다.

> 내 속사람으로는 하나님의 법을 즐거워하되 내 지체 속에서 한 다른 법이 내 마음의 법과 싸워 내 지체 속에 있는 죄의 법으로 나를 사로잡는 것을 보는 도다.(7:22, 23)

'선을 행하기 원하는 나'는 속사람인데, 이 사람은 하나님의 법을 즐거워하고, '악이 함께 있는 것'은 속사람(내 마음의 법)과 싸우는 내 지체 속의 다른 법, 즉 죄의 법으로 나를 사로잡는 것이다. 25절에서는 "그런즉 내 자신이 마음으로는 하나님의 법을 육신으로는 죄의 법을 섬기노라"고 정리한다. 마음과 육신, 하나님의 법과 죄의 법, 내 마음의 법(속사람)과 내 지체 속의 다른 법 사이에서 갈등하는 바울은 자신을 두고 "오호라 나는 곤고한 사람이로다."라고 말하면서 "이 사망의 몸에서 누가 나를 건져내랴"고 탄식한다. 여기서 우리는 사망의 몸이 두 개로 분열된 몸 전체를 의미하는지, 한쪽만을 의미하는지 질문할 수 있을 것이다. 이에 대한 답은 그 다음 장에서 예견할 수 있다.

> 그러므로 이제 그리스도 예수 안에 있는 자에게는 결코 정죄함이 없나니 이는 그리스도 예수 안에 있는 생명의 성령의 법이 죄와 사망의 법에서 너를 해방하였음이라.(롬 8: 1, 2)

'예수 안에 있는 생명의 성령의 법'이 '예수 안에 있는 자'를 '죄와 사망의 법에서 해방'한다는 것이다. 이 말이 의미하는 바는 우리 몸의 한 부분(마음, 하나님의 법, 내 마음의 법(속사람))이 다른 한 부분(육신, 죄의 법, 내 지체 속의 다른 법)을 해방하는 것이 아니다. 해방은 밖에서 작용하여 이루어진다. 즉, 우리 밖에 있는 예수, 그 예수 안에 있는 생명의 성령의 법의 작용에 의해 이루어진다. 이때 조건은 예수 안에 있는 자, 예수께서 안에 거하는 자, 예수와 하나 된 자에게 한정된다.

또 그리스도께서 너희 안에 계시면 몸은 죄로 말미암아 죽은 것이나 영은 의로 말미암아 살아 있는 것이니라.(롬 8:10)

다시 말해 죄로 말미암아 몸(τὸ σῶμα)이 죽지만 의로 말미암아 영이 살고, 예수를 살리신 이의 영으로 말미암아 죽을 몸도 살게 된다고 그 다음 절은 해설해준다. 이런 맥락에서 바울이 "육신의 생각은 사망이요 영의 생각은 생명과 평안이니라."(롬8:6)고 말할 때, 이 말은 육과 영을 이분법적으로 말한 것이 아님을 알 수 있다. 육신의 생각이 사망이라고 할 때는 생명과 평안인 영의 생각이 함께 하지 않을 때이고, 영의 생각이 생명과 평안이라고 할 때는 사망인 육신의 생각이 없을 때이다. 즉, 예수 안에 있는 자가 생명과 평안을 가질 때, 그 사람의 영과 육이 분리되어 있기 때문이 아니라 사망인 육신의 생각에 거하지 않을 능력이 있기 때문임을 알 수 있다. 이 능력은 바로 구원을 주시는 하나님의 능력이고, 복음이다. 이 복음 안에 있는 하나님의 의는 "믿음에서 난 의"(롬9:30)이고 "행위를 의지"(롬9:32)한 것이 아니다.

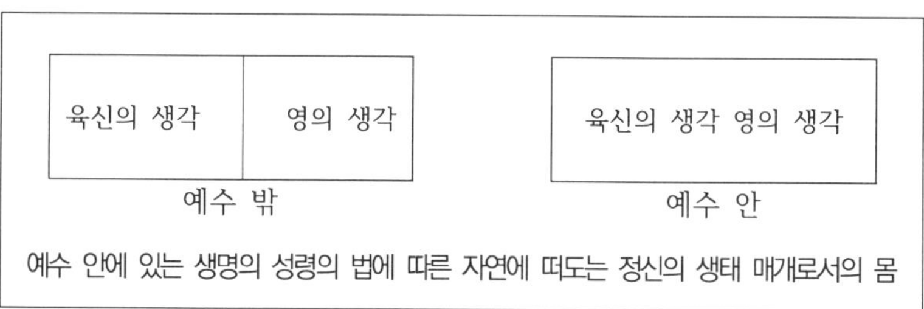

이와 같이 육과 영을 잇는 마음의 상태가 우선적으로 율법의 개입에 의해, 그리고 예수 안에 있는 생명의 성령의 법에서 새롭게 된다

는 바울의 생각(즉, 칭의)은 정신의 또 다른 생태를 보여준다고 볼 수 있다.

여기서 우리는 율법을 생태와 연관하여 볼 수 있을지 질문한다. 율법이 주어진 것은 구분이 없는 것에 구분을 하기 위함이다. 그 구분 가운데 중요한 것은 자연(피조물)과 하나님간의 관계이다. 이 관계를 분명하게 하려고 율법이 주어졌는데, 그 결과는 자연으로부터의 소외, 하나님으로부터의 소외였다. 관계의 구원을 위해 주어진 율법으로 인해 두 항의 구분이 형성되고, 그것으로부터 소외가 발생하였다. 이것을 회복하기 위해 예수께서 율법의 자리에 임하여 율법의 성취가 된다. 예수의 개입은 자연과 정신의 질서를 위한 공간을 마련하는 데 있다고 볼 수 있다.

2. 자연에 떠도는 정신의 생태 매개로서의 몸에 대한 아우구스티누스의 견해

아우구스티누스는 「영과 문자」(412년)에서 바울이 말하는 몸의 두 부분의 관계를 정리한다. 그가 제시한 관계는 '결여'이다. 즉, 몸의 한 부분(영, 마음, 하나님의 법, 내 마음의 법, 속사람)과 다른 한 부분(문자, 육신, 죄의 법, 내 지체 속의 다른 법, 겉사람)의 대립이 아니라 한 쪽이 결여되는 관계이다. 전자가 결여되면 후자는 구원이 아니라 정죄에 몰입한다.

> 그러므로 이것이 확증하는 것은 "의문의 옛 것"은 만일 "영의 새 것"이 결여되면, 사람들은 죄로부터 구원하기보다는 오히려

죄에 대한 앎을 통해 사람을 정죄한다.("영과 문자," 『아우구스티누스: 후기 저서들』(서울: 두란노아카데미, 2011), 292. §26.)

이처럼 옛 것과 새 것은 이분법적 관계가 아니라 상호적 관계에 있다. 한쪽(새 것)이 결여되면 또 한쪽(옛 것)이 득세한다. 한쪽(새 것)이 충만하면 또 한쪽(옛 것)은 그 기능을 잃거나 약화된다. 이런 의미에서 두 쪽은 알력 관계에 있게 된다. 아우구스티누스는 이 두 구도를 다음과 같이 설명하기도 한다.

> 따라서 바울이 다른 경우에서 말하는 것처럼, "율법은 범법함 때문에 제정되었다." 즉 사람의 밖에 기록된 문자, 이것을 바울은 죽음의 직분으로, 정죄의 직분으로 부른다. 그 반면에 신약성경의 그것을 바울은 영의 직분 혹은 의의 직분이라고 부른다. 왜냐하면 성령의 선물을 통해서 의를 행하고, 범죄에 대한 정죄로부터 구원받았기 때문이다. 그렇게 하나는 폐하여졌고, 다른 하나는 남아 있다.("영과 문자," 『아우구스티누스: 후기 저서들』(서울: 두란노아카데미, 2011), 296-297. §31.)

바울이 말하는 두 구도는 '문자와 영'에 의해 구분된다. 사람 밖에 기록된 문자는 죽음의 직분과 정죄의 직분이고, 사람 안에 기록된 문자는 영의 직분과 의의 직분이다. 사람(몸) 밖에 기록된 문자라는 의미는 사람(몸)을 죽이고 정죄하는 기능을 한다는 것이고, 사람(몸) 안에 기록된 문자라는 의미는 영을 살리고 의를 행하는 기능을 한다는 것이다. 여기서 문자와 영은 몸의 두 부분의 관계처럼 이분법적인 것이 아니다. 오히려 사람(몸) 밖에 있던 문자가 사람(몸) 안에 들어오면 사람(몸) 밖에 있던 문자는 폐하여지고 사람(몸) 안에 들어온 문자가 기능을 한다는 것이다.

죽음의 직분 정죄의 직분 -두려움	영의 직분 의의 직분		영의 직분 의의 직분 -기쁨
사람(몸) 밖의 문자			사람(몸) 안의 문자

사람(몸)의 안팎에 있는 문자의 직분에 따른 자연에 떠도는 정신의 생태 매개로서의 몸

그래서 문자와 영, 사람 밖과 사람 안을 이해하는 것이 중요하다. 이해를 돕기 위해 아우구스티누스는 돌비와 마음을 예로 든다.

> 옛 언약과 새 언약의 이러한 분명한 차이를 이해하라. 거기서 율법은 돌비에 쓰여 졌고, 여기서는 마음에 쓰여 졌다. 그러므로 전자에서 외부로부터 부여되는 두려움은 후자에서 내부에서 고무된 기쁨이 된다.("영과 문자," 『아우구스티누스: 후기 저서들』(서울: 두란노아카데미, 2011), 305. §42.)

율법과 복음을 대비시키면서 범하는 오류 가운데 하나는 율법은 돌비에 복음은 마음에 기록된다는 것이다. 하지만 아우구스티누스는 율법이 돌비에 쓰이기도 하고 마음에 쓰이기도 한다는 것이다. 율법이 돌비에 쓰이면 두려움이 되고, 율법이 마음에 쓰이면 기쁨이 된다. 돌비와 마음은 사람 밖과 사람 안과 대응한다. 그렇기에 문자가

죽이느냐 살리느냐는 문제는 사람 밖에 기록되느냐 사람 안에 기록되느냐의 문제이다. 그래서 성령의 사역과 연결되느냐 분리되느냐가 관건이 된다.

> 성령의 도움과 분리된 이 모든 것들은 의심할 바 없이 죽이는 문자이다. 오로지 생명을 주는 성령이 현재할 때, 그것은 내부에 새겨지고 사랑을 받는 원인이 된다. 그러나 이것이 외부에 쓰였을 때 율법은 두려움의 원인이 된다.("영과 문자," 『아우구스티누스: 후기 저서들』(서울: 두란노아카데미, 2011), 297. §32.)

인용문에서 보듯, 성령이 현재할 때, 율법은 사람 안에 새겨지고, 그로써 율법은 사랑을 받는 원인이 된다고 말한다. 하지만 사람 밖에 새겨질 때, 율법은 두려움의 원인이 된다. 그래서 성령의 현재하심, 즉 성령의 임재는 죽이는 문자인 율법을 살리는 영으로 바꾼다.

> 하나님이 손수 마음에 쓴 하나님의 법은 하나님의 손(가락)인 성령의 임재 그 자체임에 틀림없다. 그 임재에 의해서 율법의 완성이요 계명의 마침이 되는 사랑이 우리의 마음에 널리 흐르게 된다.("영과 문자," 『아우구스티누스: 후기 저서들』(서울: 두란노아카데미, 2011), 299. §36.)

마음의 두려움과 기쁨은 외적인 문자와 내적인 임재로 정리할 수 있다. 즉, 문자로서 도덕적 명령이 인간에게 두려움을 주고, 성령의 내적 임재가 인간에게 사랑을 준다. 일단 이 지점에서 우리는 내부로 들어온 문자로 인해 육과 마음이 안식 상태에 이른다는 것을 듣게 된다.

그렇다면 성령의 임재는 사람의 의지와는 상관없이 임하는가 하는 질문이 제기된다. 성령의 임재 상태가 사람마다 각각 다르게 나타나기 때문이다. 문자인 율법이 어떻게 해야 온전한 성령의 임재가 되는지를 아우구스티누스는 이렇게 말한다.

> 오히려 영혼은 더 작은 의로움에 의해서 이 불의한 일들을 하려고 하는 그러한 욕망에 동의하려는 최소한의 경향으로부터 보존된다. "너는 네 마음을 다하고 목숨을 다하고 뜻을 다하여 주 너의 하나님을 사랑하라"는 계명에 해당하는 것은 우리의 불멸의 삶에 적용할 수 있다. 그리고 여기서 우리의 삶에 다른 계명을 적용할 수 있다. "너희는 죄로 너희 죽을 몸에 왕 노릇하지 못하게 하여 몸의 사욕을 순종치 말고," 거기서 "탐내지 말라"는 계명은 완성될 것이다. 여기서 계명 "네 탐욕을 좇지 말라"가 성취될 것이다. 거기서 우리는 완전의 상태에서 얼굴 이외의 어떤 것도 더 이상 구하지 않을 것이다. 여기서 사람은 그의 목적을 성취하기 위해서 일해야 하며, 그 보상으로 완전함을 소망해야 한다.("영과 문자," 『아우구스티누스: 후기 저서들』(서울: 두란노아카데미, 2011), 331-332. §65.)

그가 말하는 '작은 의로움'은 불의한 일을 욕망하고자 하고 동의하는 것으로부터 보존한다. 즉 불의한 일과 대립되는 율법을 대면한 신앙인이 그 문자를 마음에 적용하고자 원할 때, 그 계명은 완성되고 성취된다. 계명을 완성하고 성취한 이는 불의한 일을 욕망하거나 그 일에 동의하지 않는다. 오히려 계명을 완성하고 성취하는 일에 매진하며 소망한다. 즉, 성령의 임재는 사람의 의지를 마비시키는 것이 아니라 활성화시킨다. 믿음으로 사는 이는 불의한 것에 대항하도록, 그런 일에 굴복하지 않도록 노력해야 한다고 말한다.

> 이러한 약속에서 믿음으로 사는 사람이 어떤 불의한 쾌락에 동의하여 굴복하는 것은 죄가 될 것이다. 그가 어떤 더 혐오스러운 악행이나 범죄를 행함에서뿐만 아니라, 듣지 말아야 하는 어떤 말에 자신의 귀를 빌려 주거나, 혹은 말하지 말아야 할 어떤 것을 말하도록 혀를 빌려 주는 것, 혹은 마음에 계명에 의해 불의하고 잘못된 것으로 알려진 것을 어떤 즐거움으로 느끼도록 방종하려는 어떤 생각을 가지는 것과 같은 경범죄에서도 그러하다. 왜냐하면 그것 자체가 그것이 행해지는 것만큼이나 죄에 대해서 동의하기 때문이다.("영과 문자," 『아우구스티누스: 후기 저서들』(서울: 두란노아카데미, 2011), 332. §65.)

그가 제시하는 것은 불의한 것을 행하거나 듣거나 말하거나 느끼거나 생각하거나 하는 것에 동의하는 것이 죄라는 것이다. 성령의 임재 가운데서 죽이는 문자가 주는 두려움에서 벗어나 기쁨을 가지려면 그에 상응하는 적용과 그에 따른 작용을 해야 한다. 그것이 바로 믿음과 사랑이다.

> 그러므로 선택의 자유는 방해를 받지 않는다. 우리의 영혼은 주의 모든 상급을 잊지 않으면서 주를 찬미하게 된다. 우리의 영혼은 하나님의 의에 대한 무지에서 자신의 의를 세우려 하지 않고, 죄인들을 의롭다 하시는 분을 믿으며, 믿음으로 그것이 분명히 인정될 때까지 살아가며, 믿음과 사랑을 통해 행한다. 이 사랑

> 은 우리 스스로의 의지의 만족에 의해서도 그리고 율법의 문자에 의해서가 아니라, 우리에게 주어진 성령으로 말미암아 우리의 마음에 널리 흐르게 한다.("영과 문자," 『아우구스티누스: 후기 저서들』(서울: 두란노아카데미, 2011), 326. §59.)

그가 선택의 자유라고 말할 때, 믿는 이가 의지의 만족을 통해서 혹은 외적인 율법의 문자에 의거하여 성취하는 것이 아니다. 믿는 이에게 주어진 성령으로 말미암아 마음에 널리 흐르게 한다고 말한다. 요한복음 7장 38절에서 "그 배에 생수의 강이 흐르리라"고 표기하듯, 성령이 믿는 이의 마음에 충만하게 작용하려면, 죄인을 의롭다 하시는 분을 믿고, 그 믿는 것이 충분하다고 인정될 정도로 살고, 행해야 한다.

> "너의 모든 연약함을 치료하는 분." 이는 육체는 영에 반하는 것을 바라고, 영은 육체에 반하는 것을 바라는 이 세상에서 믿음의 사람에게 효력을 갖는다. 그 결과 우리의 지체에서 한 다른 법이 마음의 법과 싸우는 곳, 그리고 선을 원함은 있으나 행하지 않는 곳에서, 우리가 원하는 것을 하지 않게 된다. 만일 우리가 계속해서 인내하여 앞으로 나아간다면, 사랑으로 말미암아 역사하는 믿음에서 날마다 새 생명의 자람에 의해 옛 시대의 연약함은 치료함을 받는다.("영과 문자," 『아우구스티누스: 후기 저서들』(서울: 두란노아카데미, 2011), 325. §59.)

성령과 함께 사는 이가 연약하다는 말을 어떻게 이해해야 할 것인가? 사람은 몸에 두 부분을 갖고 있는데, 성령이 임재하기 전에는 한 부분이 몸을 지배하지만 성령이 임재하면서 몸의 또 한 부분이 그 한 부분과 맞서게 된다. 이때 전자의 몸이 후자의 몸을 지배한다면, 즉 믿는 이가 이전의 상태로 머물고자 한다면, 믿는 이에게 생명은 임하지 않는다. 그렇기에 믿는 이는 인내하면서 이전의 상태에서 벗어나고자 힘써야 된다. 이처럼 육과 영의 관계는 서로 대결 구도에서 힘겨루기를 해야 한다. 그의 말로 표현하자면, "믿음으로 날마다 새 생명의 자람에 의해 옛 시대의 연약함"을 이기고 치료받아야 된다.

> 비록 과거, 현재 그리고 미래에도 이 세상에서의 그러한 완전한 의의 예가 없다고 하여도, 너는 만일 인간의 의지가 신적인 도움에 의해 지지된다면, 그는 죄 없는 존재가 될 수 있다는 말에 당혹해했었다. 앞서 너에게 설명한 저서(「죄의 값과 속량에 대하여」, II, 7. 필자 넣음)에서 나는 이와 같은 말로 그 문제를 말했다. "만일 내가 어떤 사람이 이 세상에서 죄 없을 수 있는지 질문을 받는다면, 나는 그것이 하나님의 은혜와 인간의 자유 선택으로 말미암아 가능하다는 것을 인정할 것이다. 비록 나는 선택의 자유 자체는 하나님의 은혜에 관계하는 것임을, 즉 하나님이 주는 사물에 - 그 존재, 적절한 방향성 그리고 하나님의 계명을 지키도록 돌이킴에 관계하는 것임을 확신한다. 그 결과 하나님의 은혜는 무엇이 올바를 것인지를 보여 줄 뿐만 아니라, 그 도움을 통해 보인 것이 행해질 수 있도록 한다."("영과 문자," 『아우구스티누스: 후기 저서들』(서울: 두란노아카데미, 2011), 328. §62.)

믿는 이의 삶이 어떠해야 하는가 하는 원리에 관해 아우구스티누스는 하나님의 은혜와 인간의 자유 선택으로 설명한다. 즉, 죄 없는 존재로 이 땅에서 살 수 있는가 하는 질문에 답한 것이다. 그는 그 가능성을 확신한다. 하나님의 은혜는 인간의 자유 선택을 가능케하는 조건이다. 하나님의 은혜는 믿는 이로 하여금 바른 선택을 할 수 있는 길을 제시하고, 그것을 성취할 힘을 준다. 즉, 아우구스티누스가 본성에 의한 '선택의 의지'와 하나님의 선물로서 '믿을 의지'를 말할 때, 우리가 어느 쪽을 선호한다고 해도 풀리지 않는 질문이 제기되는데, 이것을 푸는 열쇠가 바로 "이러한 은혜가 인정되기 위하여 우리는 믿으며, 우리의 믿음은 의지의 행위다"(p.323. §57)는 말에 함축되어 있다. 즉, 의지가 하나님의 선물이라는 근거 하에 선택의 자유를 믿는 것이 바람직하다는 것이다. 다시 말해 "의지의 행위는 신적인 선물에 기인한다."(p.326, §60) 이 말이 의미하는 것을 그는 이렇게 부연한다.

> 하나님은 우리가 경험하는 인상(impression)의 동기에 의해서 우리가 자발적이며 믿도록 역사하신다. 그 인상은 외면적(external)이다. 율법의 계명에서처럼 어떤 유효함을 지니는 복음서의 권면과 같이, 어떤 사람에게 그 자신의 연약함을 경호함에 의해서 사람들이 의롭게 하는 은혜를 지닌 믿음으로 말미암아 그를 위안하도록 한다. 또는 그 인상은 내적(internal)이기도 하다. 좋든 싫든 간에 마음속에 있는 생각에서처럼, 동의나 혹은 거절을 하는 자기 스스로의 의지의 문제이다. 이러한 방법으로 하나님은 이성적 영혼이 믿도록 역사하신다. 만일에 믿음에 대한 어떤 동기나 초대가 없다면, 실상 선택의 자유는 어떠한 믿음의 행위도 가져올 수 없다. 그러므로 확실하게 하나님은 어떤 사람에게 바로 그[믿음-필자] 의지를 가져오며, 모든 일에서 우리는

그의 긍휼을 기대한다. 그러나 여전히 하나님의 부르심에 동의하거나 혹은 이를 거절하는 것은 우리 자신의 의지에 해당한다.("영과 문자," 『아우구스티누스: 후기 저서들』(서울: 두란노아카데미, 2011), 327. §60.)

구분해서 말하면서, '선택의 의지'가 우리 자신의 능력을 염두에 둔 것이라면, '믿을/믿는/믿음의/믿음의 선물로서 의지'는 하나님의 선물을 받아들이는 것(또는 동의하는 것)이라고 정리한다.

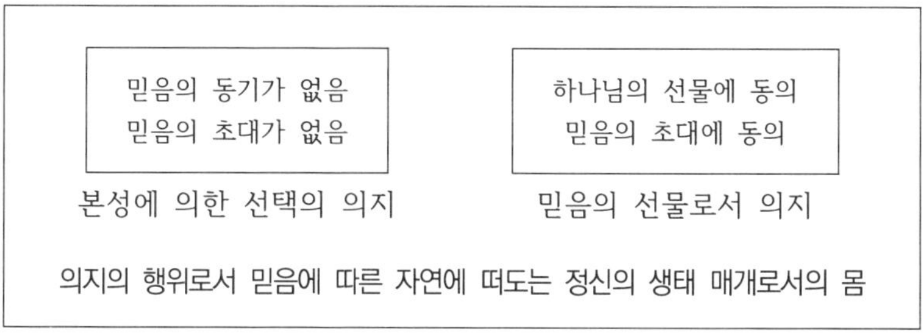

믿음의 동기가 없음 믿음의 초대가 없음	하나님의 선물에 동의 믿음의 초대에 동의
본성에 의한 선택의 의지	믿음의 선물로서 의지
의지의 행위로서 믿음에 따른 자연에 떠도는 정신의 생태 매개로서의 몸	

이처럼 두려움과 사랑 사이에 선 인간은 '선택의 의지'를 통해서는 더 큰 두려운 상태에 있게 되고, '믿는 의지'를 통해서는 사랑의 상태에 놓이게 된다. 다시 말해, 하나님이 우리를 의롭다고 하실 때, 그 의는 우리의 의가 아니라 하나님이 우리에게 주시는 의이다. 우리의 평안은 하나님이 주시는 의를 우리가 의지적으로(선택의 의지를 통해) 수용할 때 두려움에 놓이지만 실제적으로(믿는 의지를 통해) 적용할 때 기쁨에 놓인다. 우리의 믿음이 의지의 행위라고 말할 때, 우리의 선택 의지로 믿음을 선택할 수 있다는 것이 아니라 하나님의 선물인 의지로 믿고 행한다는 것이다. 이처럼 아우구스티누스에게 믿을 의지

는 육체와의 관계에서 내적 안정을 이루는 하나님으로부터 오는 힘이라고 볼 수 있다.

> 율법에 더하여 부가된 복음은 복잡한 논의 과정을 파생시킨다. 율법이 자연과 하나님 사이에서 인간의 소외를 극명하게 보여주었고, 이를 극복하기 위해 복음이 제시되었는데, 율법과 복음의 관계는 또 다른 숙제가 되었다. 아우구스티누스는 바울의 모형론 중 옛것과 새것의 관계를 결여의 관계로 보면서, 이분법에서 벗어나고자 했다. 영과 문자의 관계 또한 상호적인 것으로 보았다. 영과 문자는 하나님과 인간의 관계에 관한 것이다. 즉, 타자와 주체의 관계를 다루는 것이다. 기독교에서 타자(몸)는 자연과 친밀하면서도 구분되는데, 주체(몸)는 자연과 친밀하면서도 구분되는 타자와 관계한다. 주체(몸)는 이 관계를 선택의 의지로 하려고 노력하지만 그 결실의 곤궁함을 경험한다. 그래서 선택의 의지에서 발생하는 두려움을 상쇄하는 선택할 수 있는 의지, 선택을 신뢰할 수 있는 의지를 부여한다. 주체(몸)는 타자로부터 받은 신뢰를 통해, 타자(몸)의 선물에 감사함을 통해 그 관계를 이어간다. 이처럼 신앙의 주체(몸)는 생태의 영역인 타자에 의존함을 근본으로 함을 알 수 있다.

3. 자연에 떠도는 정신의 생태 매개로서의 몸에 대한 루터의 견해

루터는 "일시적 권세에 대하여"(1523년, De l'autorité temporelle, Œuvres IV, 불어판 루터전집 4권)에서 믿는 자의 위치에 대해 논했다.

글의 제목이 보여주듯 루터는 현세의 권세를 갖는 "세속 정부"(weltliche Obrigkeit)에 관해 논한다. 즉, 이 글은 정치적 관점에서 보면 세상권세의 권력이론을 다루는 듯 보이지만, 정신 생태의 관점에서 보면 두 나라와 두 정부 사이에 놓인 사람의 입장을 다룬 것이다. 이 글의 제1부는 두 나라(하나님 나라와 세상 나라)와 두 정부(영적 정부와 세속 정부)의 구분, 제2부는 두 정부의 관계, 제3부는 두 정부 가운데 세상 정부의 나아갈 방향을 다루고 있다. 루터는 '나라'와 '정부'라는 두 용어를 사용한다.

우선 1부의 첫 세 항에서 루터는 성서의 내용에 근거하여 '하나님의 뜻과 질서 아래 세상의 법과 칼이 세상에 존재한다.'는 것을 보이면서 두 나라로 구분한다. 아담의 자손에서부터 시작되는 하나님 나라와 세상 나라 중 신약성서 이후의 시대에서 하나님의 나라는 그리스도의 나라에 해당한다고 말한다.

> 하나님의 나라에 속하는 자는 그리스도를 진심으로 믿고 그에게 복종한다. 왜냐하면 그리스도는 하나님의 나라에서 왕이자 주이시기 때문이다. 만약 온 세상이 온전한 그리스도인, 참된 신자로 이루어진다면, 제후, 왕, 군주, 칼, 법 등은 필요가 없을 것이다.("De l'autorité temporelle," Œuvres Ⅳ(Genève: Labor et Fides, 1957), 18, WA II, 249.

즉, 하나님의 나라는 그리스도의 나라이다. 온 세상이 그리스도의 나라의 백성이라면, 세상의 권력은 필요가 없을 것이다. 하지만 현실적으로 볼 때, 그리스도를 믿지 않고 그에게 복종하지 않는 사람이 있다. 그렇기에 그들은 그리스도의 나라에 속하지 않는다. 그리스도를 믿는 사람이 아닌 그들은 세상의 나라에 속한다. 루터는 제4항에서 이런 내용을 밝히면서 세상의 나라에 관해 다룬다. 하나님의 나라와 그리스도의 나라가 하나님과 그리스도에 의해 주어지고 통치되는 것이라면, 세상의 나라 또한 하나님에 의해 마련된 것이라고 말한다. 하나님의 나라가 그리스도 아래서 성령의 통치아래 놓인다면, 세상의 나라는 칼에 복종되도록 만들어졌다. 그리스도를 믿지 않는 자들이 악을 행하고자 할 경우 아무런 주의함 없이 악을 행할 수 없도록 사전에 제약 사항을 세상의 나라에 준 것이다.

> 그리스도인이 아닌 사람들은 모두 세상 나라에 속하며 율법 아래에 있다. 믿는 자가 드물 뿐 아니라 그리스도인으로서 살아가거나 악을 대적치도 않을 뿐더러 악을 행치 않는 자도 드물기 때문에 하나님께서는 그리스도인이 아닌 자를 위하여, '그리스도인의 상태와 하나님 나라'와 견줄 수 있는, '다른 정부'를 마련하셨다. 그들로 하여금 다른 정부의 칼에 복종하게 함으로써 그들이 악을 행하고자 해도 행할 수 없게 하셨다. 만일에 그들이 악을 행한다고 해도 거리낌 없이 또는 평안하고도 오히려 잘 되는 상태에서 악을 행하면서 살 수 없게 하셨다.("De l'autorité temporelle," Œuvres Ⅳ(Genève: Labor et Fides, 1957), 20, WA II, 250.

루터가 구분한 하나님 나라와 세상 나라는 이 땅에 임하는 두 나라 개념을 넘어선다. 그리스도인의 몸은 두 나라 사이에 위치한다. 그것을 도표로 그려보면 다음과 같이 제시될 수 있다.

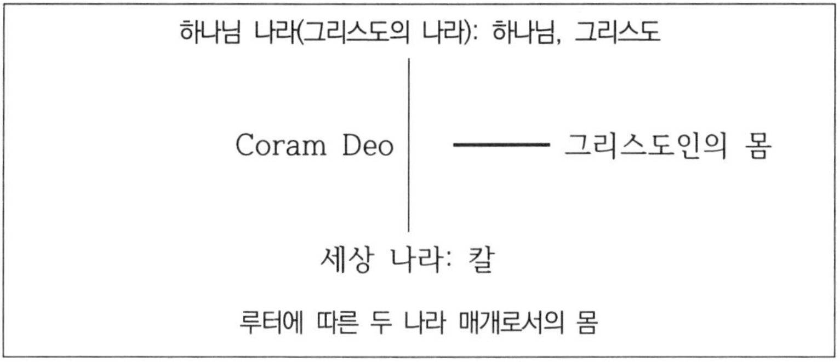

루터에 따른 두 나라 매개로서의 몸

이 도식이 보여주는 '나라'는 인간 정신의 생태를 넘어서는 실재로서의 국가이다. 그러면서 동시에 이 두 나라는 인간의 정신 생태 안에 있는 국가이기도 하다. 왜냐하면 신앙이 하나님에 의해 주어지는 은혜와 의를 통해 생성되기 때문이다. 신앙을 갖기 이전에는 하나의 나라가 있지만, 신앙을 갖게 되면서부터 두 개의 나라가 내적 질서로 자리잡는다. 또한 그 중 하나의 나라(세상 나라)는 두 개의 정부로 구분된다. 즉, '세상 나라'는 그리스도를 믿는 이들과 그리스도를 믿는 않는 이들로 구분된다. 이것이 루터가 제시하는 '영적 정부'와 '세속 정부'이다.

> 하나님은 두 정부를 두셨다. 그 하나는 그리스도 아래서 성령을 통해 칭의 받는 이와 그리스도인을 만드는 영적 정부이고, 다른 하나는 악한 이와 그리스도인이 아닌 이를 눌러 자신들의 의지를 따라 살지 못하게 하여 외적 평화와 안정을 유지하게 하는 세속 정부이다.("De l'autorité temporelle," Œuvres Ⅳ (Genève: Labor et Fides, 1957), 21, WA II, 251.

'영적 정부'는 칭의 받는 이와 그리스도인을 만드는 정부인데, 교회가 담당하는 기능이다. '세속 정부'는 칭의 받지 않은 이와 그리스도인이 아닌 이를 눌러 자신들의 의지로 살지 못하게 하는 정부, 그러면서도 외적인 평화와 안정을 유지하게 하는 정부이다. '영적 정부'는 '세속 정부'와는 달리 내적 평화와 내적 안정을 이루게 하지만 '세속 정부'는 외적인 기능에만 머문다. '세속 정부'가 내적 평화를 이루는 데 기여할 수 없고 외적 평화만을 이루는 데 이바지한다면, 이 평화는 무너지기 쉬운 매우 허약한 평화이다. 그렇다고 '영적 정부'는 칭의 받은 이가 아무런 노력을 하지 않는데도 내적 평화를 주지는 않는다. 내적 평화는 반드시 외적 평화와 관계된다. '영적 정부'는 '세속 정부'의 기능이 없다면 바로 작동하지 않고, '세속 정부' 또한 '영적 정부'의 기능이 없다면 바르게 움직이지 않는다. 이 구도를 두 나라와 비교하면서 그림으로 표현하면 다음과 같을 수 있다.

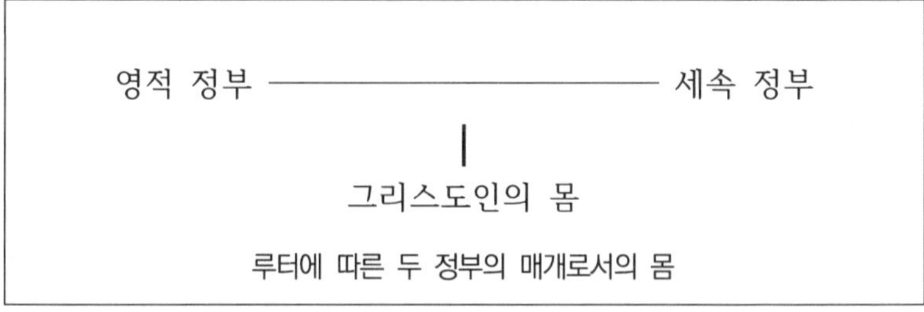

루터에 따른 두 정부의 매개로서의 몸

루터에 의하면, 두 정부는 각각의 기능이 있다고 말한다. 하나의 정부가 두 정부의 기능을 모두 가져야 된다고 말하지 않는다. 오히려 하나의 기능이 작동하지 않는다면 다른 하나의 기능도 제대로 작동하지 않는다고 말한다. 그렇기에 두 정부는 서로 견제와 협조를 해야 한다. 두 나라(하나님 나라와 세상 나라)가 하나님 앞에서 인간의 현실을 들여다 본 것이라면, 두 정부(영적 정부와 세상 정부)는 인간의 삶이 지니는 두 부분에 관한 것이라고 볼 수 있다. 두 나라가 하나님과 인간의 수직적인 구도에서 본 것이라면, 두 정부는 인간 삶의 수평적인 구도를 다룬 것이라고 볼 수 있다. 그러니까 두 정부는 믿는 이의 현실적인 삶을 위한 실제적인 구도라고 볼 수 있다.

> 우리는 두 정부를 섬세하게 구분하고, 두 정부의 기능이 모두 작동하도록 해야 한다. 하나의 기능은 의롭게 되게 하는 것이고, 다른 하나의 기능은 외적 평화를 가져오고 악행을 막는 것이다. 하나의 기능이 없다면 다른 하나의 기능도 제대로 발휘되지 않는다. 한편으로는 그리스도의 영적 정부의 도움 없이 세상 정부만으로는 누구도 하나님 앞에서 의롭다고 인정받을 수가 없다. 다른 한편으로는 그리스도의 정부가 모든 사람들에게 미치지 않는다. 그리스도인은 언제나 소수이며, 그리스도인이 아닌 이들 가운데 있다.("De l'autorité temporelle," Œuvres Ⅳ(Genève: Labor et Fides, 1957), 22, WA II, 252.

중세시기의 서방교회에 교회의 수장인 교황이 있었고, 세속 기관의 장으로서 왕이 있었지만, 교황과 왕의 권력에 대한 분명한 구분이 있었다고는 볼 수 없다. 이런 상황에서 루터는 그 두 권력을 섬세하게 분리하고자 했다. 이 둘 간의 역할이 분명하지 않을 때, 갈등이 초래한다. 그렇기에 평화를 위해서는 각각의 역할 분담이 요청되었다. 루터는 이런 맥락에서 두 나라라는 구도에 두 정부라는 구도를 도입하였고, 두 정부의 기능 가운데 세속 정부(세속 권력)가 담당해야 할 부분을 규정한다. 그런 논의는 제2부에 명시된다. 영적 정부에 관해서는 이미 교회가 해 오던 역할이 있었기 때문에 세속 정부가 영적 정부와의 관계에서 해야 할 역할을 규정한다. 세속 정부가 해야 할 능동적인 기능으로는 악을 막고, 평화를 유지하는 것이고, 또한 영적 정부가 세속 정부의 권력을 장악하거나 지배하도록 허용하지 않는 것이다. 세속 정부가 해야 할 수동적인 기능으로는 복음 선포에 간섭하거나 막지 않는 것이다. 루터의 견해로 볼 때, 이것이 두 정부가 하나님 앞에서 해야 할 제 기능이다. 영적 정부만이 하나님 앞에서 예배하고 봉사하고 섬기는 것이 아니라 세속 정부 또한 하나님 앞에서 자신이 해야 할 기능으로 하나님 앞에서 본연의 임무를 다 하는 것이다. 두 나라와 두 정부의 관계를 그림을 표현하면 다음과 같다.

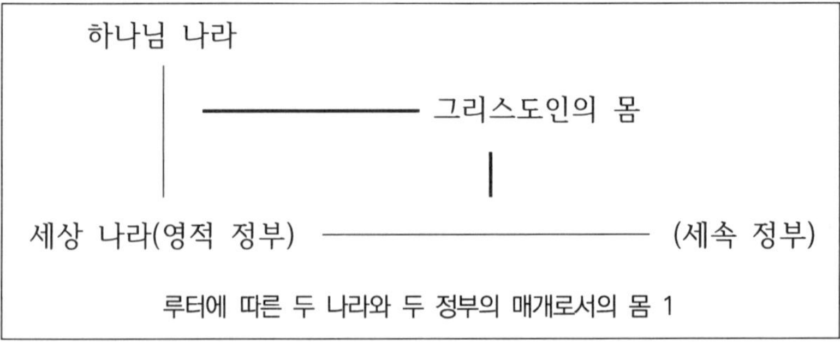

루터에 따른 두 나라와 두 정부의 매개로서의 몸 1

위와 같이 두 정부가 각자의 임무가 다르기는 하지만 하나님을 향해 열린 행함을 해야 된다는 것이 루터의 견해이다. 특히 세속 정부가 해야 할 역할에 대해 루터는 제3부에서 부연한다. 영적 정부에 속하는 교회와 관련된 이들이 세속 정부가 정한 규칙을 어기면 그 대가를 받듯이, 세속 정부에 속한 이들 또한 영적 정부가 제시하는 규칙의 범주 내에서 활동해야 한다.

> 봉건영주는 생명이 없는 도서나 박식한 두뇌를 의존해서는 안 되고 하나님을 붙들고, 하나님께 귀를 열어 놓고 간구해야만 한다. 그는 자신의 사람들을 다스릴 때 어떤 뛰어난 책자나 우수한 인재를 의지하기보다 그것을 능가하는 것을 간구해야 한다. 즉, 지혜로 자신의 국민을 다스릴 수 있는 올바른 이해력을 하나님께 요청해야한다.("De l'autorité temporelle," Œuvres Ⅳ(Genève: Labor et Fides, 1957), 50, WA II, 272.

이처럼 루터가 세속 정부의 수장이 하나님의 기준을 기대해야 한다고 말하는 것은 영적 정부와 수평 관계에 속한 이라고 해도 하나님 나라와의 수직 관계를 염두에 두어야 한다는 취지로 말한 것이라면 이해할 수 있다. 이 말이 의미하는 것은 세속 권력론에서나 인간적 삶의 현실적인 문제를 다룰 때에도 언제나 동일하게 궁극적 차원을 염두에 두어야 한다는 것을 알 수 있다. 즉, 세속 권력론이 칭의론의 구도 차원과 연결되어야 함을 말하는 것이다. 이처럼 루터가 말한 세상 권력은 수직적 차원에서의 두 나라 관점에서 이해할 수 있다. 즉, 루터가 말하는 칭의론이 하나님과의 수직적 구도에서 작용한다면, 세속 권력은 그런 수직적 관계에 근거하여 수평적 차원으로 이어질 때 영적 정부와 긴밀한 가운데 펼쳐진다. 수직적 관계에서는 수평적 관계를 벗어나서 생각할 수 있지만, 현실에서는 수평적 관계를 간과할 수 없다. 즉, 영적 정부와 세속 정부 간의 역할 분담이 있기 때문에 서로의 기준을 침범해서는 안 된다. 다시 말해, 두 정부는 두 나라와의 관계에서 볼 때 수직적 차원으로 열려 있지만, 수평적인 관계에서는 견제와 조율이 필요하다는 것이다.

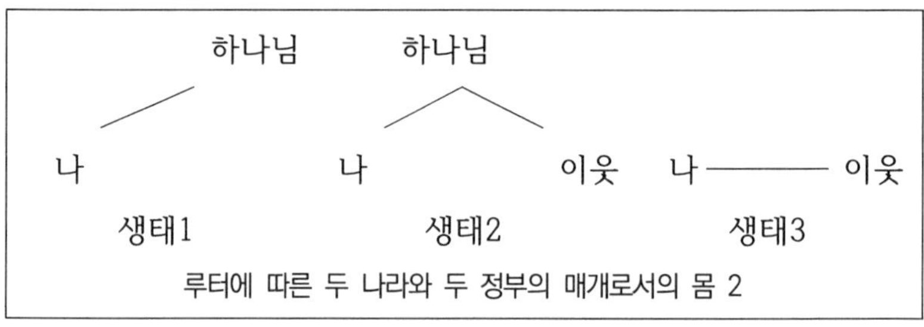

루터에 따른 두 나라와 두 정부의 매개로서의 몸 2

그런데 수직적 차원을 염두에 두지 않는다면, 두 정부의 기능은 서로 상호적일 수 있을까 하는 질문이 제기된다. 이 질문은 세속화된 서구 사회만의 문제가 아니라 믿는 이, 의롭다 인정된 이가 살고 있는 사회라면 제기되는 문제이다. 이 구도 안에서 믿는 이, 의롭다 인정된 이의 평화가 거론되기 때문이다. 다시 말해, 루터가 『요한복음 강해』에서, '숨으시는 하나님의 역사하심'(opus alienum Dei)과 '계시하는 하나님의 역사하심'(opus proprium Dei)을 구분하고, 전자는 사람에게 절망을 주는 하나님의 수동적 의, 후자는 사람에게 희망을 주는 하나님의 능동적 의라고 말했을 때, 하나님의 이중 행위가 사람의 정신 생태에 결정적으로 영향을 끼친다는 것을 보여준다("Sur Jean 16, 20," WA 28권, 135). 이러한 하나님의 이중적 의는 사람을 그리스도로 안내한다. 이때 그리스도에게 인도된 사람은 의롭다고 인정을 받는데 이것이 칭의론이다. 즉, 칭의는 우선적으로 하나님과 사람(나)의 수직관계에 근거하며, 사람과 사람, 사람과 피조물의 수평관계를 결정짓는다. 또한 루터는 『노예의지론』(1525년)에서, 인간이 자유의지를 갖는다는 에라스무스의 주장(『자유의지론에 관하여』(1523년))[4]를 논박하면서, 하나님의 자유의지(또는 의지의 자유)와 인간의 노예의지(또는 굽은 의지)를 다룬다. 여기서도 인간은 하나님과의 관계에서는 노예의지(또는 굽은 의지)이나 인간과의 관계에서는 자유의지(또는 의지의 자유)를 갖는다고 말한다. 그래서 루터는 내적 인간(εσω ανθροποs)은 노예의지의 구도에 속하고, 외적 인간(αξω ανθροποs)은 자유의지의 구도에 속한다고 본다. 루터는 이 둘을 잇는 가교는 없다고 말한다.

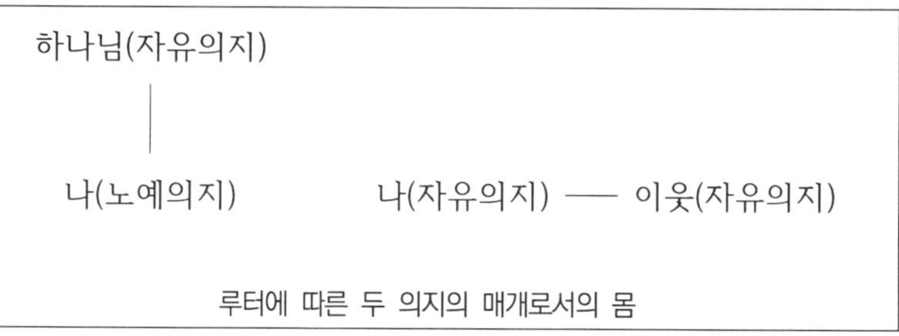

루터에 따른 두 의지의 매개로서의 몸

이와 같이 루터가 제시하는 두 나라, 두 정부, 두 의지는 신앙을 갖게 되면서 신앙이 갖게 되는 정신의 질서이다. 신앙을 갖지 않은 이는 이런 정신의 질서 안에 거하지 않는다. 그렇기에 신앙을 갖는다는 것은 이 두 구도로 된 정신질서가 내적으로 생기고, 또한 외적으로도 행정적으로도 그런 기관이 구성되는 것이다.

루터는 하나님 나라로서의 기독교 문명을 총체적으로 바라보는 가운데, 그 나라의 질서를 설명한다. 당시 기독교의 질서가 미치는 곳은 기독교의 세계관이 통치하는 곳이었다. 그 영역은 오늘날 유럽이라는 생태 공간이다. 그 공간에서 하나님의 나라와 세상의 나라가 어

4) Erasme, *La philosophie chrétienne*(Paris, Librairie philosophique J. Vrin, 1970).

떻게 공존하는가를 정리하면서, 신앙의 주체가 생태 공간으로서 하나님 나라와 세상 나라, 영적 정부와 세속 정부의 관계를 살폈다. 우리는 이런 논의 가운데 다양한 생태 유형을 보게 된다.

4. 자연에 떠도는 정신의 생태 매개로서의 몸에 대한 파스칼의 견해

루터가 제시한 정신의 질서는 파스칼이 『팡세』(1670년, 서울: 삼성출판사, 1990, 35-37(단장 1, 4), 141(단장 283.)에서 구분한 마음의 질서와 정신의 질서와 비교할 수 있다. 그에 따르면, 마음의 질서에는 섬세한 정신, 사랑의 질서, 초차연적 기능, 계시, 보편, 하나님의 주권적 의지(la volonté souveraine) 등이 속하고, 정신의 질서에는 기하학적 정신, 개체, 대상을 향한 마음의 지향성(les bons mouvements) 등이 속한다. 파스칼은 마음과 정신으로 나누어 설명하는데, 이 구도는 아리스토텔레스와 신플라톤주의의 구도와 연관된다고 볼 수 있다. 아리스토텔레스는 『영혼에 관하여』(궁리, 2001)에서 마음(νους, nous, 지성)과 정신(φυχη, psychē, 영혼)을 구분했고, 토마스 아퀴나스는 『지성단일성』(분도, 2007)에서 지성다수성의 구도를 지지했다. 신플라톤주의에 의하면, 일자(ἑν, hen, 一者)에서 유출된 것이 정신(φυχη, psychē)을 거쳐 질료(Hιλη, hylē)에 이른다. 이런 구도를 염두에 둘 때, 파스칼이 말하는 마음과 정신은 인간과 일자, 인간과 질료 사이에 위치하고, 마음은 일자에 가깝고 정신은 질료에 가깝다. 파스칼에게서 일자에 가까운 마음의 질서는 질료에 가까운 정신의 질서보다 더 우세한 기능을 갖는다. 즉, 마음의 질서가 수직적인 관계라면 정신의 질서는 수평적인 관계라고 볼 수 있다. 하지만 파스칼은 마음의 질서와 정신의 질서를 아리스토텔레스나 신플라톤주의의 구도를 언급하지 않고 사용하고, 정신과 육체의 결합에 관해 알 수 없다는 입장을 취한다.

> 우리는 모든 사물들이 정신과 물질로 구성된 것이라고 생각하여, 그런 혼합물이라면 우리로선 이해하기 쉬우리라고 생각지 않는 사람이 있을까? 그러나 이것은 사람이 가장 이해하지 못하는 것이다. 인간이란 그 자신에 있어서 모든 자연 가운데 가장 이해하기 곤란한 대상이다. 왜냐하면 그는 육체가 무엇인지를 모르기 때문이다. 하물며 어떻게 정신과 결합할 수 있느냐 하는 것은 전혀 이해할 수 없기 때문이다. 이것이 인간을 이해하기 어려운 점이기도 하며, 또 인간 존재의 본질이기도 하다. "정신이 육체에 결합하는 방식은 인간에 의해 이해될 수 없다. 그런데 바로 이것이 인간이다.(아우구스티누스, 『신국론』, 21권 10장)"(파스칼, 『팡세』(서울: 삼성출판사, 1990), 60-61.)

파스칼이 말하는 "인간이란 그 자신에 있어서 모든 자연 가운데 가장 이해하기 곤란한 대상이다. 왜냐하면 그는 육체가 무엇인지를 모르기 때문이다."에서 인간, 자연, 육체에 관한 그의 사유를 제고해 보자. 그는 자연과 육체 가운데서 인간, 정신, 인간의 정신을 이해하고자 했다. 그가 말하고자 하는 마음의 질서와 정신의 질서는 아리스토텔레스와 신플라톤주의가 말하고자 했던 구도와 일맥한다. 신플라톤의 질서에서 파스칼의 의도를 아래와 같은 그림으로 제시할 수 있을 것이다.

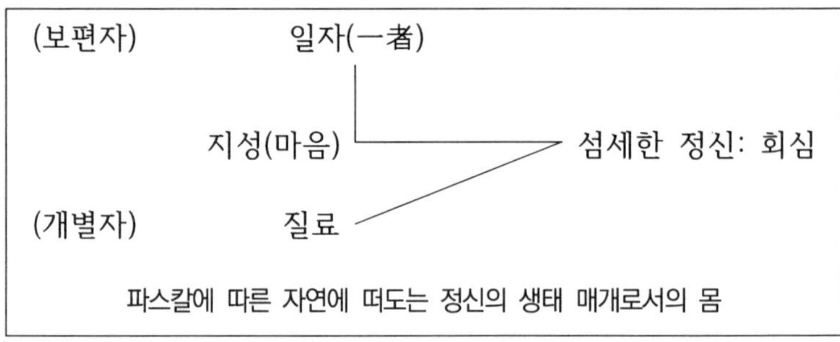

파스칼에 따른 자연에 떠도는 정신의 생태 매개로서의 몸

파스칼이 말하는 정신의 질서 또는 정신의 생태는 사랑의 질서라고도 불리는 마음의 질서와 불연속적 변증 과정을 거친다. 섬세의 정신이라고도 불리는 마음의 질서는 기하학적 정신이 보지 못 하는 것을 본다. 즉, 섬세의 정신은 자연적 질서 이편의 초자연적 질서를 경험하면서 마음의 질서를 구성한다. 그러니까 마음의 질서는 보편적인 것과 개별적인 것의 대립 시 발생하는 회심을 통해 확립된다. 파스칼이 말하는 '회심'은 개별적인 것으로부터 돌이켜 보편적인 것으로 향하는 것, 즉 개별적인 것을 보편자 앞에서 무화시키는 것(無化, l'anéantissement)이다.[5] 즉, 개별자의 욕망이나 사역은 보편자의 직무에 순종한다는 것이다. 이처럼 파스칼이 말하는 마음의 질서는 이미 루터가 제시한 문구인 "회개치 않으면 소용없다"[6]와 통한다. 이

---

5) 파스칼, 『팡세』(1670년)(서울: 민음사, 2003), 단장 378. "진정한 회심이라 여러 번 우리를 분노케 하던, 그리고 매번 우리를 정당하게 파멸시킬 수도 있는 그 보편적인 존재 앞에 스스로 무(無)로 만드는데 있다. 그리고 그가 없이는 아무 것도 할 수 없다는 것과 은총의 상실 외에는 그에게 아무 것도 받을 자격이 없다는 것을 인정하는 데 있다. 이 회심은 하나님과 우리 사이에 넘어설 수 없는 대립이 있다는 것과 거기에는 중보자 없이는 어떤 교제도 있을 수 없다는 것을 아는데 있다." 파스칼의 단장 번호 378은 파스칼 전공 교수인 장성민 교수가 제시한 것인데, 필자는 국내에 번역된 두 번역본의 단장 378에서 이 문장을 찾을 수 없었다.

렇게 파스칼은 보편과의 관계 속에서 개별의 가치를 설명하는데, 이것은 앞서 말해 온 것처럼 수직적 관계 속에서 수평적 관계를 찾는다는 의미이다.

루터나 파스칼이 강력하게 주장하듯, 회개와 회심이 없이 이성이나 논리로는 하나님의 의에 도달할 수 없다는 점을 인지하는 가운데, 인간의 의를 추구하는 길을 모색해야할 것으로 보인다. 회심이라는 기제를 통해 수평적인 구도를 수직적인 구도에 접속시키는 것이 요청된다. 이것을 행하는 주체가 하나님 자신(특히 그리스도의 공로를 우리에게 적용시키는 성령 하나님)이라는 것은 여전히 수직적 구도가 수평적 구도의 조건이라는 의미이다. 이런 구도가 우리 정신 생태의 균형을 이루는 기제라고 기독교(Christianity)는 전통적으로 주장해왔다. 하지만 '하나님의 의'를 제외하고, 또는 그것을 가설적인 것으로만 남겨두고, '인간의 의'만으로 지탱하는 경우, 정신의 생태 기능은 어떻게 유지될 수 있겠는가 하는 질문이 제기된다. 근대 서구의 보편법(Ius commune)이 양법(utrumque ius), 즉 교회법(lex canonica)과 세속법(lex mundana)의 병합인 것[7]도 이런 질문과 연관된다.

5. 자연에 떠도는 정신의 생태 매개로서의 몸에 대한 프로이트의 견해

프로이트는 『꿈의 해석』(1900년) 제7장 '꿈의 심리학'에서 정신 기

---

6) M. Luther, "Commentaire de l'Epître aux Romains(t. II)," *Œuvres 12*(Genève: Labor et Fides, 1985), 210.
7) Cf. 한동일, 『유럽법의 기원』(문예림, 2013), 197-198, 211, 229.

관을 도표로 보여준다. 그 당시까지는 주로 정신 기관을 '영-혼-육' 또는 '일자-(지성-정신)-질료'의 구도에서 논의하였다면, 프로이트는 '지각조직-(기억-무의식-전의식-의식)-운동조직'으로 설명한다. 즉, 이 구도는 기억과 세 심급(무의식-전의식-의식, 즉 제1차 위상)이 지각조직과 운동조직과 맺는 관계를 설명하면서 몸과 정신의 관계를 설명한다.

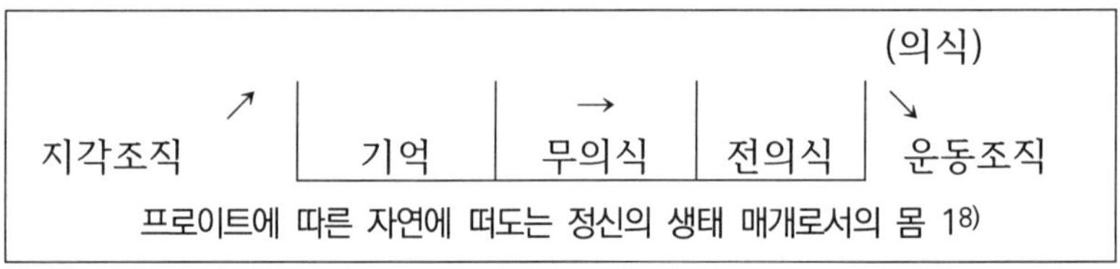

프로이트에 따른 자연에 떠도는 정신의 생태 매개로서의 몸 1[8]

'조립된 기구로서 정신 기관'을 보여주는 이 기관은 심급(Instanz) 또는 조직(System)이라 부르는 구성성분을 갖는데, 지각조직에서 유입된 것이 기억에 저장되고, 그 기억은 '무의식-전의식-의식'의 심급의 과정을 거쳐 운동조직으로 표출되는 성분으로 되어 있다. 여기서 무의식은 육체와 정신을 잇는 가교 역할을 한다. 프로이트는 다윈이 사용한 missing link(잃어버린 고리)를 사용하여 육과 정신을 잇는 것으로서 무의식을 말한 바 있다.[9] 프로이트는 이 기관을 만들게 된 연유를 이렇게 말한다.

> 우리는 심리학적 토대를 고수하면서, 정신활동에 봉사하는 기

---

8) 프로이트, 『꿈의 해석』(열린책들, 2004), 628.

9) Georg Groddeck, Ça et Moi(Gallimard, 1977), 44. 이 내용은 1917년 5월 27일 그로데크가 프로이트에게 보낸 첫 편지에 질문한 것에 프로이트가 답한 것(1917년 6월 5일 편지)에 나온다.

> 구를 조립된 현미경이나 사진기, 또는 이와 유사한 것으로 생각하라는 요구만을 따를 생각이다. 심리적 소재는 영상이 형성되기 이전의 한 단계가 성사되는 기구 내부의 한 장소에 상응한다. 잘 알고 있는 바와 같이 현미경이나 망원경에서 이것은 부분적으로 관념적인 장소, (즉) 눈으로 볼 수 있는 기계성분은 전혀 없는 장소이다. 나는 이것이나 이와 유사한 비유들의 불완전함을 양해해 달라고 당부할 필요는 없다고 생각한다. 이러한 비유들은 심리적 기능을 분해하여 세부적인 기능들을 기관의 세부적인 구성 성분에 할당하면서 기능의 복잡함을 이해하려는 시도의 일환이다. 내가 알기로 정신 기구의 구성을 그런 식으로 분해하여 헤아려 보려는 시도를 한 사람은 아직까지 아무도 없다. 그러한 시도는 별다른 위험이 없는 것처럼 보인다. 나는 우리가 냉정한 판단력을 잃지 않고 골조를 (건물로: 필자 추가) 오인하지만 않으면, 자유롭게 추정할 수 있다고 생각한다.(프로이트, 『꿈의 해석』(서울: 열린책들, 2004), 623-624.)

그는 정신 기관의 활동에 봉사하는 기구를 '기억-무의식-전의식-의식'으로 설정하는데, 이것은 건축 시 사용하는 비계(das Gerüste, l'échafaudage, 飛階, 骨組)이고, 건물(der Bau, 즉 정신)은 아니라고 말한다. 그는 이 기관에 유입된 것이 정신 기관에서 어떤 과정을 거치면서 쾌와 불쾌를 일으키는지 설명한다. 이 도식에서 프로이트는 지각조직이 운동조직으로 움직일 때 필요한 에너지원을 욕동(충동, trieb)으로 설명한다. 그가 말하는 욕동은 두 성격을 갖는데, 자아욕동과 성욕동이 그것이다. 전자는 리비도가 생성되기 전의 단계로 목숨을 이어가기 위한 과정이고, 후자는 리비도가 생성되는 단계로 요구와 욕망이 형성되는 과정이다. 후자의 과정은 두 개의 나르시시즘의 원리로 설명된다. 프로이트가 제시한 이 원리는 정신 기관을 '무의식-전의식-의식'으로 설정한 제1차 위상 때는 아래와 같이 정리할 수 있다.

<table>
<tr><td>구분
전개</td><td colspan="2">욕동</td></tr>
<tr><td>욕동</td><td>↙
자아욕동(자기성애)</td><td colspan="2">↘
성욕동(=리비도)</td></tr>
<tr><td>리비도</td><td>↓
(리비도 無)</td><td>↙
자아 리비도
↓</td><td>↘
대상 리비도
↓</td></tr>
<tr><td>나르시시즘</td><td></td><td>제1차
나르시시즘
(근원적
나르시시즘)</td><td>제2차
나르시시즘
(부차적
나르시시즘)</td></tr>
</table>

프로이트의 욕동의 이원성(제1차 위상)에 따른 자연에 떠도는 정신의 생태 매개로서의 몸 2[10)]

이때 정신 기관은 내적 안정을 이루기 위해 외부에서 유입된 것을 밖으로 내보내려고 하지만 차단되어 내부에 머물면서 쾌-불쾌를 일으키는 요인이 되기도 한다. 프로이트는 정신 기관의 형식을 제시하면서 어떤 내용이 그 형식 안에서 작용하는지 분석기술을 활용하여 이끌어낸다. 앞서 본 바울, 아우구스티누스, 루터, 파스칼이 수직적 관계와 수평적 관계의 구도를 제시했다면, 프로이트는 수직적 구도와 수평적 구도의 접점인 인간의 정신 기관이 어떤 형식으로 되어 있고, 어떻게 작용하는지, 구체적인 예를 통해 설명하면서 육과 정신이

10) 강응섭, 『프로이트』(한길사, 2010), 127.

결합되는 과정을 설명한다. 1920년 이후 그는 '이드-자아-초자아'로 정신 기관을 설정하는 제2차 위상 때에 아래와 같이 수정한다.

<table>
<tr><td>구분
전개</td><td colspan="4">욕동</td></tr>
<tr><td>욕동</td><td>↙
죽음욕동</td><td colspan="3">↘
생명욕동(=리비도의 저장소인 자아)</td></tr>
<tr><td>리비도</td><td>↓
(리비도 無)</td><td>↙
자아보존욕동
(자아보존욕동
리비도)</td><td>↘
자아리비도
↓</td><td>대상리비도
↓</td></tr>
<tr><td>나르시시즘</td><td></td><td></td><td>제1차
나르시시즘</td><td>제2차
나르시시즘</td></tr>
</table>

프로이트의 욕동의 이원성(제2차 위상)에 따른 자연에 떠도는 정신의 생태 매개로서의 몸 3[11])

이 구도에서 정신 기관은 죽음욕동과 생명욕동으로 구분되고, 생명욕동은 자아보존욕동, 자아리비도, 대상리비도로 세분된다. 자아리비도는 제1차 나르시시즘, 대상리비도는 제2차 나르시시즘인데, 전자는 대상과 관계를 맺기 전에 자기 자신과만 관계를 맺는 단계이고, 후자는 대상과 관계를 맺는 단계이다. 리비도의 흐름은 곧 대상과의 관계 맺기로 연결된다. 이때 리비도의 흐름이 대상을 이끄는지, 대상의 이끎이 리비도의 흐름을 이끌어내는지에 관해 논할 수 있다. 프로이트가 말하는 욕동은 육(몸)과 정신의 경계를 구분 짓는 요소이자 이 둘을 연결하는 요소이기도 하다.

프로이트가 제시한 관점은 앞서 본(바울, 루터 등의) 수직적 구도와 수평적 구도와 함께 고려하여 토론할 수 있다. 바울과 루터 등이 수

11) 강응섭, 『프로이트』(한길사, 2010), 195.

직적 '개방' 구도를 제시했다면, 프로이트 또한 대상과의 '개방' 관계를 추구한다. 그가 상정하는 대상은 그 겹이 매우 중층적 의미(vieldeutigkeit, surdétermination)를 지닌다. 그 겹은 수평적 구도로 제한할 수 없을 만큼 펼쳐진다. 이런 논의는 프로이트가 『집단 심리학과 자아 분석』(1921년) 제7장 'Identification'[12]에서 제시한 정체화의 세 구도에서 확인할 수 있다. 정체화는 동일시, 동일화, 같아지기 등으로 번역되는데, 됨의 정체화, 가짐의 정체화, 상호적 정체화라는 상이한 방식으로 전개된다. 이것은 정신의 질서, 정신의 발달을 구조적으로 본 것이다. 처음 두 개의 정체화가 수직적 구도(부모와 아이(나)의 삼각구도, 오이디푸스 구조)라면, 마지막 정체화는 수평적 구도(아이(나)-동기간 등)이다. 이것에 기반하여 라깡은 세미나 9권 『정체화(Identification)』[13]에서 제1범주의 정체화, 제2범주의 정체화, 제3범주의 정체화로 구분한다. 앞서 루터에서 본 수직적 구도가 하나님과의 관계라면, 프로이트에게서 수직적 구도는 삼각 구도에 해당한다. 그리고 앞서 루터에서 본 수평적 구도가 타자(이웃과 피조물)와의 구도라면, 프로이트에게서 수평적 구도는 삼각 구도에서 파생되는 동기간 구조(Sibling Structure)를 취한다.[14] 프로이트가 제시한 오이디푸스 콤플렉스는 아이의 몸(육체)과 정신이 연결되는 과정을 설명한 것

---

12) 프로이트, "집단 심리학과 자아 분석(1921년)," 『문명 속의 불만』(서울: 열린책들, 2013), 114-122.

13) 라깡이 1961-1962년 행한 미출판 세미나.

14) Cf. 줄리엣 미첼, 『동기간- 성과 폭력』(서울: 도서출판b, 2015). 티나 로젠버그, 『또래압력은 어떻게 세상을 치유하는가 - 소속감에 대한 열망이 만들어낸 사회 치유의 역사』(서울: 알에이치코리아(RHK), 2012). 1916-1917 *Vorlesungen zur Einführung in die Psychanalyse*, *G. S.*, vol. 7; *G. W.*, vol. 11; *S. A.*, vol. 1, pp. 33, 37-445; *S. E.*, vol. 15-16. Trad. franç. S, Jankélévitch, *Introduction à la psychanalyse*, Paris, Payot, 1990.

이다. 그 과정에서 파생되는 증상은 몸과 정신의 불협으로 인한 고통 지점이다.

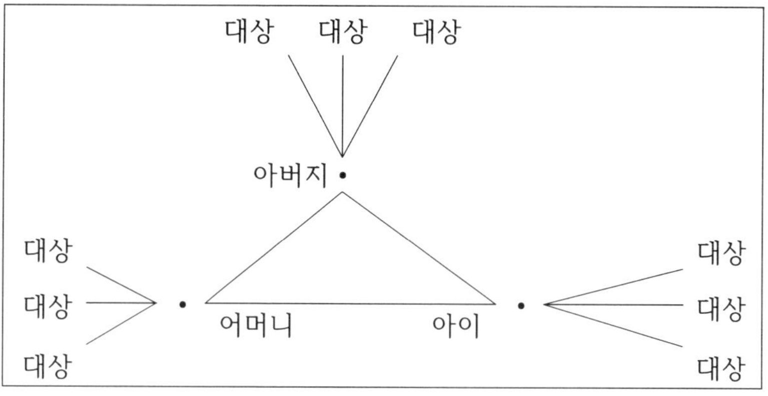

프로이트의 오이디푸스 구조에 따른 자연에 떠도는 정신의 질서 매개로서의 몸 4

프로이트와 라깡을 잇는 가교적인 위치에 위치하는 카렌 호나이와 멜라니 클라인 그리고 안나 프로이트와 클라인의 논쟁에서 독립적인 노선을 취한 위니코트는 삼각구도에 이의를 제기하고 이자구도를 제시한다. 어머니의 경험을 갖고 있는 이 두 여성 정신분석가는 어머니와 아이의 2자 관계가 삼각구도를 선행한다고 말하면서 삼각구도 이전의 한 단계를 설정한다.

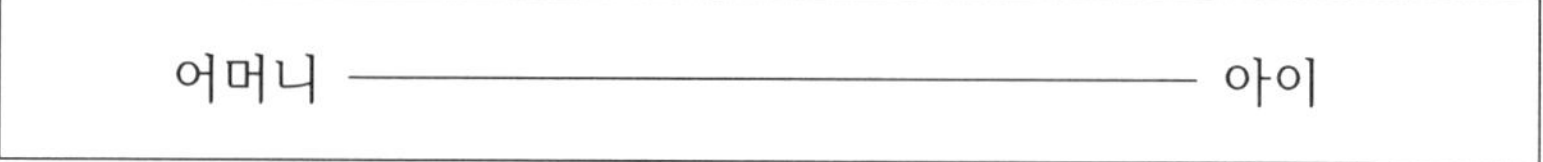

호나이, 클라인, 위니코트의 이자 관계에 따른 자연에 떠도는 정신의 생태 매개로서의 몸

산업사회에 접어든 상황에서 프로이트는 이전과는 달리 인간의 정신 생태가 파괴되고 있음을 본다. 수풀림이 파괴되는 것을 보면서 인

간 정신의 "녹지대"15)가 파괴되고 있다고 『정신분석 강의』에서 말하기도 했다. 양모를 얻기 위해 초지를 조성하는 일은 산림을 훼손하면서 이뤄진다. 이런 자본주의사회는 이전과는 다른 인간 정신의 생태 작용을 일으킨다, 프로이트가 꿈의 해석 제7장에서 제시한 도표에서 W는 이런 생태 작용에서 오는 것을 받아들여야만 하는 인간의 현실을 보여준다. 그 결과 인간의 정신 생태가 어떤 모습을 하는지 프로이트는 보여주었다. 그는 이전과는 매우 다른 이야기를 하였다. 왜일까? 이전에는 몰랐던 것일까? 이전에는 없었던 것이 인간에게 작용해서일까? 프로이트의 관점이나 업적이 색다르다는 것은 그만큼 새로운 사회, 색다른 사회로 진입했다는 것으로 받아들일 수 있다. 인간 정신의 비극적인 모습은 자연 생태의 비극에서부터 시작되었다고 본다. 그러한 자연에 떠도는 인간의 정신을 프로이트는 그리고자 애썼다.

6. 자연에 떠도는 정신의 생태 매개로서의 몸에 대한 라깡의 견해

오이디푸스 콤플렉스의 구조를 삼각관계 위에 세운 프로이트의 입장에서 라깡은 세미나 4권 『대상관계와 프로이트의 구조들』(1956-57년)에서 2자 관계에도 이미 제3의 요소가 있다고 말하면서 '어머니-아이-φ'라는 3자 관계를 제시한다.

---

15) S. Freud, *Vorlesungen zur Einführung in die Psychanalyse, G. S.*, vol. 7; *G. W.*, vol. 11; *S. A.*, vol. 1, pp. 33, 37-445; *S. E.*, vol. 15-16. Trad. franç. S, Jankélévitch, *Introduction à la psychanalyse*(Paris: Payot, 1990), 351.

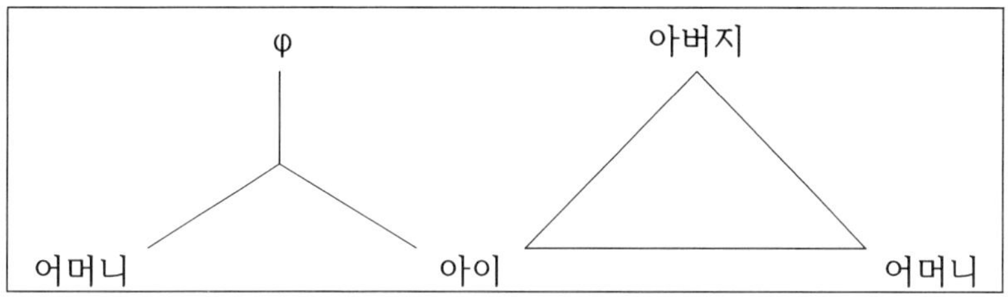

라깡에 따른 자연에 떠도는 정신의 생태-질서 매개로서의 몸 1

라깡이 2자 관계에서 삼각 구도를 찾아내는 것은 아이의 몸과 정신의 관계를 논하는 근본 토대가 되기 때문이다. 즉, 방해자 없이 순수한 측면, 상상적 관계에 놓인 관계는 없다는 것을 보여주는 것이다.

또한 라깡은 프로이트가 『꿈의 해석』에서 제시한 정신의 질서인 제1차 위상(무의식-전의식-의식)을 변형한 형태를 제시한다. 그는 그 형태를 세 짝인 Imaginaire-symbolique-réel로 제시하는데, 그것을 '비계'라고 부른다. 이 비계는 '프로이트에 따른 정신의 생태-질서 매개로서의 몸 1'을 들여다보면서 추적할 수 있다.

프로이트:	지각조직 ↗	기억	→ 무의식	전의식	(의식) ↘ 운동조직
라 깡:	지각조직 ↷ ↶	기억	↷ ↶ 무의식	↷ ↶ 전의식	(의식) ↷ ↶ 운동조직

라깡에 따른 자연에 떠도는 정신의 생태-질서 매개로서의 몸 2

라깡은 필자가 앞서 '프로이트에 따른 정신의 생태-질서 매개로서의 몸 1'에서 제시한 정신 기관의 과정을 따라가면서 거울도식(그림)으로 정리한다. 아래에 제시된 '두 개의 거울로 만든 도식'은 우선 앞서 본 '프로이트에 따른 정신의 생태-질서 매개로서의 몸 1' 그림에 근거하여 만든 '뒤집어진 꽃다발 실험'이라는 그림[16]을 변형한 것이다.

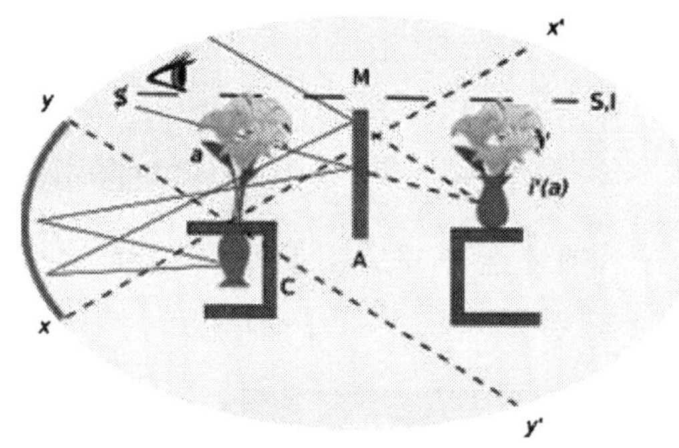

라깡에 따른 '두 개의 거울로 만든 도식'을 통해 본 자연에 떠도는 정신의 생태-질서 매개로서의 몸 3[17]

이 그림을 만드는 과정에서 라깡은 정신분석을 연구하는 사람들이 프로이트를 오인했기 때문에 자신이 그것을 바로잡기 위해 다시 그림을 제시한다고 말한다. 아래의 인용문에서 보듯이, 비계 구조물과 건물 자체를 혼동한다는 것은 무슨 의미인가?

> 마치 충고란 지키지 않기 위해 있는 것인 양 우리가 프로이트 이후 줄곧 비계 구조물을 건물 자체와 혼동해왔다는 것은 굳이 말할 필요도 없습니다. 다른 한 편, 제가 감히 하나의 도식을 만들어볼 엄두를 내게 된 것은 프로이트가 어떤 미지의 사태에 접근하기 위해 보조적 관계들을 활용해도 좋다고 우리에게 허락해 주었기 때문입니다.(라캉, 『자크 라캉 세미나 01권-프로이트의

16) 라캉, 『자크 라캉 세미나 01권-프로이트의 기술론』(새물결, 2016), 141.
17) 라캉, 『자크 라캉 세미나 01권-프로이트의 기술론』(새물결, 2016), 226.

기술론』(서울: 새물결, 2016), 138.)

여기서 혼동은 몸(육)과 정신을 동일한 것으로 본다는 의미이다. 하지만 라깡은 프로이트가 말한 missing link처럼, 몸과 정신 사이에 있는 잃어버린 고리인 무의식이 존재한다고 말한다. 여기서 무의식은 골조(비계)와 건물 자체 사이에 있는 것으로서, 이 둘을 잇지만 그 이음방식을 알기 위해서는 정교한 과정이 필요하다는 것이다.

필자는 이 거울그림을 프로이트가 제시한 욕동의 이원성과 연결하여 다음과 같이 구성한다. 세 개의 꽃병은 논리적인 의미에서 그리고 시간적인 의미에서 각각의 위치를 점하면서 정신 기관에 각인된다. 어떻게 각인되었는지 보기 위해 인문과학이나 자연과학은 다양한 도구를 개발하여 진단하고 있다. 신학 또한 이 도구를 사용하여 바울의 논의와 아우구스티누스의 논의, 루터의 논의 등을 해석할 수 있을 것이다.

라깡에 따른 두 개의 나르시시즘과 세 개의 꽃병 도식을 이용한 자연에 떠도는 정신의 생태-질서 매개로서의 몸 4

라깡은 이런 산물을 3자 가문 동맹이라는 이태리의 귀족 가문 휘장에서 힌트를 얻어 '보로매오매듭'(le nœud borroméen, Borromeo nœud 또는 Buono Romeo nœud)이라 부르는 다음과 같은 그림을 제시한다. 1972년 경 제시된 이 매듭은 1975년에 이 매듭이 풀리지 않도록 하는 또 하나의 매듭인 생톰(sinthome, 病證)을 첨가한 형태가 되었다.

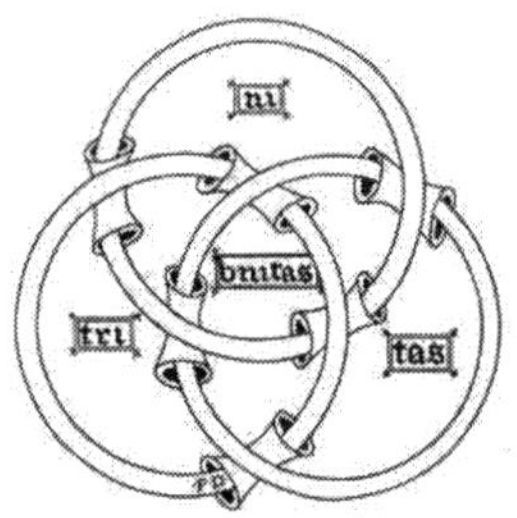

라깡에 따른 '보로매오매듭'(le nœud borroméen)을 이용한 자연에 떠도는 정신의 생태-질서 매개로서의 몸 5[18]

이 그림은 무의식의 위상학을 표현한 것인데, 잘 알려졌듯이 언어처럼 짜인 무의식은 몸과 정신 사이에서 이 둘을 엮는 역할을 한다. 즉, 무의식의 성격은 언어(language)적이며, 몸과 정신이 실재를 담는 과정의 흔적을 가지고 있다. 그렇기에 정신의 생태는 무의식의 질서이며, 이 질서는 정신 생태의 기제에 기여한다고 볼 수 있다.

---

18) J. Lacan, *Encore*(Paris: Seuil, 1975). 1973년 5월 15일자 강의

글을 닫으면서

간단히 요약하자면, 바울이 말하는 정신 기관은 예수의 사역 이후 깨닫게 된 율법의 기능에서 비롯된다. 즉, 하나의 몸 안에 발생하는 죽음과 생명, 두려움과 기쁨, 우리의 주제와 연관하여 말한다면 내적인 전쟁과 내적인 평화가 예수 밖에 있느냐 예수 안에 있느냐에 따라 이루어진다는 것이다.

아우구스티누스가 말하는 정신 기관은 바울의 연장선상에서 이해할 수 있지만, 그는 바울이 말하는 두 항이 대립적인 것이 아니라 결여의 관계라고 말한다. 한쪽이 강하면 다른 한쪽은 약하게 된다는 것이다. 이 강약을 조정하는 것이 문자인데, 이 문자가 사람 밖에서 작용할 때와 사람 안에서 작용할 때 각기 다른 기능을 한다고 말한다. 정신 생태의 관점에서 보면, 사람 안에서 작용하는 문자가 중요한데, 그는 내적인 문자와 의지의 관계를 다루는 데 몰두한다. 사람 안에 들어온 문자가 작용할 때 문자 자체의 기능만으로는 되지 않고 의지가 동의되어야 된다. 내적인 문자와의 관계 속에서 의지는 아우구스티누스가 생각하는 정신의 생태에서 핵심적인 요소라고 볼 수 있다. 아우구스티누스가 말하는 정신의 생태 또는 질서는 의지의 문제와 연관되면서 루터에게도 영향을 준다.

루터는 '선택의 자유와 믿을 의지'의 논의에 참여하도록 초청받는다. 에라스무스는 자유의지에 관한 논의를 촉발시켰는데, 루터 진영은 루터로 하여금 답하도록 했다. 그래서 그의 입장은 매우 단호하게 저술되었다. 그는 자유의지의 담지자인 하나님과 노예의지에 속한 인간을 대비시키면서 그 중간지점은 존재하지 않는다고 말한다. 하지만 인간과 인간의 관계에서는 자유의지가 있다고 말하면서 두 나라와 두 정부의 관계처럼 의지 또한 수직과 수평의 관점에서 논의한다. 이렇게 루터에게 중간지점은 없기도 하고 있기도 하다.

프로이트가 말한 정신의 심급, 조직, 골조는 정신분석학적인 영역에 속한다. 앞서 언급했듯이, 무의식은 missing link(잃어버린 고리), 즉 중간항, 연결항이다. 프로이트는 그로데크에게 보낸 편지(1917년 6월 5일 편지)에서 다윈의 이 용어를 들어 말하였다.[19] 자연 생태에서 화석의 missing link가 보여주는 것은 지구의 내적 움직임이다. 이처럼 인간도 지구의 내적 움직임에 떠돌면서 내적 움직임을 한다. 그 연결고리가 missing link로서의 무의식이다. missing link는 잃어버렸지만 연결하는 고리이다. 인간 정신의 생태는 자연 생태에 근거해 있다. 이것은 인간 정신을 의미하는 psyche가 근원적으로는 자연에 부여된 이름이었다는 데서도 알 수 있다.

라깡이 제시하는 정신의 구도 또한 그러하다. 신학적인 관점에서 보면, 정신구조의 세속화, 정신질서의 일반화라고 볼 수 있겠지만 이 구조를 운영하는 방식에 따라 생태학적인 내용을 다룰 수 있는 여지는 더 넓고 깊어 보인다. 거울도식 그림과 보로매오매듭의 그림에서 보듯, 실재로서의 몸(corps)은 생태와 정신을 매개하는 지점이다. 생태로서의 몸은 종교가 태동되면서부터 지금까지 그 매개지점에 있어 왔다. 괴테가 "객체와 주체가 서로 맞닿는 곳, 바로 그곳에 삶이 있다. 헤겔이 그의 동일철학을 이끌고 객체와 주체의 맨 가운데 서서 이 위치를 주장한다면 우리들은 그를 칭찬할 생각이다."[20]라고 말하

19) Georg Groddeck, *Ça et Moi*(Paris: Gallimard, 1977), 44.

였듯이, 객체와 주체의 중간, 사이에는 삶이 있었다. 몸의 삶이 있었다. 그러나 이제 그 몸의 삶은 터전을 상실해가고 있다. 우리의 삶은 모태(몸)에서(In vitro) 시작되어 모태(몸) 밖으로(Ex vitro) 이어진다. 즉, 우리의 삶은 체질과 체험으로 구성된다. 그렇기에 정신의 구조가 체질(기질, 소인)과 체험에 관계되는지의 여부는 오랜 논쟁거리이다. 이것은 신학적인 문제에서도 그렇고, 정신분석학적인 문제에서도 그러하다. 신학이 하나님의 의, 하나님의 은혜를 상정한다고 해서 경험적인 요소, 의지적인 요소를 간과할 수 없듯이, 정신분석학 또한 체질적인 것을 떠나 경험적인 테두리 안에서만 다루어질 수 없다. 이런 한계 가운데 정신 기관의 구조와 그에 따른 정신의 질서를 논의하는 것은 대극적인 결론에 다다를 수 있는 양가적인 측면을 갖는다고 말할 수 있다. 이런 상황을 전제하면서 하나님의 은혜와 선택의 자유, 하나님의 선물로서 믿을 의지와 선택할 의지를 논할 때 요청되는 우선성의 문제는 어떤 것을 우선적으로 자리매김하느냐에 따라 해석의 결과가 달라질 수 있다. 정신분석가들이 제시하는 정신 기관의 구조 또한 어떤 입장에서 바라보면서 해석하느냐에 따라 그러하다. 즉, In vitro(몸 안)를 강조하느냐, Ex vitro(몸 밖)를 강조하느냐에 따라 자연과 문화, 날것과 가공한 곳, 기질과 성격, DNA와 환경 등의 이분법적 논의가 제시될 것이다. 이 두 항은 대립, 일치, 유비 등 다각적인 관점에서 풀이될 수 있지만[21] 위에서 필자가 제시한 여러 도식(또는

---

20) 카알 뢰비트, 강학철 옮김, 『헤겔에서 니체에로, 19세기 사상의 혁명적 결렬-마르크스와 키아케고어』(민음사, 1985), 21에서 재인용. 괴테 글의 원 출처(독일어 판본)는 『대화』(제3권 428쪽)이다.

21) Cf. 강응섭, 『자크 라캉과 성서 해석-정신분석학으로 성서 읽기』(서울: 새물결 플러스, 2015).

그림)은 상이한 두 항을 잇는 missing link로서 '무의식'22)을 담고 있다.

창세기 1장에는 생물(20, 21, 24, 28 등)이란 단어가 여러 번 나온다. 그리고 창세기 2장 7절에는 흙으로 만든 사람을 〈생령〉이라고 말한다. 여기서 생물과 생령은 히브리어로 〈네페쉬〉(נפש)이다. 바울은 이 단어를 고린도전서 15장 45절에서 그리스어 '프시케'(φυχη)로 번역한다. 앞서 언급했듯이 '프시케'(φυχη)는 자연을 일컫는 용어였으나 인간의 정신을 일컫는 용어로 한정되어 왔다. 인류의 역사는 자연으로서의 '프시케'(φυχη)와 역사적 정신으로서의 '프시케'(φυχη) 간의 논의에 큰 관심을 모았지만 산업사회로 접어들면서 그 균형은 무참히 무너졌다. 이 둘 사이의 중간, 균형은 아리스토텔레스의 중용 이후 매우 강박적으로 다뤄졌지만 애초부터 감당이 되지 않는 싸움이었다. 필자는 본 글에서 헤겔식 구도인 〈자연과 정신의 중간 매개로서의 몸에 관한 고찰〉이 아닌, 〈자연에 떠도는 정신의 생태 매개로서의 몸〉이란 관점을 제시했다. 이제는 이런 증상을 더 이상 간과해서는 안 되는 시점에 접어들었다. 자연에 떠도는 정신이 되기 위해 최대한 우리가 할 수 있는 일을 해야 할 시점이다. 인간을 위한 종교(자연)가 아니라 종교(자연)를 위한 인간이 되어야 하는 시대에 접어들었다. 종교는 그 기능을 수행해야 할 시점에 놓여 있다.

---

22) 무의식에 관한 논의는 1895년 출간된 『히스테리 연구』, 1900년 출간된 『꿈의 해석』 등 프로이트의 저서에서 형식과 경영 측면에서 줄곧 전개되었고, 라깡에게서도 '언어처럼 짜인 무의식,' '증상처럼 구조화된 무의식' 등 새로운 차원의 논의가 진행되었다.

참고문헌

강응섭. 『자크 라캉의 세미나 읽기』. 서울: 세창미디어, 2015.

강응섭. 『자크 라캉과 성서 해석-정신분석학으로 성서 읽기』. 서울: 새물결플러스, 2015.

강응섭. 『프로이트 읽기』. 서울: 세창미디어, 2021.

라캉, 자크/맹정현 옮김. 『자크 라캉 세미나 01권-프로이트의 기술론』. 서울: 새물결, 2016.

로젠버그, 티나/이종호 옮김. 『또래압력은 어떻게 세상을 치유하는가 - 소속감에 대한 열망이 만들어낸 사회 치유의 역사』. 서울: 알에이치코리아(RHK), 2012.

뢰비트, 카알/강학철 옮김. 『헤겔에서 니체에로, 19세기 사상의 혁명적 결렬-마르크스와 키아케고어』. 서울: 민음사, 1985.

루터, 마르틴/지원용 옮김. "요한복음강해." 『루터 선집 제3권: 루터와 신약 1』. 서울: 컨콜디아사, 1984.

루터, 마르틴/지원용 옮김. "노예의지론." 『루터 선집 제5권: 교회의 개혁자 1』. 서울: 컨콜디아사, 1984.

루터와 에라스무스/이성덕, 김주한 옮김, 『자유의지와 구원』. 서울: 두란노아카데미, 2011.

미첼, 줄리엣/이성민 옮김. 『동기간- 성과 폭력』. 서울: 도서출판b, 2015.

성서. 『로마서』(57-59년)

아리스토텔레스/유원기 옮김. 『영혼에 관하여』. 서울: 궁리, 2001.

아우구스티누스/정원래, 이형기 옮김. "영과 문자." 『아우구스티누스: 후기 저서들』. 서울: 두란노아카데미, 2011.

아퀴나스, 토마스/이재경 옮김. 『지성단일성』. 왜관: 분도, 2007.

파스칼, 블레즈. 『팡세(1670년)』. 서울: 삼성출판사, 1990.

파스칼, 블레즈/이환 옮김. 『팡세(1670년)』. 서울: 민음사, 2003.

프로이트 지그문트/김인순 옮김. 『꿈의 해석』. 파주: 열린책들, 2004.

프로이트 지그문트/김석희 옮김. "집단 심리학과 자아 분석(1921년)." 『문명

속의 불만』. 파주: 열린책들, 2013.

한동일. 『유럽법의 기원』. 서울: 문예림, 2013.

Erasme. *La philosophie chrétienne.* Paris: Librairie philosophique J. Vrin, 1970.

S. Freud, *Vorlesungen zur Einführung in die Psychanalyse. G. S.*, vol. 7; *G. W.*, vol. 11; *S. A.*, vol. 1, pp. 33, 37-445; *S. E.*, vol. 15-16. Trad. franç. S, Jankélévitch, *Introduction à la psychanalyse.* Paris: Payot, 1990, 351.

Groddeck, Georg. *Ça et Moi.* Paris: Gallimard, 1977.

Lacan, J. *Identification.* 미출판, 1961-1962년.

Lacan, J. *La relation d'objet et les structures freudiennes* (1956-57년). Paris: Seuil, 1994.

Lacan, J. *Encore*(1972-1973년). Paris: Seuil, 1975.

Luther, M. "De l'autorité temporelle."(1523) *Œuvres IV.* Genève: Labor et Fides, 1957.

Luther, M. "Commentaire de l'Epître aux Romains(t. II)." *Œuvres 12.* Genève: Labor et Fides, 1985.

라다크의 과거는 우리의 미래가 될 수 있는가?

박 수 영

라다크의 과거는 우리의 미래가 될 수 있는가?

박 수 영 동국대학교 강사

1. 라다크(Ladakh)

라다크는 까슈미르를 포함하는 인도의 연방직할지(union territory)로서 1947년 독립 이후 파키스탄 및 중국과 지속적으로 영토분쟁의 대상이 되어온 지역이다. 라다크는 동쪽으로는 중국의 티벳 자치구, 남쪽으로는 인도의 히마찰 쁘라데쉬주(Himachal Pradesh), 서쪽으로는 인도령 잠무 & 까슈미르(Jammu & Kashmir)와 파키스탄령 길깃-발티스탄(Gilgit-Baltistan), 북쪽으로는 카라코람 통로(Karakoram Pass)를 가로지르는 신장 자치구와 경계를 이루고 있다. 동쪽 끝인 악사이 친(Aksai Chin) 고원 지역은 인도 정부가 라다크의 일부라고 주장하고 있지만 1962년 이래 중국 정부의 통제하에 있다. 과거에 라다크는 중요한 무역로의 교차로에 있다는 전략적 위치로 인해 많은 무역상의 이익을 누렸지만 1960년대에 중국이 티벳과 라다크의 국경을 폐쇄하면서 국제무역이 급감하였다. 이를 상쇄하기 위해 인도 정부는 1974년 이후 라다크의 관광사업을 장려했는데 나름 성공적이라는 평가를 받는다.[1] 아울러 라다크가 전략적으로 중요해지면서 인도의 정예군대가 지속적으로 주둔하고 있다.

라다크는 불교도가 다수인 레 지구(Leh district)와 무슬림이 다수인 카르길 지구(Kargil district)로 구분되는데 레와 카르길이 각각 두 지구의 중심 도시이다. 라다크는 인도에서 가장 인구밀도가 낮은 지역 중의 하나인데, 문화와 역사는 티벳과 깊은 연관이 있다. 라다크는 잠무 & 까슈미르와 더불어 하나의 잠무 & 까슈미르 주(state)를 구성했지만, 2019년 10월 31일 잠무 & 까슈미르 재편성법이 통과되며 두 개의 연방직할지로 재탄생하였다.[2] 현재 라다크는 인도에서 가장 면적이 크지만, 두 번째로 인구밀도가 낮은 연방직할지이다.

2. 라다크와 헬레나 노르베리-호지

라다크가 우리에게 유명해진 이유 중 하나는 헬레나 노르베리-호지(Helena Norberg-Hodge, 1946-)의 세계적 베스트 셀러인 『오래된 미래(Ancient Future)』(1991) 때문이기도 하다. 우리나라를 여러 번 방문한 바 있는 호지는 본래 언어학자이지만 생태학자, 공동체주의자, 생태학자, 지역화(localization) 운동가로서 우리에게 더 잘 알려져 있다. 호지는 지역사회와 경제의 문화적, 생물학적 다양성을 재활성화

---

1) 후술하는 바와 같이 헬레나 노르베리-호지는 반대로 평가한다.
2) 1956년의 주재편성법(States Reorganisation Act of 1956)에 따라 인도의 행정구역은 14개의 주(state)와 6개의 연방직할지(Union Territory)로 출발하였지만, 지속적으로 언어의 차이에 따라 언어주(linguistic province)가 분할되면서, 2019년 현재 28개 주 및 9개 연방직할지로 구성된다.

및 강화시키는 운동에 헌신하고자 비영리 민간단체인 "지역의 미래(Local Futures)"3)를 창립하여 현재 책임자로서 활동하고 있다. 그녀의 가장 유명한 저술인 『오래된 미래』는 라다크의 히말라야 지역에서의 전통과 변화를 다루었으며, 또 하나의 유명 저술인 『로컬의 미래(Local is Our Future)』(2019)에서는 세계화의 대안으로써 지역화를 제시하고 있다. 즉 세계 경제를 전체주의화하는 세계화에 맞서기 위해서 강고한 지역 음식 시스템(local food system) 및 민주적 체제를 구축해야 한다고 역설한다. 아울러 호지는 세계화에 휩쓸려 버린 현대인이 잃어버린 중요한 가치가 무엇이며, 선진 서구문명의 성장위주의 경제적 활동과 행위가 인간을 위해 무엇을 할 수 있는가를 반문하고 있다. 그리고 세계화가 초래한 문제점들의 해결책으로써 제리 맨더(Jerry Mander) 등과 함께 "국제 세계화 포럼"(International Forum on Globalization, 1994)와 "국제 지역화 연맹"(International Alliance for Localization, 2014) 등을 창설하여 지역화 운동을 전개하고 있다. 한편 호지는 2011년에 "행복의 경제학(Economics of Happiness)"이라는 다큐멘타리 필름을 제작하고, 이듬해 책으로 출간하기도 한다. 그녀의 헌신적 활동은 국제적으로 인정받아 몇몇의 유명상을 수상하기도 하는데, 1986년에는 "관광과 개발의 맹공격으로부터 라다크의 전통문화와 가치를 보존"한 공로로 "바른 생활상"(Right Livelihood Award)을 수상했으며, 2012년에는 "지역화 운동에서의 선구자적 노력"으로 "고이 평화상"(Goi Peace Award)을 받는다.

1946년 스웨덴에서 태어난 호지는 스웨덴, 독일, 오스트리아, 영

3) 창립 당시의 본래 이름은 "International Society for Ecology and Culture"(ISEC)이다.

국, 미국 등에서 교육을 받는데, 특히 박사과정에서는 언어학을 전공하여 런던대학교(University of London)와 MIT에서 공부한다.[4] 그렇지만 7개 국어에 능통해 다양한 문화를 경험하고 공부한 호지의 세계관 형성에 가장 많은 영향을 미친 것은 라다크의 히말라야 지역이다.

"작은 티벳"(Little Tibet)으로 알려진 라다크는 티베트 고원의 먼 외딴 지역으로서 정치적으로는 인도의 일부이지만 티베트와 문화적으로 더 많은 공통점이 있다. 라다크는 인도와 긴밀한 관계를 유지하고 국경 분쟁이 빈번한 중국 및 파키스탄과 국경을 접하고 있기 때문에 인도 정부는 라다크를 외부 세계와 격리시켜 왔다. 1962년이 되어서야 라다크를 연결하는 첫 번째 도로가 건설되었지만, 그 이후에도 인도군을 제외한 모든 사람에게 접근 금지 지역이었다. 1975년 인도 정부는 관광과 개발을 위해 라다크를 개방하기로 결정했고, 같은 해에 런던대 동양아프리카학과의 언어학과 학위논문을 준비하던 호지는 통역사로서 독일 영화 제작진과 함께 이 지역을 방문한 최초의 서양인 중 한 명이었다.

당시에 호지가 관찰한 문화는 생태학적으로 낙원에 가까운 모습이었지만 관광과 개발로 인한 외부 세력의 영향으로 빠르게 무너져가기 시작했다. 처음 도착한 인구 5,000명의 수도인 레(Leh)는 혼잡의 원인이 소였고, 공기는 수정처럼 맑았다고 한다. 그렇지만 이후 20여년 동안 레의 거리는 디젤 매연 냄새가 진동하는 먼지투성이 사막으로 변해갔고, 개울물은 마실 수 없게 되었다. 처음으로 노숙자가 생겨났고, 경제적 압박은 실업과 경쟁을 낳았으며, 곧이어 공동체간

4) MIT에서는 언어학자이자 반세계화 운동가인 촘스키(Noam Chomsky)에게서 언어학을 배웠는데, 이때 촘스키로부터 많은 영향을 받은 듯하다.

의 마찰이 발생하였는데, 이 모든 것들은 지난 500년 동안은 존재하지 않았던 일들이었다.

3. 라다크의 개방

티베트보다 더 티베트의 전통문화를 잘 보존하고 있는 곳으로 평가받는 라다크는 1962년까지 근대화와 완전히 차단된 공간이었다. 그러나 1962년 티베트 분규로 인해 인도군대가 이 지역에 연결 고속도로를 건설하면서 강제적으로 인도의 소비상품과 관료들이 유입되었다. 그러나 본격적으로 라다크가 세상에 알려지게 된 것은 앞서 언급한 것처럼 1975년 이 지역을 "관광 편의와 지역발전"을 명분으로 여행객에 개방하면서 부터이다. 이 시기부터 서구화와 도시화의 진면목을 갖춘 소위 말하는 라다크의 근대적 개발이 이루어진다.[5] "개발"이 가져온 많은 변화는 『오래된 미래』의 다큐멘타리 버전에서 그녀가 설명한 것처럼 주로 심리적인 변화였다.

> 라다크에서 처음 몇 년 동안 나는 이 믿을 수 없을 정도로 아름다운 마을에 있었다. 모든 집들은 3층 높이에 흰색으로 칠해져 있어서, 나는 매우 놀랐다. 그래서 한번은 그냥 신기해서 그 마을 청년에게 가장 가난한 집을 보여달라고 부탁했더니, 그는 조금 생각한 후 "저희는 가난한 집이 없어요"라고 했다. [그런데] 8년 후 같은 사람이 관광객에게 "오, [관광객들이] 우리 라다크인들을 도울 수만 있다면 좋겠어요. 우리는 너무 가난합니다!"라고 말하

5) 김진영 2015: 165.

> 는 것을 들었다. 지난 8년 동안 그는 서양 생활에 대한 1차원적 이미지의 폭격을 받았다. 그는 일도 안하는 것처럼 보이지만 많은 돈을 갖고 빠른 자동차를 소유한 서양인을 보아온 것이다. 그리고 갑자기 서양에 비해 라다크의 문화는 후진적이고 원시적이며 가난한 것처럼 보였다.

라다크의 개방과 개발이 갖는 가장 큰 문제점은 그것이 자연스럽게 이루어진 것이 아니라, 인도정부의 군사적 이유 등 전략적 필요에 의해 지역민의 동의 없이 갑자기 이루어졌다는 것이다. 라다크는 개방 이후 비계획적인 경제성장과 더불어 도시로 이주하는 농촌인구가 급증하는 현상을 겪게 되는데, 라다크 도시화의 가장 큰 문제점은 도시로 이주하는 농촌인구의 증가로 기존 공동체의 붕괴를 가져왔다는 것이다. 농촌의 몰락은 가치체계의 급격한 변화를 불러오고 도시로 몰린 엄청난 인구가 실업과 서구적 스트레스에 그대로 노출되는 결과를 가져오면서 라다크가 오랫동안 유지해왔던 행복 개념의 변화를 초래하게 된다.[6]

라다크는 개방화 이전에 폐쇄형 순환조절시스템을 지니고 전통을 고수해 왔다. 특히 인구조절문제에 있어서 제도적인 측면에서의 일처다부제(polyandry)와 내면화적인 측면에서의 티베트 승원이 결합되어 관습사회를 이끌면서 총체적인 가치체계를 유지해왔다고 평가된다.[7] 즉, 라다크가 인구를 조절하는 전통적인 방식은 일처다부제라는 독특한 결혼 시스템을 기반으로, 식구가 많은 가정에서는 작은 아들이 출가하여 가족의 부담을 덜면서 승가공동체로 흡수되고 사회의

6) Chatterji 1987: 218; Goodall 2004: 226. (김진영 2015: 167에서 재인용)
7) 호지 1997: 64.

독신자들이 자연스럽게 승원으로 유입되면서 전체 공동체의 인구를 일정하게 유지하는 것이다. 이런 방식으로 전통적인 순환 평형계를 구축했던 라다크는 개방화 이전 매 10년간 평균 3%의 인구증가율을 보이면서 균형적이고 안정적인 인구 시스템을 지니고 있었다.8)

하지만 개발의 역풍은 라다크인들을 세계에서 가장 불행한 사람으로 변화시켰다. 개발 후 10년, 라다크인들의 자부심은 문화적 열등감으로 변모하고, 젊은이들은 자신들의 문화적 정체성을 부정하고 부끄러워하며 현대화에 몸부림치게 된다. 호지가 당시에 경험한 라다크는 자급자족을 이룬 농부들이 협동하며 높은 생활 수준을 누리고 충분한 여가를 즐기는 사회적으로나 환경적으로 지속가능한 사회였다.9)

4. 라다크의 반개발

호지는 모든 사람이 같은 음식을 먹고, 같은 옷을 입고, 화석연료에 기반하여 살아가는 획일화된 모노컬쳐(monoculture)는 더 이상 지속될 수 없다는 사실을 확신하고, 지역통화, 물물교환, 지역 음식 시스템을 갖춘 지역화(localization)로 방향을 전환해야 한다고 주장한다.10) 이에 호지는 라다크에 머물면서 목격한 세계화의 과정을 지역화로 전환하기 위해, 몇몇 단체를 조직한다. 우선 1978년에 "라다크 프로젝트"를 설립하여 라다크인들로 하여금 그들의 전통 문화에 대

8) 박경준 외 2006: 18.
9) 김진영 2015: 168.
10) 호지 외 2006: 536.

한 존중을 다시 심어주고자 노력한다. 이후 호지는 WAL(Ladakh Women's Alliance of Ladakh), LEHO(Ladakh Environment and Health Organization) 및 LEDeG(Ladakh Ecological Development Group)를 포함하여 라다크에 여러 토착 NGO의 설립을 도와준다. 특히 LEDeG는 다양한 소규모 적정 기술을 이용하여 태양열 온수기, 조리기구, 패시브 스페이스 히터, 온실 등 라다크인들에게 필요한 설비를 설계하여 설치해준다. 이는 모두 라다크에서 발생하는 세계화의 부정적 결과를 완화하거나 역전시키기 위한 체계적인 노력의 일환으로, 대안적인 에너지를 개발·설치하고 전통적인 라다크의 의료체계를 보호하는 일에 앞장서는 활동을 하고 있으며, 이러한 대외적 노력을 통해 라다크의 생태친화적이면서 공동체적 삶에 기반을 둔 전통 라다크 사회의 회복을 돕고 있다. 결국 1986년에 호지와 LEDeG는 이러한 노력을 인정받아 대체 노벨상이라고도 불리는 "바른 생활상"(Right Livelihood Award)을 수상하게 된다.

또한 호지는 지역화 이론과 더불어 "반개발(counter-development)" 이론을 토대로 세계화에 반대한다. 반개발은 단순히 개발을 반대하기 때문에 붙인 명칭이 아니다. 그녀는 제1 생산자인 농민의 지위와 농촌 생활 전반을 향상시키는 것의 중요성을 강조하고, 그 과정에서 농촌생활이 도시에 비해 저급한 발전단계라는 심리적 압박을 전달하는 미디어, 광고, 관광객 등에게 "대항"하는 것이 매우 중요하다고 보았다. 이는 환경파괴와 공해의 문제 뿐 아니라 지속될 수 없는 생활양식을 화려하게 포장하여 퍼트리는 세력에 능동적으로 대항하는 적극적인 활동이다.[11)]

11) 제리 맨더 외 2001: 497.

> 라다크를 통해 이야기하려 했던 바는, 현행 경제가 결코 필연적인 귀결이 아닌 실업을 만들어내고, 사람들을 서로 싸우게 하며, 엄청난 자원을 낭비하면서 우리를 물질적으로도 가난하게 만드는 방식임을 이해해야 한다는 것이었다. 라다크에서 정신적인 가치를 배운다기보다는 원래 라다크가 갖고 있었던 것과 경제가 끼친 영향, 그 대조 자체였다. 갈등과 불행과 오염을 만들어내는 경제체제에 대해 본격적으로 질문할 수 있게 된 거다. 그 안에서 특히 경제가 농업에 끼치는 영향, 도시와 지역사회의 관계에 주목할 수 있었다. 라다크의 변화는 차원이 다르지만 서구에서도 마찬가지였음을 알게 됐다.12)

호지는 세계화의 폐해를 비판하고 지역화를 주장하면서 진정한 행복은 지역에 기반한 생태공동체가 자립적인 네트워크를 구축한 사회에서 가능하다고 보았다. 그리고 이 공동체를 구축하기 위해서는 라다크만의 문화적 특성이었던 '여성과 불교'의 전통적인 힘의 복원이 필요하다는 점을 강조한다. 2014년 방한하여 6월 2일 이화여대 국제교육관에서 행해진 국내 인터뷰에서 호지는 여성의 장점과 역할이 세계화를 막고 생태공동체의 부활에 크게 기여할 수 있다고 피력한다. "여성은 세계화의 폐해에 대항할 수 있는 소양을 갖고 있다"며 여성적 장점이 진정한 행복에 다가갈 수 있도록 돕는다고 역설했다. 여기서의 여성적 장점이란 자연과 보다 가깝고 좀 더 넓은 관점에서 사고할 줄 아는 능력을 말한다.13)

---

12) 헬레나 노르베리 호지 인터뷰. '당신이 사는 지역사회, 땅과 교감을 나눌 때 행복해진다', 씨네21, 2011.
13) 김진영 2015: 172.

> 나는 이미 그 전에 남성들과 생태주의 단체에서 여러 해 같이 일을 했다. 그 과정에서 여성들이 심리적인 측면에서 예를 들어 자신의 아이들이 느끼는 행복감에 대해 남성들보다 더 예민하다는 사실 같은 것을 확인했다. 여성들은 마음으로 더 잘 느끼고 인식한다. 여성들은 남성에 비해서 내면의 행복에 대해서 더 잘 알고 있다. 그러므로 현재 벌어지고 있는 일들에 대한 사람들의 심리 상태, 사람들의 행복에 대해 다루려고 한다면 여성이 주도적인 역할을 하는 것이 대단히 중요하다. 환경 문제에 있어서도 여성이 더 민감하다. 라다크 여성들은 토양과 물이 오염되고 훼손되는 것에 대해, 건강 문제에 대해서 남성들보다 훨씬 더 민감하다. 여기에는 전통 사회의 진정한 식량 생산자가 여성이었고, 인간의 행복을 양육했던 것도 역시 여성이었다는 사실이 크게 작용했을 것이다. 여성은 대단히 중요한 역할, 근본적인 역할을 담당해 왔다. 나는 권력이 여성에게로 되돌아가고 행복, 건강, 농업, 식품의 가치가 회복되기를 바란다는 점에서 페미니스트라고 말할 수 있다. 모든 사회에서 행복, 건강, 농업, 식품의 가치가 바로 서기 위해서는 여성의 지위가 향상되어야 하기 때문이다.14)

개방화 이후 라다크의 여성들도 남성 중심의 세계화 속에서 비생산자가 되면서 사회적으로 열등한 존재가 되었다. 또한 여성이 GNP에서 배제되면서 라다크의 활달하고 강력했던 여성상이 사라지고, 전통 사회에서 최고의 여성의 덕목이었던 관용과 사교성보다 서구적 외모가 여성을 평가하는 주요한 척도가 되었다. 라다크 전인구의 90%를 차지하던 농부와 주부가 비생산자가 되어 버린 상황에서, 호

---

14) 〈21세기 사상강좌〉 헬레나 노르베리-호지의 ‘행복의 정치학’ - “행복하지 않다면 진보가 아니다”, 프레시안, 2003년 12월 26일.

지는 농부와 여성이 열등한 존재가 되어버리는 세계화의 문제점을 지적하고, 여성의 전통적 가치에 주목하고 있다.[15]

라다크의 가장 주요한 종교는 불교로서, 불교의 인과사상과 행위 이론을 비롯해 기본적인 티베트 불교의 사상을 갖고 있다. 특히 호지는 라다크의 전통에서 여성 승려의 융통성 있는 역할에 주목한다. 라다크 승단에서는 사생아를 가진 여성 승려가 허용되며, 이 승려가 사원이 아닌 자신의 집에서 거주하면서 가족의 일원으로 노동을 제공하며 승려로서의 역할도 할 수 있었다. 공식적 서열에서 남성 승려가 여성 승려보다 서열이 높은 것은 라다크에서도 마찬가지이지만, 여성은 지혜, 남성은 자비로 상징되며 남녀구별 없이 '조화'를 이루는 남녀 승려 사이의 균형은 불법의 가르침이 라다크 사회에서 전통적인 가치로 승화하는데 크게 기여한다.[16] 『오래된 미래: 라다크로부터 배운다』의 제6장이 '불교-삶의 한 방식'으로 저술되었듯이 라다크의 행복과 전통적 가치관에서 불교는 매우 중요한 가치체계라고 할 수 있다. 그녀는 이러한 불교의 가르침이 현대사회에서 타인과 자신의 공감력을 향상시키고 현실에서 야기되는 분쟁을 비폭력적인 태도로 조절하는 원동력이 될 수 있다고 보았다. 즉 불교의 가르침에는 우리가 타인과 환경에 영향을 주는 복잡한 방식에 대한 이해와 감정이입, 생명계에 대한 심오한 긍정을 고무시키는 친환경적이고 생태적인 지속가능한 행복의 가르침이 있다는 것이다. 불교가 지향하는 정신적 각성은 타인들과 자연과의 연결을 아는 것으로, 우리 안의 세계를 보고, 우리 자신도 그 안의 상호의존적 인드라망에 포함된 것임

15) 제리 맨더 외 2001: 62.
16) 헬레나 노르베르 호지 1997: 76.

을 의식적으로 경험할 것을 권장한다. 또한 불교의 주요한 가르침인 무상, 상호의존의 연기적 가르침은 주체가 타자들과 상호작용하는 원칙을 '경험'하는 교리로서, 우리를 현명하고 자비로우며 지속가능한 발전으로 이끌 수 있음을 호지는 강조한다.17)

현대화 과정에서 호지가 목격한 가장 고통스러운 분열 양상은 바로 종교에 대한 전통적 헌신이 줄어드는 것과 반비례해서 강화된 종교간의 경쟁이었다.18) 그녀는 자신이 라다크에 도착했을 때 불교도와 무슬림들이 서로를 존중하며 협력하는 태도에 신선한 충격을 받았다가 두 집단 간에 긴장이 존재한다는 것을 알게 되고, 이후 1986년도에 라다크인들의 불교도와 무슬림을 구분하는 생활태도를 목격한다. 또한 1989년 여름 두 종교간의 폭력사태가 발생하여 네 명이 사망한 후 라다크에 통금이 실시되는 것을 경험한다. 이는 라다크의 행정구역에도 큰 변화를 야기하는데, 1979년까지 단일행정구역이던 라다크는 현재 불교도가 주로 거주하는 레, 무슬림이 주로 거주하는 까르길로 양분되는 노골적인 반목의 결과로 이어지게 된다.19)

5. 지역화(localization)

세계화는 정부의 투자를 바탕으로 한 도시, 대중통신 시설, 에너지 시설, 전문교육을 위한 학교 등 대규모의 산업기반 시설, 즉 인프라의 구축을 필요로 한다. 무엇보다도 정부의 막대한 보조금을 받아 설

17) 헬레나 노르베르 호지 외 2006: 548.
18) 제리 맨더 외 2001: 64.
19) 김진영 2015: 176.

립된 이 기반시설이 상품의 대량생산을 가능케 하며, 상품을 먼 곳으로 운반하여 인공적으로 형성된 낮은 가격에 되팔 수 있게 한다.[20)]

> 라다크에서는 5일에 걸려 도착한 버터가 정작 5분 떨어진 곳에서 생산되는 버터보다 가격이 낮게 거래되고 있었다. 어떻게 이런 일이 가능할까? 그것은 바로 정부 정책과 보조금 때문이다. 빠른 경제성장을 위해 세계화를 택한 정부는 국가 보조금이나 기반시설을 수입과 수출에 용이하도록 만들었고, 학교에서는 초국적 기업들이 원하는 인재를 키우는데 주력했다. 때문에 라다크에서는 수백 년 동안 존재하지 않았던 실업이 생겨났다.[21)]

라다크도 개방화되면서 인도정부가 도로, 학교, 에너지 시설을 지원하고 기업형 농장지역인 펀잡(Panjub) 지방의 식량이 라다크에 제공되었다. 대량으로 유입된 펀잡 곡식은 저렴한 가격을 형성하면서 라다크가 2천년 동안 유지한 완벽한 자급자족의 경제순환 시스템을 붕괴시킨다. 그들은 자신들이 어렵게 키운 보리보다 가격이 싼 펀잡의 보리를 보면서 자신들의 전통적인 농업시스템의 무가치함을 인식하고 도시로 떠나게 된다. 즉, 이러한 경제체제는 인도정부의 보조금 시스템에 기인한 것으로, 막강한 정부의 엄청난 보조금으로 대량 생산된 상품은 라다크 지역경제를 무너뜨리면서 지역사회마저 붕괴시킨 결과를 초래했다. 세계화의 역풍을 호되게 경험하고 있던 라다크는 1970년대 후반 당시 8억의 인도 국가 경제로 편입되고, 60억 세계 경제의 일부가 되었다. 다시 말해서 고도로 중앙집권화된 세계 경

20) 제리 맨더 외 2001: 57.
21) 정효주 2013: 5.

제가 지역의 경제체계를 파괴하는 과정에서 라다크의 주식은 보리에서 패스트푸드로 전환되고, 라다크인들은 서구의 산업사회와 동일한 음식을 섭취하는 세계인이 되어 버린 것이다.22)

> 나는 공동체에 기반한 아주 자립적인 라다크 문화가 경제발전으로 어떻게 변했는지 내 눈으로 똑똑히 보았다. 10년 전만 해도 이곳의 전통문화는 활기와 기쁨, 타자에 대한 관용이 넘쳤고, 이는 분명히 사람들의 자부심과 사람들이 자신의 삶을 스스로 통제할 수 있는 힘과 맞닿아 있었다.23)

인간은 자신이 살고 있는 공동체와의 긴밀한 유대감을 깨고 서구화와 경제화에 매달려 효율성과 우월성의 원리로 자신의 문화와 공동체를 스스로 파괴하고 자신의 정체성을 세계 경제의 논리에 맡기고 있다. 다시 말해서 문화와 정보의 세계화는 가까이 있는 것을 업신여기는 생활방식을 낳았다. 영상과 미디어 매체를 통해 감각적으로 흡수하는 세계는 발전했는지 몰라도 우리가 잊고 잃어버린 것은 타인과 연결되고 자연과 연결되었을 때 오는 정신적 깨달음에 관한 것이다.24)

호지는 성장 패러다임이 실은 초국적 거대 자본들의 배만 불리는 허구와 기만의 술책이며, 기업과 정부가 말하는 세계화, 산업화가 실은 세계적인 굶주림과 기근을 낳는 구조임을 설명하고자 노력하였다. 결국 그녀가 주장하는 행복은 산업화된 모노컬쳐를 벗어나 다양

---

22) 김진영 2015: 177.
23) 제리 맨더 외 2001: 488.
24) 제리 맨더 외 2001: 501.

성, 탈중심화, 생태적 순응의 길을 선택하는 지혜로운 방향의 전환에서 발생한다.25)

> 발전이란 진보라는 명분하에 사회를 개혁하는 것을 의미합니다. 그 정도를 측정하기 위해 사용되는 척도가 GDP(국내총생산), GNP(국민총생산)입니다. 그러나 제가 라다크에서 본 것은 GDP와 GNP라는 척도가 사람들의 사고방식과 생활, 사회의 존재 양식, 심지어 생태환경까지를 오히려 잘못된 방향으로 이끈다는 사실이었습니다.26)

호지는 물질적 성장의 폐해 중 가장 위험한 것은 인간의 '고립과 불안'이며, 이러한 고립과 불안으로 인간이 불행하다고 판단한다. 자부심 강한 라다크인들이 개방과 진보에 의해 잃어버린 것은 다름 아닌 '행복'이라고 보는 것이다.27)

> 전통적인 생활방식에서 사람들은 스트레스를 별로 경험하지 않고 마음의 평화를 누린다. 삶의 속도는 느슨하고 편안하다. 사람들은 맑은 공기를 마시고 규칙적으로 장시간 운동을 하고 정제되지 않은 완전식품을 먹는다. [⋯] 놀라운 일인지 모르지만, 현대화는 개성의 상실을 초래하고 있다. 사람들이 자의식이 강해지고 불안정해지자 그들은 순응하도록, 또 이상화된 이미지에 따라 살도록 압력을 받는 것으로 느낀다. 그와 대조적으로, 모든 사람이 같은 옷을 입고 있고 얼핏 보아 똑같아 보이는 전통적인 마을

25) 김진영 2015: 178.
26) 헬레나 노르베르 호지 2011: 50.
27) 정봉희 2013: 1-15.

> 에서 사람들은 편안하게, 있는 그대로의 자신으로 존재할 자유를 더 많이 갖고 있는 것 같다. 긴밀하게 짜여진 공동체의 부분으로서 사람들은 자기 자신이 될 만큼 충분히 안정감을 느낀다. [···] 내가 라다크에서 관찰한 악순환 중에서 가장 비극적인 것은 아마도 개인의 불안정이 가족과 공동체의 결속을 약화시키는 데 기여하고, 이로 인해 또 개인의 자존심이 더욱 흔들린다는 것이다. 소비주의가 이 모든 과정에서 중심적인 역할을 한다. 왜냐하면 정서적인 불안정 때문에 물질적인 신분상승에 대한 갈망이 커지기 때문이다.[28]

호지가 『오래된 미래』와 『행복의 경제학』을 통해 말하고 싶은 것은 서구화의 쓰나미 속에서 상실된 인간의 행복이다. 전통과 문화, 자아에 바탕을 둔 자존감이 바로 행복의 정체라고 보고, 행복은 '자존감'이라는 점을 강조한다.

> 라다크 전통 사회로부터 배울 수 있는 교훈은 가장 중요한 것들, 즉 자립, 검소, 사회적 조화, 환경적 지속성 및 내면적 풍요와 평화이다. 라다크 사람들의 자기부정이라는 큰 상처는 보기에 몹시 고통스러운 것이었지만, 이제 새로운 자존심으로 치유되기 시작하고 있다.[29]

달라이 라마는 호지의 주장에 힘을 실어주며 오래된 미래의 추천사를 통해 내면적 발전과 행복에 관한 조언을 해주고 있다.

---

28) 헬레나 노르베르 호지 1997: 61, 153.
29) 헬레나 노르베르 호지 1997: 13.

> 전통적인 농촌사회가 아무리 매력적으로 보인다 하더라도 그 사회의 사람들에게 근대적 개발의 혜택을 누릴 기회가 부정될 수는 없다. 그러나 이 책이 말하듯이. 개발과 배움이 오직 한 가지 방향으로만 일어나서는 안 된다. 라다크와 같은 전통 사회의 사람들 속에는 흔히 내면적 발전. 즉 따뜻한 마음씨와 만족감이 있다. 우리는 이러한 것을 본받아야 할 것이다.30)

6. 라다크의 문제는 라다크만의 문제인가? – 독일 로펌의 사례

앞서 인용한 것처럼 호지는 "라다크의 변화는 차원이 다르지만 서구에서도 마찬가지였음을 알게 됐다"라고 말한 바 있다. 사실 근대화 또는 세계화로 인해 라다크가 겪은 변화는 이미 대부분의 세계가 경험한 바이다. 특히 성공적으로 근대화를 달성한 최고 수준의 선진국들조차도 세계화로 인한 변화를 피해갈 수는 없었다. 필자는 특히 최고의 법률서비스 국가인 독일 로펌들의 붕괴 및 한때 최고의 자동차 산업국이었던 영국 자동차 산업의 붕괴를 통해 세계화로 인한 피해가 저개발국들만의 문제가 아님을 보이고자 한다. 먼저 세계 경제를 지배하고 있는 글로벌화 논리가 영미 로펌의 세계 지배를 초래했음을 밝히고, 그 한 사례로서 유럽의 최대 경제 대국인 독일의 법무서비스 시장이 영미 로펌에 의해서 유린된 과정과 원인을 살펴보고자 한다.

21세기는 세계화 시대라고 한다. 세계화, 즉 글로벌화(Globalization)란 국경을 넘는 이동을 의미하는데, 그 대상은 사람, 물건, 사상, 문

---

30) 헬레나 노르베르 호지 1997: 4.

화 등 다양하다. 이런 현상은 과거에도 있었지만, 최근의 글로벌화는 주로 경제적인 측면에 초점이 맞춰져 있다는 것이 과거와 다른 점이다. 국경을 초월한 거래가 주된 화두로 등장한 것이다. 많은 학자들은 21세기 글로벌화의 핵심을 경제에서 찾고 있다. 그런데 경제를 중심으로 살펴보면 21세기의 글로벌화는 달러, 영어, 그리고 미국법이라는 세 가지 형태로 나타나고 있다.[31] 달러로 대표되는 미국의 자본시장과 영어로 대표되는 미국 문화의 세계화에 대해서는 비판적인 견해를 피력하는 사람들이 많지만, 미국법, 조금 더 범위를 확대해서 영미법의 세계 지배 현상은 상대적으로 크게 주목받지 못하고 있다. 사실 영미법의 세계 지배 현상은 그리 오래된 일은 아니다. 법이란 주권국가를 중심으로 집행되기 때문에 한 나라의 법이 국경을 넘어 다른 나라에서 이뤄지는 법률행위까지 규제할 수 없기 때문이다. 하지만 국제 거래의 글로벌화는 생산과 소비의 글로벌화를 초래했고, 마침내 법의 글로벌화가 나타나게 됐다.[32]

다국적 기업이 어떤 나라에 진출할 때 고려하지 않을 수 없는 것이 그 곳에서의 위험성이다. 특히 진출국가가 개발도상국일수록 정치 경제적 불안이 심하기 때문에 그러한 위험으로부터 벗어날 수 있는 장치를 마련해 놓고 싶어한다. 당사자 사이의 법률관계와 분쟁이 발생할 때 해결하는 방법 등에 대한 약속이 사전에 명확하게 이뤄져야

31) Steven Mark, “Harmonization or Homonization? The Globalization of Law and Ethics: An Australian Viewpoint,” 34 Vand. J. Transnat'l L. 1173, 1174(2001) 참조. 영국의 경제시사주간지 The Economist도 영어, 뉴욕과 런던의 자본시장, 영미법 등 세 가지를 최근 글로벌 회사들이 벌이는 행태를 이해하는 핵심 언어로 설명하고 있다. “The Battle of the Atlantic,” The Economist, Feb. 24, 2000. (문재완 2002: 278-279에서 재인용).

32) 문재완 2002: 278-279.

예측가능성이 높아진다. 법의 글로벌화는 필연적으로 법률실무의 글로벌화를 초래한다. 거래의 기초가 된 법률을 가장 잘 이해하는 전문가에 대한 수요는 세계 곳곳에서 창출되고 있다. 최근 법률실무의 글로벌화는 로펌의 대형화로 이어지고 있다.[33] 다음의 도표는 매출액 기준 세계 로펌 순위이다.

<표 1> 매출액 기준 세계 로펌 순위

순위	이 름	주 사무소 소재지	고용 변호사 수*	본국 밖에 있는 변호사 비율	진출국
1	Baker & McKenzie	미국	2,923	80%	31
2	Andersen Legal*	영국, 네덜란드	2,880	n/a	36
3	Clifford Chance	영국	2,868	80%	14
4	Freshfields Bruckhaus Deringer	영국	2,030	56%	15
5	Allen & Overy	영국	1,912	61%	15
6	Eversheds	영국	1,864	2%	7
7	Skadden, Arps, Slate, Meagher & Flom	미국	1,504	8%	11
8	Linklaters	영국	1,400	48%	12
9	Jones, Day, Reavis & Pogue	미국	1,330	13%	11
10	White & Case	미국	1,150	56%	24
11	Lovells	영국	1,130	52%	13
12	Holland & Knight	미국	1,035	2%	4
13	Latham & Watkins	미국	1,034	6%	7
14	Morgan, Lewis & Bockius	미국	1,005	4%	5
15	DLA	영국	996	4%	3
16	Mallesons Stephen Jaques	호주	987	2%	3
17	Akin, Gump, Strauss, Hauer & Feld	미국	943	3%	4
18	Herbert Smith	영국	918	34%	9
19	McDermott, Will & Emery	미국	906	0%	1
20	Shearman & Sterling	미국	887	32%	9

33) 문재완 2002: 281.

최근 세계의 로펌 시장을 살펴보면 다음과 같은 몇 가지 특징을 발견할 수 있는데, 첫째는 로펌의 대형화, 둘째는 미국의 압도적 지배력, 셋째는 영국 로펌의 괄목할만한 성장이다. 본고의 주제와 관련하여 영국을 살펴보자면, 영국의 일류 로펌들은 세계 10대 로펌 안에 5개가 포함되는 등 매출액 기준이나 변호사 수 기준에서 세계 최대 수준이다. 이는 런던 소재 로펌들이 90년대 독일, 프랑스, 이탈리아 등 다른 EU 국가의 로펌을 지속적으로 흡수·합병한 결과다. 이 같은 영국 로펌의 상대적 우위는 법무서비스가 단순히 한 국가의 경제력만으로 설명할 수 없음을 알려 주고 있다. 아울러 세계의 법무서비스 시장은 영어권 국가의 로펌들에 의해 완전히 장악됐음을 알 수 있다.34)

영미계 로펌이 변호사 업무를 비즈니스라고 인식하며 세계 시장을 장악한 반면 독일의 변호사는 준사법기관이라는 인식을 갖고 성장해 변호사의 전문직업(profession)을 중시하였다. 90년대 후반 세계의 다국적 기업들이 서로 합종연횡하며 인수합병을 통해 덩치 싸움을 벌렸을 때 독일 로펌들은 규모가 작아 사건을 수임하는 데 크게 불리했다. 독일에서 한 로펌이 한꺼번에 끌어 모을 수 있는 변호사는 200명 내외에 불과했다. 1,000명이 넘는 미국과 영국의 로펌과 경쟁하기에는 역부족이었다. 이때 독일 변호사들이 잊지 못하는 사건이 발생했다. 독일이 자랑하는 세계적인 자동차 회사 다임러-벤츠사가 1998년 미국 자동차 회사 크라이슬러사와 합병할 때의 일이다. 벤츠사는 독일 로펌을 거들떠보지도 않고 미국의 Shearman & Sterling에 법률자문을 맡겼다. 이것은 독일 변호사 시장을 흔드는

34) 문재완 2002: 285-286.

엄청난 사건이었다. 합병 규모가 920억 달러로 법률 자문료 역시 천문학적인 숫자였기 때문만은 아니었다. 벤츠와 크라이슬러의 합병은 독일법에 따라 진행되고, 합병 후 회사도 다임러-크라이슬러 AG라는 독일 회사로 만들어지는데 독일 로펌이 배제된 채 합병이 진행된 것이 충격이었던 것이다. 이 사건 이후 독일 로펌들은 국제화에 본격적으로 뛰어든다. 대규모 로펌 역시 외국에서 합병할 대상을 찾기 시작했다.[35] 이후 영미계 로펌들이 독일 법무서비스 시장에 뛰어들면서 두 번째 M&A 열풍이 시작됐지만, 결과는 다음의 〈표 2〉가 보여주는 바와 같이 영미 로펌의 완승이었다.

<표 2> 독일 10대 로펌[36]

순 위	이 름	소속국	연간 수임료	변호사 수
1	Freshfields Bruckhaus Deringer	영국 + 독일	$148,049,000	342
2	Clifford Chance Punder	영국 + 독일	$127,710,000	230
3	Linklaters Offenhoff & Radler	영국 + 독일	$122,980,000	269
4	Hengeler Mueller	독일	$96,492,000	170
5	Haarmann, Hemmelrath	독일*	$85,140,000	211
6	Lovells Boesebeck Droste	영국 + 독일	$80,410,000	225
7	CMS Hasche Sigle Eschenlohr Peltzer Schafer	영국 + 독일	$71,423,000	250
8	BBLP Beiten Burkhardt Mittl & Wegener	독일**	$61,490,000	170
9	White & Case, Feddersen	미국 + 독일	$57,233,000	159
10	Andersen Luther	영국 + 독일	$47,300,000	216

35) 문재완 2002: 292.

36) 출처: Western Europe at a Glance, The American Lawyer, Oct. 30, 2001, http://www.law.com/servlet/ContentServer?pagename=OpenMarket/Xcelerate/View&c=LawArticle&cid=1015973983357&live=true&cst=1&pc=0&pa=0. (문재완 2002: 293에서 재인용)

독일 로펌들은 영미 로펌들에 주도권을 넘겨주고 마이노리티로 전락했다. 이 때문에 1998년 앵글로 색슨계 로펌들이 독일 시장에 대규모로 상륙한 이후 독일의 변호사 업계는 혼란의 도가니에 빠졌다는 평가를 받고 있다. 현재 순수 독일 혈통을 고집하고 있는 국제 규모의 로펌은 Hengeler Mueller 하나에 불과하고 나머지 로펌들은 대부분 영미 로펌에 흡수·합병됐거나 긴밀한 제휴관계를 맺고 있다. 독일의 파트너 변호사는 합병 후 인터내셔널 로펌에서 주니어 파트너도 되기 힘든 것이 현실이라고 한다.37)

해외 진출에 적극적이었던 영국 로펌의 성공 또는 승리에는 몇 가지 원인이 있다. 첫째, 국내 경제 규모가 작아 국내 경제의 호황 불황에 영향을 많이 받기 때문에 영국 로펌들은 안정적인 수입원을 찾아 해외로 일찌감치 나갔다. 둘째, 유럽 대륙의 경쟁 로펌보다 규모가 커야 로펌간 합병이나 협력 사업에서 유리한 입장에 설 수 있다는 전략적인 판단을 내렸던 것으로 보인다. 독일에서 로펌간 인수·합병 붐이 일어났을 때 영국 로펌이 어느 나라보다 더 적극적이었음은 〈표 2〉에 분명하게 나타난다.38)

독일 로펌들은 영미 로펌들의 적극적인 공세에 눌려 합병되거나 도산하는 운명에 처했다. 독자적으로 성공한 로펌으로는 Hengeler Mueller 정도에 불과하다. 독일 10대 로펌 중 하나였던 Gaedertz의 공중분해는 독일 변호사시장의 새로운 모습을 적나라하게 보여준다. Gaedertz는 변호사 수가 200명에 이르는 대형 로펌이었지만 2001년 3월 Gaedertz는 각 지역 사무소가 영국과 미국의 로펌으로

37) 문재완 2002: 293.
38) 문재완 2002: 297

넘어가면서 해체됐다.39)

기업의 경쟁력 강화, 법의 지배 확립, 외교적 마찰 경감이라는 큰 틀에서 살펴보면, 법무서비스 시장은 단계적으로 개방하는 것이 답일 수 있다. 전면적인 개방은 기업의 경쟁력 강화에 조금 도움이 되고, 외교적으로 호감을 얻을 수 있지만 국내적인 희생이 너무 크다. 한 국가의 법률 문화가 한꺼번에 흔들릴 수 있음을 다른 나라도 아닌 독일에서 우리는 경험했다. 반면에 단계적 개방은 기업의 경쟁력 강화에도 도움이 되고, 법률 문화의 충격을 줄이면서 외교적 마찰도 크게 야기하지 않을 수 있다.40)

7. 라다크의 문제는 라다크만의 문제인가? – 영국 자동차 산업의 사례41)

19세기 후반 영국에서 큰 논란이 되었던 것 중의 하나는 독일에서 대량으로 쏟아져 나오는 가짜 영국제 물건들이었다. 외화벌이가 절실하던 일본이 1950년대에, 우리나라가 1960년대에 가짜 미제 물건들을 만들어냈던 것처럼, 당시 1인당 국민소득이 영국의 3분의 2가량에 불과하던 상대적 후진국 독일은 가짜 영국제 제품이라도 만들어 외화벌이를 하려고 했던 것이다. 이를 보다 못한 영국 의회는 급기야 1887년 상표법(Trademark Law)을 개정하여 '상표'의 정의에

---

39) 문재완 2002: 303.
40) 문재완 2002: 315.
41) 본 챕터는 장하준의 다음 글을 참조하였다. cf) 장하준 2005: 영국에서 자동차 회사가 '멸종'된 까닭은? (http://www.laborplus.co.kr/news/articleView.html?idxno=425).

제조국명 표기를 포함시켜 독일의 '짝퉁' 물건들을 막으려 하였다. 물론 그 정도 어려움에 굴복할 독일인들이 아니었다. 시계 등 물건은 포장 겉에만 독일산(Made in Germany)이라고 찍어 놓고 실제 시계 자체에는 제조국명을 표시하였고, 피아노나 자전거 같은 물건들은 반제품을 들여와 영국에서 마지막 조립만 해가지고 영국산(Made in England)이라고 표시하였으며, 큰 기계의 경우는 들춰보기 힘든 기계 바닥에 제조국명을 표시하는 등 온갖 기발한 방법을 다 동원하여 영국의 상표법을 피해갔다.

지금 세계에서 몇 손가락 안에 꼽히는 공업국가 독일이 19세기 말만해도 1960년대 우리나라, 지금 중국 같은 나라들처럼 짝퉁 물건을 만들어 팔았다는 사실도 흥미롭지만, 이와 같이 19세기 말만 해도 영국 물건의 품질이 좋아 도용의 대상이 되었다는 것이 새삼스럽다. 영국은 산업혁명을 제일 먼저 시작했고, 한때 세계 제조업 생산량의 절반 가량을 생산하여 '세계의 공장'이라고 불리던 나라이지만, 지난 30여 년간은 기술력의 낙후로 제약, 정유, 군수 산업 등 몇몇 분야를 제외한 제조업이 완전히 몰락한 경험을 가지고 있기 때문이다.

영국 제조업 몰락이 얼마나 심각한가를 보여 준 것은 2005년 4월에 있었던 자동차 회사 로버의 파산이었다. 미국, 독일, 일본, 프랑스, 이탈리아 등은 말할 것도 없고, 영국보다 산업화를 200여 년 늦게 시작한 우리나라도 국제적 수준의 자국 소유의 자동차 회사가 있는데, 영국은 이제 경제 대국 중에 유일하게 자국 소유의 자동차 회사가 없는 나라가 된 것이다. 20세기 초 내연기관을 사용하는 자동차가 최초로 개발되었을 때, 영국은 당시 최고의 공업국답게 일찌감치 자동차 산업에 뛰어들었다. 후일 합병을 통해 로버를 이룬 여러 자동차 업체 중의 하나인 오스틴(Austin) 사는 이미 1901년부터 자동차를 생산하였다. 영국 자동차 산업은 롤스-로이스(Rolls-Royce), 벤틀리(Bentley), 애스턴 마틴(Aston Martin), 재규어(Jaguar) 등 전설적인 명차들을 많이 배출했지만,[42] 결국 20세기식 대량생산 체제에 제대로 적응하지 못하면서 몰락의 길을 걷게 된다.

대량생산에 있어 미국, 1950년대 이후에는 독일에까지 밀리게 되자, 영국 자동차 업계는 1960년대에 들어 일련의 합병을 거쳐 지금 로버의 전신인 브리티시 레일런드(British Leyland)라는 대형 자동차 업체를 설립하여 대응하려 하였다. 그러나 기술력이 뒤쳐지니 경영난을 극복할 수 없었고, 1975년에는 파산상태에 이르러 정부가 인수하게 되었다. 브리티시 레일런드는 1986년에 로버로 이름을 바꾸었고, 1988년에는 민영화가 되었다. 처음에는 항공군수산업체인 브리티시 에어로스페이스(British Aerospace)가 인수했지만, 1994년에는 독일의 BMW로 넘어가게 된다. 그러나 처음에는 의욕적으로 달려들었던 BMW도 결국 2000년에 손을 들고 사륜구동의 랜드로버와 전설적인 패션카 미니의 생산시설만 남기고 나머지를 처분하기로 결정한다. 2000년 BMW로부터 단돈 10파운드에 로버 그룹의 나머지를 인수한 것이 피닉스 벤처 지주회사(Phoenix Venture Holdings)라는 기업인데, 피닉스는 처음에 영국의 자동차 산업을 구한 백기사로 칭송받았지만, 지금은 잘못된 경영으로 로버를 벼랑 끝으로 내몬 것으로 평가되고 있다. 적자폭이 줄고 있었다고는 하지만 계속 적자를 내는 회사에서 최고 경영진 4인에게 4년간 2800만 파운드(약 550억원)에 달하는 보수를 지급했으며, 고율의 배당을 계속하였고, 신기술

42) 물론 지금은 이 회사들도 모두 폭스바겐, 포드 등 외국회사에 넘어가 있다.

개발에는 돈을 거의 투자하지 않았으니 그 결과는 뻔한 것이었다.

피닉스가 파산을 면할 마지막 기회로 여겼던 것은, 우리나라 쌍용자동차 인수전에도 참여해 주목을 받았던 상하이 소재의 중국 국영자동차 회사인 SAIC(Shanghai Automotive Industry Corporation)와의 합작 협상이었다. 로버는 SAIC에게 기술이전을 해주고 그 대가로 자금을 지원받아 새 모델을 개발하며, SAIC은 이전받은 기술을 가지고 로버 모델을 대량생산하겠다는 겉으로 보기에는 그럴듯한 계획이었다. 기술은 있지만 자금이 부족한 로버와 자금은 있지만 기술이 부족한 SAIC이 서로 부족한 점을 메꿔준다는 것이었다. 그러나 문제는 로버의 기술이 너무 떨어지기 때문에 SAIC의 입장에서는 로버 기술을 들여와 대량생산을 시작했다가는 다른 더 좋은 기술을 쓰는 경쟁사들에게 밀릴 수밖에 없었다는 점이다. 그래서 결국 SAIC은 이 협상을 중단하게 되었고, 그로 인해 로버는 결국은 파산선고를 하고 법정관리로 넘어가게 된 것이다.

그러면 자동차를 비롯한 영국의 제조업은 왜 20세기에 들어 몰락의 길을 걷게 되었을까? 영국 산업의 몰락을 이야기하면, 흔히들 영국의 보수 세력이 퍼뜨린 소위 '영국병' 이야기를 많이 한다. 노조가 너무 세서 경영을 하기가 힘들어 기업들이 망했다는 것이다. 이것이 전혀 근거가 없는 이야기는 아니다. 영국은 스웨덴, 독일 등 유럽 대륙 국가들보다는 노조 조직률이 낮지만, 산업화의 역사가 오래되다 보니 노조들이 직능별로 조직되어 있어 심한 경우는 한 사업장에 노조가 10여 개씩 있는 경우도 있다. 그러다 보니 이 노조들이 서로 선명성 경쟁을 하며 투쟁을 일삼는 일이 빈번하였다. 그러나 영국의 제조업이 몰락하게 된 데에는 노조 문제 외에도 여러 가지 이유가 있다. 영국 산업 발전사를 자세히 연구해 본 사람들은 노조 문제는 사실 부차적인 문제라고 지적한다.

20세기 들면서 영국의 제조업이 뒤쳐지게 된 것은, 한마디로 말하여 대규모 자본투자, 지속적인 연구개발, 체계적인 기술교육 등을 필요로 하는 20세기식의 대량생산 체제에 영국의 경제제도와 기업문화가 제대로 적응하지 못하였기 때문이다. 주식시장이 일찍부터 발달하여 주주자본주의의 논리가 강하다 보니, 어느 선진국보다도 배당률이 높고 단기 실적주의가 강하여 장기적인 투자, 특히 기술투자를 하기가 어려웠던 것이 가장 큰 문제였다.

이에 더해 이공계를 경시하는 풍조 때문에 공학의 수준이 낮았고 체계적인 기술자 교육에 소홀했던 것도 큰 문제였다. 이공계를 천시하다 보니 기술계통 출신이 최고경영진에 편입되는 일이 드물었고, 주로 재무관리 쪽에서 최고경영진이 나오면서 기술개발을 위한 투자보다는 단기적인 비용절감이나 인수합병 등을 통해 기업의 이윤을 올리려는 풍조가 강하였다. 게다가 귀족사회가 강하다 보니 자본가의 사회적 지위가 낮았고, 따라서 그래도 상대적으로 지위가 높았던 금융계를 제외하고는 재능 있는 인재들이 사업에 투신하는 것을 꺼려하도록 만들었다. 그러다 보니 사업을 통해 성공한 자본가들도 회사를 더 키우기보다는 축적한 부를 가지고 혼인 등을 통해 귀족사회에 편입하는 것을 원하게 되었다.

세계 최고의 공업국이던 영국이 이제 자신보다 200년 늦게 산업화를 시작한 대한민국도 가지고 있는 국적 자동차 회사가 없는 나라가 되었다. 250년 산업화의 역사를 가진 영국도 그럴진대, 단기간에 눈부신 발전을 하기는 했지만 우리나라 같이 산업화의 역사가 50여

년밖에 안 되는 나라가 장기적 투자와 기술개발을 게을리하다가는 그동안 이루어 놓은 것도 순식간에 잃을 수 있다는 것을 알아야 할 것이다. 특히 상품의 이동이 자유롭고 경쟁이 치열한 세계화 시대에는 말이다.[43)]

8. 결론: 지역화는 정답이 될 수 있는가?

세계화는 경제와 인적 자본(human capital) 등의 이동을 의미한다.[44)] 특히 필자가 중시하는 것은 정보(information)의 자유로운 이동과 접근이다. 지금은 히말라야 오지에서도 스마트폰으로 최신 정보를 검색할 수 있는 세상이다. 인터넷이 보급되던 초기에 많은 미래학자들은 인터넷의 보급이 문화적 다양성을 증진시키고 민주주의를

43) 1980년대 이래, 영국의 자동차 산업은 몰락했다고 평가 받고 있고, 일각에서는 "순수한 영국 자동차 제조사는 없다"는 극언을 하기도 하지만 영국의 자동차 제조업은 그 기반마저 무너지지는 않았다. 지금도 영국은 각종 자동차 부품은 물론, 완성차 생산 역시 이루어지고 있으며, 지금도 재규어, 랜드로버, 롤스로이스, 애스턴 마틴, 벤틀리, 로터스, 맥라렌 등, 세계적으로 이름 높은 최고급, 고성능 자동차 제조사들이 영국 자동차 산업을 이끌고 있다. 또한 영국은 유럽권 국가들 가운데서도 모터스포츠 기반이 여전히 탄탄하기에, 여기서 파생되는 각종 첨단 기술들 역시 무시할 수 없다. 그리고 영국에는 이 외에도 규모는 작지만 고집스럽게 자신만의 철학과 자신만의 개성이 담긴 자동차를 만드는 소규모 제조사들이 상당 수 존재한다. 이른바 백야드 빌더(backyard builder)라고도 불리우는 영국의 소규모 자동차 제조사들은 주로 강렬한 개성을 심고 표출할 수 있는 스포츠카를 주로 만든다.

44) Lawrence M. Friedman, "Erewhon: The Coming Global Legal Order," 97 Stan. J. Int'l L. 347, 349(2001). Friedman 교수는 경제 외에도 인력(human capital)을 글로벌화의 핵심이라고 설명한 후 이 두 가지 요소는 글로벌 문화의 등장에 의존하고 있다고 강조했다. 생산과 소비의 문화가 글로벌화되면서 거래가 더욱 글로벌화되고 있다는 주장이다. 세계 어느 나라의 중산층이나 먹는 것, 입는 것, 생활하는 것 등이 거의 비슷해지면서 글로벌화가 더욱 가속화된다는 것이다. (문재완 2002: 278에서 재인용)

확장시킬 것이라고 예측하였다. 그렇지만 정보의 공유는 오히려 획일성을 낳았고, 그 대표적 사례가 독일 자동차 산업의 패권과 백야드 빌더(backyard builder)들을 포함한 영국 자동차 산업의 몰락이다.

이와 같은 세계화의 부정적 영향을 차단 또는 예방하기 위하여 호지가 제시한 방법이 지역화(localization)이다. 지역화는 본질적으로 어느 정도의 폐쇄형 순환 시스템을 내장할 수밖에 없다. 이를 자동차 산업에 적용한다면 "장기적 투자와 기술개발" 대신 외국산 자동차의 수입을 전면 금지하거나 고율의 관세를 부과하는 것이다. 그렇다면 결국 이런 나라의 국민은 저급한 품질의 "국산" 자동차를 다른 나라 사람들보다 비싼 가격에 타게 될 것이다. 지역화의 또 하나 재미있는 사례는 한국, 일본 등이 "식량안보"라는 미명하에 견지하는 신토불이 정책이다. 덕분에 한국민과 일본국민은 세계에서 가장 비싼 농수산물을 먹고 있다. 외국산 유전자조작(GMO) 사료를 먹고 자란(외국에서는 일반적으로 먹지 않는) 비만 소를 마블링이 좋은 자칭 "국산소"(와규, 한우)라고 자랑하며 미국, 호주산 소고기의 몇 배 가격을 지불하며 먹고 있는 것이 한국과 일본의 현실이다. 더욱 충격적 사례는 최근에 외국산 기름을 때는 온실에서 외국산 종자의 바나나를 재배하여 외국산의 약 열 배 가격으로 농협에서 "신토불이 국산 바나나"라고 홍보하며 파는 경우도 있다. 이것이 과연 바람직한 지역화의 사례라고 판단되지는 않는다. 반면 싱가포르의 경우, 인구는 서울시의 절반이고 국토는 서울시 면적 밖에 안 되므로 대부분의 농산물을 수입하고 있지만, 신토불이 정책, 즉 지역화를 포기한 덕분에 세계 최고 수준의 농수산물을 해외에서 가장 좋은 가격으로 수입하여 국민들이 가장 저렴하게 소비할 수 있다. 견문을 넓히며 삶의 즐거움을 만끽하는 해외관광도 호지의 관점에서는 위험한 행동일 수 있다. 더 재미있는 것은 선진국민이 저개발국에 여행가는 것은 되지만 그 반대는 위험할 수도 있다는 결론이 나온다. 잘 사는 선진국민들을 보면 좌절감과 열등감을 느낄 수 있기 때문이다.

호지의 말처럼 개방과 개발 이전에 그들이 행복했던 것은 사실인 것 같다. 그렇지만 그들의 행복도 착각일지 모른다. 이미 교류를 통해 다른 세계를 충분히 안 그들이 전통 방식으로 산다면 전처럼 행복할 수 있을까? 설령 그렇다 한들 세계의 다른 모든 사람들도 그들처럼 살 수 있을까? 호지는 라다크(Ladakh)의 사례를 통해 세계화 폐해에 대항하는 지역성 회복 운동을 펼치면서 오래된 라다크의 문화 속에 우리 인류가 지향해야 할 미래의 모습이 있다고 강조한다. 우리가 라다크의 전통 사회로부터 배워야 하는 것은 자립과 자존감, 검소함, 조화와 지속성, 내면적인 풍요로움 같은 것들로서, 이미 지나간 오래된 것에 우리가 찾는 미래가 있으며, 그것이 진정한 행복이라고 보았다. 호지의 취지는 충분히 이해할 수 있지만, 지역화라는 방법론까지 충분히 동의할 수 있을지는 의문이다. 글로컬라이제이션(glocalization), 즉 세계화와 지역화의 절묘한 조화가 필요하다는 잠정적 결론을 내리며 다시 묻는다. “라다크의 과거는 우리의 미래가 될 수 있는가?”

참고문헌

김진영(2015), 「현대사회와 헬레나 노르베리 호지의 행복이론 - 라다크 사례와 행복의 경제학을 중심으로」, 『인도철학』 제44집: 161-189.

문재완(2002), 「법의 세계화와 영미 로펌의 세계 지배 - 독일 사례를 중심으로」, 『서울대학교 法學』 제3권 제4호: 277-318.

박경준 외(2006), 「불교생태학의 이론과 응용모형 연구」, 『불교학보』 45, 불교문화연구원.

정효주(2013), 사유와 성찰 『행복의 경제학』의 저자 헬레나 노르베르 호지 강연, 불교문화 1호.

제리 맨더 외(2001). 『위대한 전환 : 다시 세계화에서 지역화로』, 윤길순, 김승욱 옮김. 서울: 동아일보사.

헬레나 노르베리 호지

2012 『행복의 경제학』, 김영욱, 홍승아 옮김. 서울: 중앙북스.

2011 「세계화로부터 지역화로: 라다크에서 배운 행복의 길」, 슬로시티연구 제5호, 허문경 역, 한국슬로시티연구학회, 2011. 49-63. : 쓰지신이치(2013). 『슬로 라이프의 달인들』 Gross National Happiness를 말하다(GNH もうひとつの〈豊かさ〉へ,10人の提案) , 허문경 역. 서울: 한울.

1997 『오래된 미래: 라다크로부터 배운다』, 김종철, 김태언 옮김. 대구: 녹색평론사.

헬레나 노르베르 호지 외(2004). 「세계화에서 지역화로 ; 21세기를 위한 사상강좌」 (제3회), 녹색평론 제75호. 서울: 아카넷.

Chatterji, Sandhya(1987). "Development Prospects in Ladakh", Mountain Research and Development 7(3), 217-218.

Goodall, S.K(2004). "Rural-to-Urban Migration and Urbanization in Leh, Ladakh: A Case Study of Three Nomadic Pastoral Communities", Mountain Research and Development Vol. 24, No. 3.